संवृत्तिक कार्यकलाप

पाठ्य सहगामी कार्यकलाप

अनुदेशात्मक प्रबंधन संबंधी कार्यकलाप – I

अनुदेशात्मक प्रबंधन संबंधी कार्यकलाप – II

प्रशासन संबंधी कार्यकलाप

विषय-सूची

प्रश्न पत्र

अध्याय–1

विद्यालय प्रणाली

प्रश्न 1. समाज की उपव्यवस्था के रूप में शिक्षा की व्याख्या कीजिए।

[Dec-07, Q3(i)]

अथवा

व्यवस्था की अवधारणा स्पष्ट करते हुए शिक्षा की समाज की एक उपव्यवस्था के रूप में व्याख्या कीजिए। [June-06, Q3(v)]

अथवा

इस कथन पर टिप्पणी कीजिए कि ''समाज एक व्यवस्था है और शिक्षा समाजीय व्यवस्था की एक उपव्यवस्था है।''

उत्तर – किसी भी व्यवस्था में अनेक घटक होते हैं जो सम्पूर्ण व्यवस्था उद्देश्यों को पूरा करने के लिए एक साथ मिलकर कार्य करते है। समाज एक व्यवस्था है क्योंकि इनमें अनेक घटक होते हैं जो सामाजिक उद्देश्यों की प्राप्ति के लिए अन्तःसम्बन्धित रूप में मिलकर कार्य करते हैं।

सामाजिक उपव्यवस्था के रूप में शिक्षा – शिक्षा का सामाजिक रूप में विवेचन करते हुए **आई.वी. वर्कसन** ने कहा है, ''शिक्षा की कोई भी परिभाषा, जिसमें, 'संसार में सबके

साथ मिलकर रहने' और 'समाज को एक लगातार चलते रहने वाली संस्था के रूप में रख सकने' की बात नहीं कही गई, पर्याप्त नहीं कही जा सकती।'' यानि शिक्षा (चाहे किसी भी समाज की हो, समाज में हो या समाज द्वारा संचालित हो) का कोई भी एक ऐसा विवेचन विश्लेषण हो ही नहीं सकता। जिसमें पारस्परिकता और समाजधर्मिता न हो। यही शिक्षा का सामाजिक पक्ष है क्योंकि शिक्षा ही तो वह सुनियोजित अथवा सहज रूप में चलने वाली प्रक्रिया है, जो व्यक्ति और समाज को आपस में जोड़ने, उन्हें एक–दूसरे के अनुकूल ढालने का काम करती है।

यह भी ध्यातव्य है, विचार कीजिए, क्या किसी व्यक्ति का अस्तित्व समाज के बिना या समाज की कोई सत्ता व्यक्ति के बिना सम्भव है। नहीं, दोनों की सत्ता व अस्तित्व की दृष्टि से एक दूसरे पर निर्भर करते हैं। दोनों ही समाज व्यवस्था के अंग हैं और शिक्षा का सरोकार दोनों में होता है। यही कारण है कि शिक्षा को एक सामाजिक प्रक्रिया के रूप में देखा जाता है। शिक्षा एक प्रक्रिया है (सुनियोजित एवं सहज रूप में चलने वाली) तथा छात्र (विद्यार्थी) अध्यापक (शिक्षा) और पाठ्य–सामग्री को शिक्षा के अंगरूप में देखा जा सकता है। और शिक्षा के इन अंगों की व्यक्तियों के समूहों या समाज की अन्य (राजनैतिक, आर्थिक, परिवार, संस्कृति, धर्म, व्यवहार आदि) उपव्यवस्थाओं से निरन्तर एक अन्तःक्रिया होती रहती है। यद्यपि वे सभी (पूर्वोक्त) उपव्यवस्थाएँ अपने आप में स्वतन्त्र व्यवस्थाएं भी हैं। इन सबकी आपस में भी अन्तःक्रियाएं होती रहती हैं। इस दृष्टि से यदि परिभाषित करें तो कह सकते हैं –

''जब किसी संगठन में भली–भांति व्यवस्थित पदवाला कोई व्यक्ति अपने पदों की दृष्टि से अन्यों के साथ अन्तःक्रिया करता है तो वे एक सामाजिक व्यवस्था बनाते हैं।'' (ब्रेमैक) इस परिभाषा के आधार पर किसी भी सामाजिक व्यवस्था के लिए दो प्रमुख बातें होनी आवश्यक हैं–

(1) कुछ लोगों के बीच अन्तःक्रिया से।

(2) अन्तःक्रिया करने वालें लोग किसी एक संगठन के हों तथा उनका स्थान, पद सुनिश्चित हो।

शिक्षा की प्रक्रिया को इसके अनुसार देखा जाए तो साफ हो जाता है कि –
(1) शिक्षा के विभिन्न अंगों, छात्र, अध्यापक, प्रशासक तथा अन्य कर्मचारियों के बीच आपस में अन्तःक्रिया होती रहती है।

(2) इन सभी को अपने–अपने संगठनों में भूमिका भली–भांति निश्चित होती है।

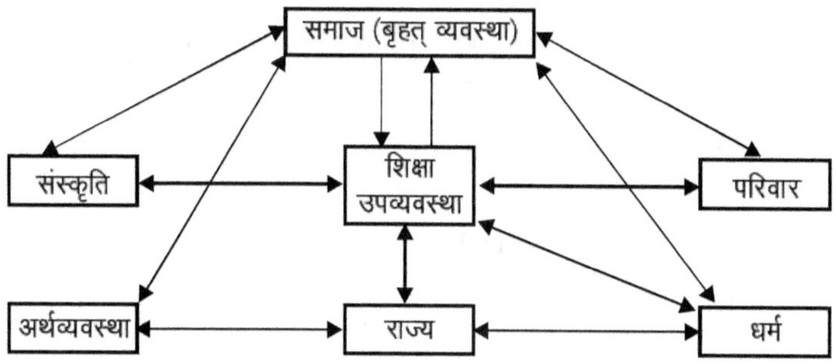

इस तरह स्पष्ट है कि शिक्षा को सामाजिक सन्दर्भ में अलग करके नहीं देखा जा सकता। सामाजिक परिवर्तन अथवा सामाजिक नियन्त्रण की प्रक्रिया की कोई भी कल्पना शिक्षा की सामाजिक भूमिका के बिना सम्भव नहीं है। राष्ट्रीय नीतियों में भी इसे बार–बार दोहराया जाता रहा है। भू.पू. केन्द्रीय शिक्षा मन्त्री (भारत सरकार) ने जून 1985 में अपने वक्तव्य में कहा है–

''वर्तमान शिक्षा प्रणाली की राष्ट्रीय नीति की व्यापक समीक्षा की जा रही है, ताकि शिक्षा को सामाजिक रूपान्तर और राष्ट्रीय विकास के लिए कारगर साधन बनाया जा सके। भविष्य में शिक्षा की व्यवस्था केवल विद्यार्थियों और उनके अभिभावकों के लिए ही चिन्ता का मुख्य निवेश समझना चाहिए। दरअसल, आज ऐसा कोई कार्यक्षेत्र अथवा क्षेत्रीय विकास का कार्य नहीं है जिसका प्रभाव शिक्षा–प्रणाली पर न पड़ता हो। इक्कीसवीं सदी की चुनौती ने हमें अपनी–अपनी शिक्षा प्रणाली के ऐसे पुनर्गठन का दायित्व सौंपा है, जो भविष्य को बदलती हुई आवश्यकताओं के अनुकूल सिद्ध हो सके। शिक्षा मानव संसाधनों के विकास का घोषणा– पत्र है, इसलिए शिक्षा को राष्ट्र के विकास और भविष्य की आवश्यकताओं के लिए उत्पादक– पूंजी–निवेश के रूप में समझा जाना चाहिए।''

प्रश्न 2. शिक्षा की विभिन्न प्रणालियाँ कौन सी हैं?   [Dec-06, Q3(i)]

उत्तर – प्राचीन समय में शिक्षा का एक साधारण स्वरूप विद्यमान था। शिक्षा की कोई विशेष व्यवस्था नहीं थी। उस समय में गुरुकुल अथवा धार्मिक संस्थानों में गुरुओं द्वारा छात्रों को शिक्षा दी जाती थी तथा उस समय विषयों की संख्या की सीमित थी। किन्तु वर्तमान समय में शिक्षा का स्वरूप अत्यन्त जटिल हो गया है। चूंकि शिक्षा बच्चों को नियमों का ज्ञान कराने का एक माध्यम है। अतः इसके विभिन्न स्वरूप किसी स्थान के सामाजिक नियमों का ज्ञान कराने का एक माध्यम है। अतः इसके विभिन्न स्वरूप किसी स्थान के सामाजिक तथा आर्थिक स्तर पर निर्भर करते हैं। समाज में शिक्षा का सरल स्वरूप विद्यमान होता है, किन्तु जैसे–जैसे

समाज में जटिलाताएं बढ़ती चली जाती हैं, शिक्षा का स्वरूप भी औपचारिक तथा जटिल होता जा रहा है। शिक्षा के प्रमुखतः माध्यम अथवा स्वरूप निम्नलिखित होते हैं –

अनौपचारिक शिक्षा – शिक्षा के सब साधनों को सामान्यतः निम्न दो वर्गों में बांटा जाता है:

(1) औपचारिक और अनौपचारिक

(2) सक्रिय और निष्क्रिय

डयूवी ने शिक्षा के औपचारिक और अनौपचारिक साधनों की 'शिक्षा की साभिप्राय और आकस्मिक विधियाँ बताया है।

हेण्डरसन ने इन दोनों साधनों के अन्तर को इस प्रकार स्पष्ट किया है – ''जब बालक व्यक्तियों के कार्यों को देखता है, उनका अनुकरण करता है और उनमें भाग लेता है तब वह अनौपचारिक रूप से शिक्षित होता है। जब उसको सचेत करके और जान–बूझकर पढाया जाता है, तब वह औपचारिक रूप से शिक्षा प्राप्त करता है।''

शिक्षा के अनौपचारिक साधनों का विकास स्वाभाविक रूप से होता है। इनकी न तो कोई निश्चित योजना होती है और न कोई निश्चित नियम ही होते हैं। ये बालक के आचरण का रूपान्तरण करते हैं, पर रूपान्तरण की प्रक्रिया अज्ञान, अप्रत्यक्ष और अनौपचारिक होती है। इसके अन्तर्गत परिवार, धर्म, समाज, राज्य, रेडियो, समाचार–पत्र, खेल के मैदान, दल, गुट, युवक–समूह आदि आते हैं।

गुण – डयूवी ने शिक्षा के अनौपचारिक साधनों को औपचारिक साधनों की अपेक्षा अधिक महत्व दिया है और लिखा है – ''बालक दूसरों के साथ रहकर अनौपचारिक ढंग से शिक्षा प्राप्त करता है, और साथ रहने की प्रक्रिया से शिक्षा देने का कार्य करती है। यह प्रक्रिया अनुभव को विस्तृत करती है और कल्याण की प्रेरणा देती है। यह कथन और विचार में शुद्धता और सजीवता लाती है।'' अनौपचारिक साधनों का प्रभाव बहुत गहरा और व्यापक होता है। ये चरित्र और मस्तिष्क के प्रत्येक पहलू को प्रभावित करते हैं। ये अनजाने ही आदतों, व्यवहारों, रुचियों और दृष्टिकोणों का निर्माण करते हैं। ये बाहरी दबाव का प्रयोग करके बालकों की स्वतन्त्रता पर अंकुश नहीं लगाते हैं। इस प्रकार, अनौपचारिक शिक्षा बहुत लाभप्रद कार्य करती है।

दोष – शिक्षा के अनौपचारिक साधन दोषरहित नहीं है। बालक को केवल अनौपचारिक साधनों का प्रयोग करके ही शिक्षित नहीं किया जा सकता है। इसका मुख्य कारण है कि

अनौपचारिक शिक्षा की कोई निश्चित योजना नहीं होती है। इसलिए, कभी–कभी इसका परिणाम अस्त–व्यस्तता और समय तथा प्रयास का अपव्यय होता है। इसके अतिरिक्त अनौपचारिक साधनों द्वारा प्राप्त ज्ञान उच्चकोटि का बड़ी कठिनाई से हो पाता है। कभी– कभी ये साधन छात्रों में ऐसे गुण विकसित करते हैं, जो उनके व्यक्तित्व, समाज और देश के लिए हितकर सिद्ध नहीं होते हैं।

निरोपचारिक शिक्षा – औपचारिक और अनौपचारिक शिक्षा को मिला–जुला रूप निरोपचारिक शिक्षा कहलाता है। इसमें न तो औपचारिक शिक्षा की भांति अनेक प्रकार के नियन्त्रण होते हैं और न ही अनौपचारिक सी स्वच्छन्दता या खुलापन ही होता है। बल्कि एक प्रकार से इसमें औपचारिक पाठ्यक्रम, उद्देश्य, शिक्षण–विधि आदि की औपचारिकता इस प्रकार होती है कि बच्चा जब भी, जहां भी, जितना भी, अपनी योग्यता, रूचि, समय के अनुसार सीखना चाहे, सीख सकता है। यह माना जाता है कि निरोपचारिक शिक्षा के द्वारा ''शिक्षा को शिक्षार्थी तक पहुँचाने की कोशिश है।'' ताकि लोग अपनी सुविधानुसार शिक्षा प्रक्रिया के साथ जुड़कर समाज (राष्ट्रीय, अन्तर्राष्ट्रीय) के साथ कदम से कदम मिलाकर चल सकें। राष्ट्र के सक्रिय सदस्य बन सकें इस शिक्षा के अन्य नाम न–औपचारिक, गैर–औपचारिक स्पष्ट है कि यह शिक्षा विद्यालय की चारदीवारी के बाहर की शिक्षा है। बच्चे का समाजीकरण व उसके कौशलों का निर्माण बन्द कमरों की जगह खुले आकाश में होता है। उद्देश्यों की दृष्टि से यह निश्चित रूप में नियमित शिक्षा है और इसमें छात्र की स्वयं प्रतिभा के बाहर आने की सम्भावनाएँ अधिक रही हैं।

अवधारणात्मक विचार –

(1) वस्तुतः शिक्षा जैसे गम्भीर और जिम्मेदार विषय को पूरी तरह से न तो खुला छोड़ा जा सकता है और न ही पूरी तरह बाँधा जा सकता है। शिक्षा का यह प्रकार 'नॉन फार्मल एजुकेशन' है। इसी को निरोपचारिक शिक्षा/गैर–औपचारिक शिक्षा कहा गया है। कुछ सरकारी दस्तावेज में इसे भी अनौपचारिक शिक्षा के रूप में अनुदित किया गया है, जिनका उल्लेख हम अनौपचारिक शिक्षा के अन्तर्गत कर चुके हैं। इस प्रकार अनौपचारिक शिक्षा का क्षेत्र बढ़ जाता है।

(2) आज के गतिशील प्रजातंत्र समाज में शिक्षा पर सबका हक है और मुनष्य स्वभाव से लगातार कुछ–न–कुछ सीखना चाहता है। और उसमें स्वयं सीखने की क्षमता है तो इसे उसका अवसर मिलना चाहिए।

(3) शिक्षा को (सामाजिक प्रक्रिया होने के नाते) समाज और मनुष्य के बीच एक बिचौलिए छा काम करते हुए व्यक्ति का समाजीकरण करना चाहिए। और यह शिक्षा अपनी

सामाजीकरण की भूमिका को निभाती हुई मनुष्य को नई समस्याओं से जूझने के लिए तैयार करती है। इस प्रक्रिया में शिक्षा का दायरा भी बढ़ता जाता है। मनुष्य को इस दायरे से परिचित होना चाहिए।

(4) औपचारिक शिक्षा की अवधि सीमित है तो अनौपचारिक शिक्षा की अवधि असीमित। इन दोनों में तालमेल होना चाहिए और इनमें एक–दूसरे के पूरक होने पर ही सार्वदेशिक शैक्षिक वातावरण पनप सकता है।

प्रश्न 3. शिक्षा के औपचारिक संगठन के रूप में विद्यालय की सामाजिक संरचना को स्पष्ट करो।   **[June-06, Q3(ii)]**

उत्तर – विद्यालय शिक्षा प्रदान करने के औपचारिक संस्थान है। छात्रों के आधारभूत स्तर पर शिक्षा पाठशाला से ही प्राप्त होती है। ये पाठशालाएं या जो राज्य सरकार द्वारा या अन्य संस्थानों द्वारा चलाई जाती है, जोकि निश्चित उद्देश्य की प्राप्ति के लिए वे निश्चित नियमों के अनुसार कार्य करती हैं। विद्यालय का प्रमुख उद्देश्य पूर्व–निश्चित उद्देश्यों की प्राप्ति के लिए छात्रों को एक अच्छे वातावरण में शिक्षा प्रदान किया जाना तथा इनमें प्रत्येक कार्य व्यवस्थित रूप से होता है तथा प्रत्येक कार्य निश्चित नियमों के अनुसार किए जाते हैं। एक शिक्षण संस्थान के रूप में विद्यालय का स्वरूप अत्यन्त जटिल होता है। एक तो उन्हें इतने अधिक तथा विभिन्न सामाजिक पृष्ठभूमि वाले छात्रों की शिक्षा की व्यवस्था करनी होती है, तो दूसरी ओर वे अपने कार्यों के लिए परिवार, समाज तथा समुदाय के प्रति उत्तरदायी भी होते हैं।

चूँकि विद्यालय राज्य सरकारों द्वारा नियंत्रित होती है अतः वे ही इसकी कार्यप्रणाली के लिए निश्चित नियमों का निर्माण करते हैं, ताकि राष्ट्रीय स्तर पर उद्देश्यों को प्राप्त किया जा सके। प्रत्येक राज्य सरकार शिक्षा बोर्ड का निर्माण करती हैं, जो कि संबंधित राज्यों के लिए पाठ्यक्रम निर्धारित करते हैं। शिक्षा प्रणाली का निर्माण करते हैं तथा परीक्षाओं इत्यादि के आयोजन की व्यवस्था करते हैं। इसी प्रकार विद्यालय में विभिन्न स्तरों पर विशिष्ट योग्यता के आधार पर छात्रों को नियुक्त किया जाता है जैसे कि मुख्याध्यापक, अध्यापक, गैर–अध्यापक कर्मचारी तथा निचले स्तर के कर्मचारी इत्यादि। ये सभी कर्मचारी अपने–अपने उत्तरदायित्वों की पूर्ति करते हैं तथा एक–दूसरे की मदद भी करते हैं। इस प्रकार विद्यालयों में भी अन्य औपचारिक संस्थाओं की भांति कार्यों का विभाजन होता है।

विद्यालय की सामाजिक संरचना – विद्यालय एक सामाजिक संरचना है, जिसमें विभिन्न समूह रैक तथा पदवी के आधार पर एक–दूसरे से संबंधित हैं। विद्यालय की सामाजिक संरचना के पांच प्रमुख स्तर हैं। इनमें सबसे ऊपर के स्तर में समुदाय है, किन्तु यह

विद्यालय से स्पष्ट रूप से संबंधित है। विद्यालय की आंतरिक संरचना में सर्वोपरि स्तर पर स्कूल बोर्ड आते हैं, जो कि विद्यालय की नीतियों का निर्माण करते हैं, प्रबंधकों का चुनाव नियुक्ति करते हैं तथा कई बार अध्यापकों तथा अन्य कर्मचारियों की नियुक्ति भी करते हैं तथा विद्यालय के खर्चों का हिसाब भी रखते हैं।

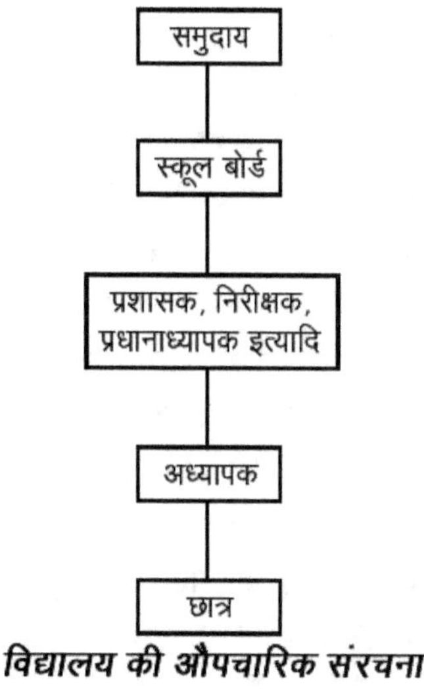

विद्यालय की औपचारिक संरचना

इस प्रकार बोर्ड, समुदाय के प्रतिनिधि के रूप में कार्य करते हैं। दूसरे मुख्य स्तर में विद्यालय के प्रबंधक, प्रशासक, प्रधानाचार्य, निरीक्षक इत्यादि शामिल हैं। ये बोर्ड द्वारा निर्मित नीतियों को लागू करते हैं तथा यह देखते हैं कि निर्धारित नीतियों के अनुसार कार्य हो रहा है या नहीं।

तीसरे स्तर पर अध्यापक आते हैं, जोकि शैक्षणिक योग्यता के आधार पर विभिन्न–स्तरों पर कार्य करते हैं। अध्यापक विद्यालय का एक महत्वपूर्ण अंग होते हैं, क्योंकि ये ही छात्रों से सीधे रूप से संबंधित हैं तथा छात्रों का भविष्य उन्हीं पर निर्भर करता है। चतुर्थ स्तर पर छात्र इत्यादि आते हैं जो कि विद्यालय द्वारा प्रदान की गई सेवाओं को ग्रहण करते हैं।

आमतौर पर विद्यालयों में सत्ता का संचरण लगभग एक ही दिशा में होता है, जो कि उच्च स्तर की ओर होता है। सत्ता का यह संचरण विद्यालय बोर्ड से अध्यापकों तथा अन्य कर्मचारियों तक होता है। किन्तु विद्यालयों में विचारों का संचार सभी दिशाओं में होता है। इसके अतिरिक्त विद्यालय अन्य सामाजिक संस्थाओं से भी संबंधित होते हैं जैसे कि कॉलेज, विश्वविद्यालय तथा अन्य शिक्षण संस्थाएँ। इन संस्थाओं में पुस्तकों के प्रकाशक भी शामिल

होते हैं तथा अन्य संस्थाएं भी, जो कि विद्यालयों को विभिन्न प्रकार की शिक्षण सामग्री प्रदान करते हैं। इस प्रकार विद्यालय एक प्रकार की व्यवस्थित औपचारिक संस्थाएं हैं, जिनकी एक निश्चित सामाजिक संरचना है, जिसके अंतर्गत वे कार्य करती हैं तथा समाज की विभिन्न संस्थाओं के साथ संबंधित भी होती हैं।

प्रश्न 4. विद्यालय तभी प्रभावी हो सकता है जब वह समुदाय के साथ निकट जुड़कर कार्य करे। टिप्पणी कीजिए।   [June-05, Q1]

अथवा

समुदाय किस प्रकार विद्यालय या शैक्षिक क्षेत्र में अपना योगदान दे सकता है।

उत्तर — 'समुदाय' शब्द से अभिप्राय व्यक्तियों के एक ऐसे समूह से है जो सामाजिक आर्थिक एवं नागरिक क्रियाकलापों में एक दूसरे से इस प्रकार जुड़े हो कि उनमें एकत्व उत्पन्न हो जाए और एक समूह के रूप में उनकी पहचान बन सके।

के.डेविस के अनुसार, ''समुदाय सबसे छोटा ऐसा क्षेत्रीय समूह है, जिसके अन्तर्गत सामाजिक जीवन के समस्त पहलू आ सकते हैं।''

बालक की शिक्षा में समुदाय का महत्व — समुदाय बालक की शिक्षा का एक महत्वपूर्ण सक्रिय अथवा अनौपचारिक साधन है। वास्तविकता यह है कि बालक जन्म लेकर केवल पारिवारिक वातावरण में ही विकसित नहीं होता अपितु उसके विकास में समुदाय के विस्तृत वातावरण का भी गहरा प्रभाव पड़ता है। यह समुदाय के वातावरण का ही तो चमत्कार है जिसमें रहते हुए बालक की प्रवृत्ति, विचारधारा तथा आदतों का निर्माण होता है एवं उसकी संस्कृति, रहन-सहन तथा भाषा पर एक अमिट छाप दिखाई पड़ती है। चूंकि प्रत्येक समुदाय की भाषा तथा संस्कृति अलग-अलग होती है, इसलिए प्रत्येक समुदाय के बालकों की संस्कृति, भाषा तथा दृष्टिकोण एवं व्यवहार में स्पष्ट अन्तर दिखाई पड़ता है।

समुदाय के शैक्षिक कार्य :—

(1) स्कूलों की स्थापना — समुदाय विभिन्न प्रकार के स्कूलों का निर्माण करता है जिससे समुदाय की संस्कृति सुरक्षित रह सके, विकसित हो सके तथा उसे भावी पीढ़ी के बालकों तथा बालिकाओं को हस्तान्तरित की जा सके।

(2) शिक्षा के उद्देश्य का निर्माण तथा शिक्षा पर नियन्त्रण — समुदाय शिक्षा के उद्देश्यों का निर्माण करता है तथा उन्हें प्राप्त करने के लिए विभिन्न स्कूलों में प्रदान की जाने वाली शिक्षा पर नियन्त्रण भी रखता है।

(3) सार्वभौमिक शिक्षा की व्यवस्था — समुदाय शिक्षा के विभिन्न स्तरों को निश्चित करता है तथा सार्वभौमिक शिक्षा की व्यवस्था करता है।

(4) पाठ्यक्रम का निर्माण – शैक्षिक उद्देश्य को प्राप्त करने के लिए पाठ्यक्रम की आवश्यकता होती है। अतः समुदाय आधारभूत पाठ्यक्रम तथा शिक्षा संगठन की रूपरेखा भी तैयार करता है।

(5) व्यावसायिक एवं औद्योगिक शिक्षा की व्यवस्था – वर्तमान युग में व्यावसायिक एवं औद्योगिक शिक्षा परम आवश्यक है। अतः समुदाय विभिन्न प्रकार के व्यावसायिक, औद्योगिक तथा तकनीकी स्कूलों का निर्माण करता है।

(6) प्रौढ़ शिक्षा – समुदाय की उन्नति के लिए बालक तथा बालिकाओं की शिक्षा तो आवश्यक है ही, परन्तु इससे भी अधिक उन प्रौढों को शिक्षा की आवश्यकता है जिनके कन्धे पर समुदाय की विभिन्न आवश्यकताओं तथा समस्याओं को सुलझाने का भार है। अतः समुदाय प्रौढ़ एवं विकलांग शिक्षा का भी उचित प्रबन्ध करता है।

(7) स्कूलों के लिए धन की व्यवस्था – शैक्षिक संस्थाओं को सुचारु रूप से चलाने के लिए धन की आवश्यकता पड़ती है। अतः समुदाय इन संस्थाओं के भवन निर्माण, फर्नीचर तथा शिक्षकों के वेतन आदि विभिन्न बातों के लिए अधिक से अधिक धन की व्यवस्था करता है।

(8) नागरिकों तथा स्कूल के नेताओं में सहयोग – स्कूलों की प्रगति के लिए नागरिकों तथा स्कूल के नेताओं में सहयोग परम आवश्यक है। अतः समुदाय शिक्षा के विकास हेतु केवल आर्थिक सहायता देकर स्कूलों पर नियन्त्रण ही नहीं रखता अपितु नागरिकों तथा स्कूल के नेताओं में सहयोग भी स्थापित करता है।

शिक्षा के साधन के रूप में समुदाय के गुण :– समुदाय द्वारा प्रदान की जाने वाली शिक्षा के अग्रलिखित गुण हैं :–

(1) समुदाय द्वारा दी गई शिक्षा अर्थयुक्त होती है।

(2) समुदाय शिक्षा में उपयोगिता के सिद्धान्त पर बल देता है।

(3) समुदाय द्वारा प्रदान की हुई शिक्षा बालक को वास्तविक जीवन के अनुभवों से अवगत कराती है।

(4) समुदाय क्रिया के सिद्धान्त पर विशेष बल देता है। क्रिया के द्वारा बालक को मौखिक बातचीत की अपेक्षा आवश्यक बातों का ज्ञान सफलतापूर्वक हो जाता है।

(5) समुदाय बालक को अपनी संस्कृति का ज्ञान देता है।

(6) समुदाय बालक को अधिकरों तथा कर्तव्यों का ज्ञान देकर उन गुणों को विकसित करता है जो एक नागरिक के लिए आवश्यक हैं।

(7) समुदाय बालक को रचनात्मक चिन्तन के अवसर प्रदान करता है जिससे वह उत्तरदायित्वपूर्व एवं आत्मनिर्भर बन जाता है।

शिक्षा के साधन के रूप में समुदाय के दोष –

(1) समुदाय अपनी स्वार्थ–सिद्धि के लिए शिक्षा को अपने हाथ का खिलौना बना लेता है।

(2) समुदाय अपनी श्रेष्ठता को बनाये रखने के लिए अपने सदस्यों का अपने प्रति अन्ध–विश्वास विकसित करता है। इससे किसी अमुक समुदाय के सदस्यों का अन्य समुदायों के सदस्यों के प्रति आक्रामक दृष्टिकोण विकसित हो जाता है, जो उचित नहीं है।

(3) समुदाय साम्प्रदायिक भावनाओं को प्रोत्साहित करता है।

(4) समुदाय दमन की नीति को अपनाता है। इस नीति को अपनाते हुए वह अपनी स्वार्थ सिद्धि के लिए बालक की स्वतन्त्रता का गला घोंटने में तनिक भी नहीं हिचकिचाता।

(5) चूँकि समुदाय के द्वारा संकुचित दृष्टिकोण एवं साम्प्रदायिक भावना विकसित होती है, इसलिए समुदाय जनतान्त्रिक भावना के विकास में बाधा उत्पन्न करता है।

समुदाय को शिक्षा का प्रभावपूर्ण साधन बनाने के लिए सुझाव –

समुदाय को शिक्षा का प्रभावपूर्ण साधन बनाने के लिए हम निम्नलिखित सुझावों पर प्रकाश डाल रहे हैं :–

(1) **आदर्श उदाहरण** – समुदाय को बालक के समक्ष समाज सेवा तथा न्याय आदि के आदर्श एवं सहयोगपूर्ण उदाहरण करने चाहियें जिसमें वह सामाजिक संसार से व्यवस्थापन कर सके तथा उसकी प्रगति में यथाशक्ति योगदान दे सके।

(2) **व्यापक दृष्टिकोण** – समुदाय का दृष्टिकोण केवल संकुचित साम्प्रदायिकता तथा जातियता तक ही सीमित न होकर व्यापक होना चाहिये।

(3) **व्यक्तित्व का अधिकतम विकास** – प्रत्येक बालक की रूचियां, क्षमतायें तथा विचावर अलग–अलग होते हैं। उसके इस विशेष व्यक्तित्व का अधिकतम विकास होना चाहिये।

(4) **शैक्षिक वातावरण** – चूंकि सामाजिक वातावरण का बालक के बनाने और बिगाड़ने में गहरा हाथ होता है, इसलिए समुदाय का कर्तव्य है कि वह बालकों को बुरे वातावरण से बचाकर अच्छे से अच्छा शैक्षिक वातावरण प्रस्तुत करे जिससे उसके व्यक्तित्व का उचित दिशा में सर्वोत्तम विकास हो सके।

(5) **सामुदायिक स्कूलों की स्थापना** – समुदाय के अशिक्षित प्रौढ़ व्यक्तियों को शिक्षित करने के लिए स्कूलों की व्यवस्था होनी परम आवश्यक है।

(6) **शिक्षा बालक की आवश्यकता तथा समाज की मांग के अनुसार** – स्कूलों को चाहिये कि वह एक ओर बालक की आवश्यकताओं तथा दूसरी ओर समुदाय की मांगों के अनुसार शिक्षा की प्रक्रिया को संचालित करें।

(7) **आलोचनात्मक शक्तियों का विकास** – प्रत्येक समुदाय की अपनी निजी

संस्कृति होती है। समुदाय को चाहिये कि वह बालक को केवल सांस्कृतिक सम्पत्ति का ज्ञान ही न दे अपितु उसमें ऐसी आलोचनात्मक शक्तियों का विकास भी करे जिनके आधार पर वह अपनी संस्कृति का उचित मूल्यांकन कर सके तथा उसके दोषों को दूर भी कर सके।

(8) अन्य साधनों के साथ सहयोग – समुदाय को शिक्षा का प्रभावशाली साधन बनाने के लिए यह आवश्यक है कि वह परिवार, स्कूल तथा राज्य जैसी महत्वपूर्ण संस्थाओं के साथ निकटतम सम्पर्क स्थापित करे।

(9) राज्य की सहायता – राज्य को चाहिये कि वह समुदाय द्वारा खोले गये स्कूलों को अधिक से अधिक आर्थिक सहायता दे, उसका निरीक्षण करे तथा सामाजिक सुरक्षा के नियमों का पालन करे।

प्रश्न 5. समुदाय विद्यालय किसे कहते हैं। इसके कार्यों तथा महत्व पर प्रकाश डालिये।

उत्तर – **समुदाय विद्यालय** – समुदाय और विद्यालय के बीच संबंधों का एक स्वरूप वह हो सकता है जो यथासंभव निकटतम संरचनात्मक एकत्व को बढ़ावा देता हो, विद्यालय प्रत्यक्षतः समुदाय की बेहतरी के लिए कार्य करता हो तथा विद्यार्थी (चाहे बच्चे हों या प्रौढ़) समुदाय के क्रियाकलापों में भाग लेते हों। इसे ही समुदाय विद्यालय कहते हैं। ये विद्यालय कुछ विशिष्ट समुदायों के द्वारा चलाए जाते हैं।

– इन विद्यालयों में छात्रों में कुछ विशिष्ट सामाजिक गुणों का विकास किया जाता है, जोकि किसी विशिष्ट समुदाय की आवश्यकताओं की पूर्ति करने में सक्षम हो।

– इनमें छात्रों में ऐसे सामाजिक विचारों, व्यवहारों, गुणों को विकसित किया जाता है, ताकि वे सर्वगुणसम्पन्न नागरिकों के रूप में विकसित हो सकें।

– अतः इसमें समुदाय शिक्षा के प्रचार तथा प्रसार का कार्य करते हैं। चूंकि शिक्षा केवल कक्षा–कक्ष में ही प्राप्त नहीं हो सकती अर्थात् छात्र केवल कक्षा में बैठकर शिक्षा प्राप्त नहीं करते हैं, अपितु वे समाज अथवा समुदाय का भाग होने के नाते समुदाय से भी शिक्षा ग्रहण करते हैं।

– समुदाय विद्यालयों की निम्नलिखित दो प्रमुख विशेषताएँ हैं :–

(1) ये बच्चों को स्थानीय समुदाय द्वारा उपलब्ध संसाधनों को खोजने, उन्हें विकसित करने तथा उनका प्रयोग करने की प्रेरणा देते हैं।

(2) ये कवेल कुछ विशिष्ट आयुवर्ग के छात्रों को सेवा प्रदान नहीं करते, अपितु सम्पूर्ण समुदाय को अपनी सेवाएं प्रदान करते हैं।

– अतः ये विद्यालय समुदाय के विकास का कार्य करते हैं तथा उन गतिविधियों का विकास करते हैं, जो कि समुदाय से संबंधित होती हैं। इन विद्यालयों को वित्तीय संसाधन

सामुदायिक संस्था के द्वारा प्रदान किए जाते हैं।

– ये विद्यालय सरकारी सहायता प्राप्त हो भी सकते हैं तथा नहीं भी।

प्रश्न 6. भारत में शिक्षा संबंधी संवैधानिक प्रावधानों का उल्लेख कीजिए।
[Dec-07, Q3(iii)]

उत्तर – भारतीय संविधान निर्मात्री सभा ने महत्वपूर्ण ढंग से भारत के भविष्य को उज्जवल बनाये जाने हेतु निम्नलिखित महत्वपूर्ण सूत्रों का प्रावधान किया है :–

(1) अनुच्छेद 15(3) : स्त्री शिक्षा से सम्बन्धित।

(2) अनुच्छेद 28(4) : राजपोषित शिक्षण संस्थाओं में धार्मिक शिक्षा या उपासना का प्रतिषेध।

(3) अनुच्छेद 29 : अल्पसंख्यकों के हितों का संरक्षण।

(4) अनुच्छेद 30 : शिक्षा संस्थाओं की स्थापना और प्रशासन करने का अल्पसंख्याकों का अधिकार।

(5) अनुच्छेद 45 : 14 वर्ष तक की आयु के लिए अनिवार्य प्राथमिक शिक्षा।

(6) अनुच्छेद 46 : अनुसूचित जातियों, आदिम जातियों तथा पिछड़े हुए लोगों हेतु शिक्षा।

(7) अनुच्छेद 49 : राष्ट्रीय महत्व के स्मारकों के संरक्षण सम्बन्धी प्रावधान।

(8) अनुच्छेद 246 : केंद्रीय व राज्य सरकारें व संविधान संघ, राज्य व समवर्ती सूची।

(9) अनुच्छेद 343 (1), 343(3) एवं 351 : राष्ट्रभाषा हिन्दी के विकास हेतु प्रावधान।

(10) अनुच्छेद 345 : राज्य की राजभाषाएं।

(11) अनुच्छेद 346 : एक और दूसरे राज्य के बीच में अथवा राज्य और संघ के बीच में संचार के लिए राजभाषा।

(12) अनुच्छेद 347 : किसी राज्य के जनसमुदाय के किसी विभाग द्वारा बोली जाने वाली भाषा के संबंध में विशेष उपबन्ध।

(13) अनुच्छेद 350, 350(क), 350(ख) : भाषा संरक्षण संबंधी प्रावधान।

(1) अनुच्छेद 15(3) – स्त्री शिक्षा से सम्बन्धित प्रावधान – संविधान ने समानता के मूल अधिकार का ध्यान रखते हुए स्त्री शिक्षा तथा बालकों की शिक्षा पर विशेष रूप से धारा 15(3) में इस प्रकार विचार प्रस्तुत किया है – ''इस अनुच्छेद को किसी बात से राज्यों की स्त्रियों और बालकों के लिए कोई विशेष उपबन्ध बनाने में बाधा न होगी।''

(2) अनुच्छेद 28 :– धार्मिक शिक्षा से सम्बन्धित प्रावधान – संविधान के अनुच्छेद 28 में धार्मिक शिक्षा पर इस प्रकार विचार प्रस्तुत किया गया है – (1) राज्यनिधि से पूरी तरह पोषित किसी शिक्षा संस्था में कोई धार्मिक शिक्षा न दी जाए। (2) खण्ड (1) की कोई बात ऐसी शिक्षा संस्था पर लागू न होगी जिसका प्रशासन राज्य करता हो किन्तु जो किसी धर्मस्व या व्यास के अधीन स्थापित हुई है जिसके अनुसार उस संस्था में धार्मिक शिक्षा न दी जाए। (3) राज्य से अभिज्ञात अथवा राज्यनिधि से सहायता पाने वाली शिक्षा संस्था में उपस्थित होने वाले किसी व्यक्ति को ऐसी संस्था में दी जाने वाली धार्मिक शिक्षा में भाग लेने के लिए अथवा ऐसी संस्था में या उससे संलग्न स्थान में की जाने वाली धार्मिक उपासना में उपस्थित होने के लिए बाध्य न किया जायेगा। जब तक कि उस व्यक्ति ने या यदि अव्यस्क हो तो उसके संरक्षक ने, इसके लिए सम्मति न दे दी हो।

(3) अनुच्छेद 29 – अल्पसंख्यों के हितों का संरक्षण – भारत के राज्यक्षेत्र अथवा उसके किसी भाग के निवासी नागरिकों के किसी विभाग की, जिसके अपनी विशेष भाषा, लिपि या संस्कृति है, उसे बनाये रखने का अधिकार होगा। (2) राज्य द्वारा पोषित अथवा राज्य निधि से सहायता पाने वाली किसी शिक्षा संस्था में प्रवेश से किसी भी नागरिक को केवल धर्म, मूलवंश, जाति, भाषा अथवा इनमें से किसी आधार पर वंचित न रखा जायेगा।

(4) अनुच्छेद 30 – शिक्षा संस्थाओं की स्थापना और प्रशासन करने का अल्पसंख्यकों का अधिकार – 30(1) सभी अल्पसंख्यक को भाषा व धर्म के आधार पर शैक्षिक संस्था की स्थापना व प्रशासन का अधिकार है। 30(2) भाषा के आधार पर अल्पसंख्यक संस्थाओं के साथ विभेद नहीं होगा।

(5) अनुच्छेद 45 – 14 वर्ष की आयु के लिए निःशुल्क व अनिवार्य प्राथमिक शिक्षा – अनुच्छेद 45 में प्रावधान है – ''संविधान के क्रियान्वित होने के दस वर्षों के मध्य राज्य उन सभी बच्चों के लिए जो 14वर्ष की उम्र प्राप्त नहीं कर लेते हैं, निःशुल्क एवम् अनिवार्य शिक्षा का प्रावधान करेगा।''

अनिवार्य व निःशुल्क शिक्षा के बाधक तत्व –
(i) नगरीय क्षेत्रों में विकास अधिक।
(ii) ग्रामीण भारत में शिक्षा का विकास अपेक्षाकृत कम।
(iii) जनसंख्या (सेंसस) के समय प्राप्त सूचनाओं में भिन्नता।
(iv) निर्धन एवं पिछड़े बालकों के लिए सुविधाओं की कमी।
(v) अपव्यय एवम् अवरोधन की समस्या।

(vi) विभिन्न प्रकार की अनुपालना न करने वालों के लिए सख्ती नहीं।

(vii) विभिन्न प्रकार की प्रबंधकीय व्यवस्था।

(viii) नामांकन में वृद्धि हुई है। परन्तु गुणात्मक स्वरूप में उन्नयन न होना आदि।

इस अनुच्छेद में भारतीय शिक्षा के विकास के महत्वपूर्ण तथ्य प्रस्तुत किये गये लेकिन संसाधनों की अनुपलब्धता, जनसंख्या वृद्धि, जन्मदर में वृद्धि आदि समस्याओं ने इस अधिनियम को सफलतापूर्वक लागू नहीं होने दिया।

(6) अनुच्छेद 46 – अनुसूचित जातियों, आदिम जातियों तथा पिछड़े लोगों हेतु शिक्षा – अनुच्छेद 46 इस बात का आख्यान करता है कि ''राज्य जनता के दुर्बल वर्ग के विशेषतया अनुसूचित जातियों तथा अनुसूचित आदिम जातियों को शिक्षा तथा अर्थ संबंधी हितों को विशेष सावधानी से अभिवृद्धि करेगा तथा सामाजिक अन्याय तथा सब प्रकार के शोषण से उनकी सुरक्षा करेगा। कमजोर वर्ग (पिछड़े वर्ग) का तात्पर्य उन लोगों से है जो आर्थिक एवं सांस्कृति दृष्टि से पिछड़े हैं। अतः अनुच्छेद 46 देश के समस्त भागों में शैक्षिक अवसरों की समानता स्थापित करने का दायित्व प्रदान करता है।

(7) अनुच्छेद 49 – राष्ट्रीय महत्व के स्मारकों के संरक्षण संबंधी प्रावधान – अनुच्छेद 49 यह उपबंधित करता है कि राज्य कलात्मक या ऐतिहासिक अभिरूचि वाले प्रत्येक स्मारक का स्थान वस्तु की यथा स्थिति विरूपण, विनाश, अपसारण, अवययन अथवा निर्यात से रक्षा करना राज्य सरकार का अभाव होगा।

(8) अनुच्छेद 246 – केन्द्रीय व राज्य सरकारें व संविधान संघ राज्य व समवर्ती सूची – संविधान ने तीन सूचियाँ बनाई हैं जिसके अनुसार उसको कानून बनाने का अधिकार है। ये सूचियां इस प्रकार हैं :

(क) संघ सूची – संसद कानून बना सकती है परन्तु 13, 62,63,64,65,66 विषय शिक्षा से सम्बन्धित हैं। शिक्षा के इन विषयों को केन्द्र सरकार अपने अधीन रख सकती है। ये हैं :

(i) अंतर्राष्ट्रीय सम्मेलनों व निकायों में भाग लेनां

(ii) राष्ट्रीय संस्थाएं व भारत सरकार द्वारा पूर्णतः या अंशतः वित्तपोषित संस्था।

(iii) काशी हिन्दु विश्वविद्यालय, मुस्लिम वि.वि. और दिल्ली वि.वि. आदि संस्थाएँ।

(iv) राष्ट्रीय महत्व की संस्था, घोषित या शिल्पिक शिक्षा संस्थायें।

(v) संघ अभिकरण व अनुसंधान संस्थायें।

(vi) विभिन्न शिक्षण संस्थानों में एकसूत्रता लाना व मानों का निर्धारण।

(vii) समुद्री–नौपरिवहन आदि।

(ख) राज्य सूची – इसमें 66 विषयों पर राज्य सरकारों में कानून बनाने का अधिकार है। लेकिन जम्मू कश्मीर पर लागू नहीं है। इसमें संघ सूची के प्रविष्ट 63,64,65 व 66 समवर्ती सूची की 25वीं प्रविष्टि 25 के उपबंध के अधीन रहते हुए शिक्षा जिसके अंगर्तत विश्वविद्यालय भी है।

(ग) समवर्ती सूची – इसमें 47 विषयों पर कानून बनाने की व्यवस्था की गई है। शिक्षा से संबंधित दो प्रविष्टियों आर्थिक और सामाजिक योजना एवम् श्रमिकों का व्यावसायिक और शिल्पी प्रशिक्षण।

(9) अनुच्छेद 343(1), 343(2) एवं 351 – राष्ट्रभाषा हिन्दी के विकास हेतु प्रावधान – अनुच्छेद 343(1) में हिन्दी को राजभाषा और लिपि में देवनागरी, अंकों का रूप भारतीय अंकों का अन्तर्राष्ट्रीय होगा।

अनुच्छेद 343(2) में 15 वर्ष की अवधि तक संघ कार्य में अंग्रेजी का प्रयोग होगा।

अनुच्छेद 351 – हिन्दी भाषा की वृत्ति (प्रसार) करना, उसका विकास करना ताकि वह भारत की सामाजिक संस्कृति के सब तत्वों की अभिवृत्ति का माध्यम हो सके।

(10) अनुच्छेद 345 – राज्य की राजभाषाएं – अनुच्छेद 345 तथा 347 के उपबन्धों के अधीन रहते हुए राज्य का विधानमण्डल विधि द्वारा उस राज्य के राजकीय प्रयोजनों में से सब या किसी के लिये प्रयोग के अर्थ में प्रयुक्त होने वाली भाषाओं में किसी एक या अनेक को हिन्दी का अंगीकार कर सकेगा।

(11) अनुच्छेद 346 – एक और दूसरे राज्य के बीच में अथवा राज्य और संघ के बीच में संचार के लिये राजभाषा – राजकीय प्रयोजनों के लिए तत्समय अधिकृत भाषा एक राज्य व दूसरे राज्य के बीच और राज्य और संघ के बीच संचार के लिए राज्य भाषा प्रयुक्त होगी। दो से अधिक राज्यवरण में राजभाषा हिन्दी भाषा होगी।

(12) अनुच्छेद 347 – किसी राज्य के जनसमुदाय के किसी विभाग द्वारा बोली जाने वाली भाषा के सम्बन्ध में विशेष उपबन्ध।

(13) अनुच्छेद 350,350

(क) 350

(ख) – भाषा संरक्षण संबंधी प्रावधान – संविधान के अनुच्छेद 350 के अनुसार –

''किसी व्यवस्था के निवारण के लिए संघ या राज्य के किसी पदाधिकारी को यथा स्थिति संघ के या राज्य में प्रयोग होने वाली किसी भाषा में प्रतिवेदन देने का प्रत्येक व्यक्ति को हक होगा।''

अनुच्छेद 350(क) व 350(ख) का उद्देश्य क्रमशः प्राथमिक शिक्षा मातृभाषा में देने एवम् राष्ट्रपति द्वारा भाषा जात अल्प संख्यकों के संरक्षण से अवगत होना।

प्रश्न 7. भारतीय विद्यालयों की स्थिति स्पष्ट करते हुए राज्य स्तर पर स्कूली शिक्षा के स्वरूप का वर्णन करो।   **[June-05, Q3(iii)]**

उत्तर – पाँचवें राष्ट्रीय सर्वेक्षण के अनुसार भारत में लगभग 5.30 लाख प्राथमिक पाठशालाएं हैं। लगभग 53,000 माध्यमिक तथा लगभग 16,000 उच्चतर माध्यमिक विद्यालय हैं। ये सभी विद्यालय विभिन्न शिक्षण संस्थाओं के द्वारा चलाए जाते हैं। ये विभिन्न संस्थाएं निम्नवत् हैं–

इन सभी उद्यमों से लगभग 4 प्रतिशत प्राथमिक विद्यालयों की स्थापना केन्द्रीय तथा राज्य सरकारों द्वारा होती है। लगभग 48 प्रतिशत विद्यालय तथा 30 प्रतिशत अन्य विद्यालय स्थानीय संस्थाओं द्वारा चलाए जाते हैं। निजी संस्थाओं द्वारा चलाए जा रहे विद्यालयों को सरकारी तथा अन्य स्रोतों से आर्थिक सहायता भी प्राप्त होती है।

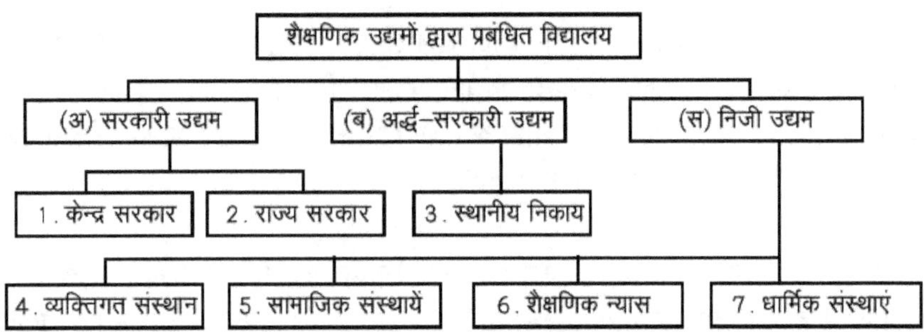

राज्य स्तर पर स्कूली शिक्षा का प्रशासनिक ढांचा – देश में विभिन्न राज्य अपनी आवश्यकतानुसार भिन्न शिक्षा नीतियों का अनुपालन करते हैं। राज्य स्तर पर शिक्षा संबंधी विभाग शिक्षा मंत्रालय के अंतर्गत आते हैं, जिसका प्रमुख शिक्षा मंत्री होता है। शिक्षा मंत्री राज्य में शिक्षा संबंधी सभी कार्यों की देखरेख करते हैं। शिक्षा के विशिष्ट विभाग अलग–अलग मंत्रियों के अधीन भी हो सकते हैं। जैसे कि कृषि, शिक्षा तथा तकनीकी शिक्षा आदि। मंत्री राज्य विधानमंडल की प्रति उत्तरदायी होते हैं तथा राज्य की शिक्षा संबंधी नीतियों का निर्माण करते हैं, उन्हें लागू करवाते हैं तथा उनका निरीक्षण भी करते हैं। वे राज्य की सीमा में स्थित सभी सरकारी तथा सरकारी सहायता प्राप्त विद्यालयों को प्रबंधन तथा नियंत्रण भी करते हैं।

राज्य स्तर पर शिक्षा का ढांचा निम्नलिखित है–

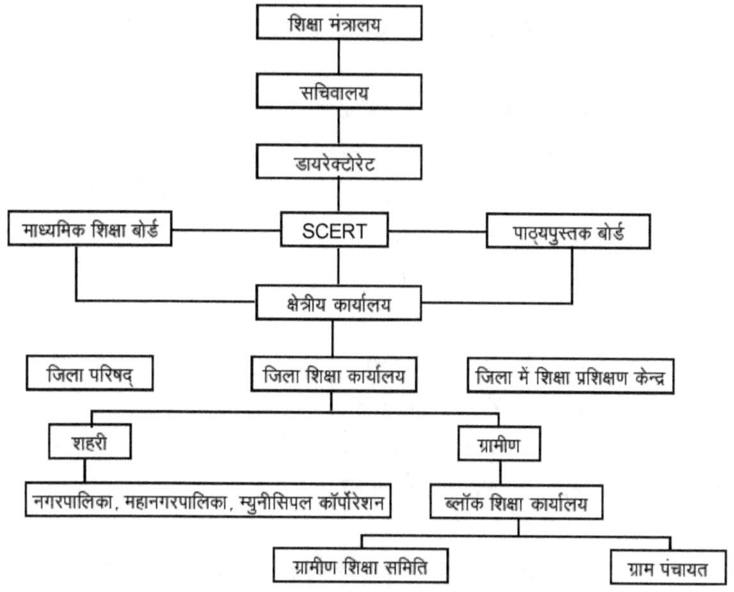

राज्य स्तर पर शिक्षा का स्वरूप उपर्युक्त प्रकार रेखाचित्र से स्पष्ट है कि शिक्षा मंत्री के अन्तर्गत सचिवालय होता है। जिसका प्रशासनिक मुखिया सचिव होता है। नीतियों का निर्माण करने तथा उन्हें लागू करने में वह सीधे मंत्री के प्रति उत्तरदायी होता है। इनकी नियुक्ति भारतीय प्रशासनिक सेवा को उत्तीर्ण करने के पश्चात् होती है। इनकी मदद करने के लिए उप/अवसर सचिव होता है। प्राथमिक, माध्यमिक तथा उच्चतर माध्यमिक शिक्षा स्तर पर प्रबंधन के लिए विभिन्न निदेशालयों की स्थापना की गई है। इनका प्रशासनिक अधिकारी निर्देशक होता है। इन्हें परामर्श देने के लिए सह–निर्देशकों को नियुक्त किया जाता है। राज्य में कुछ जिलों की संख्या तथा क्षेत्रफल के आधार पर राज्य को विभिन्न शिक्षा सर्कल का स्वतंत्र शिक्षा अधिकारी होता है, जो कि जिला शिक्षा अधिकारियों के साथ मिलकर अपने सर्कल में शिक्षा का प्रबंध करते हैं।

चूँकि विभिन्न राज्यों की जनसंख्या तथा भौगोलिक संरचना और क्षेत्रफल भिन्न होता है, अत: इनमें प्रशासनिक ढांचे में विभिन्नता दिखाई देती है।

स्कूली शिक्षा के क्षेत्र में राज्य सरकार के प्रमुख उत्तरदायित्व निम्नलिखित हैं :–
(1) राज्य में शिक्षण संस्थानों की स्थापना करना।
(2) विद्यालयों को मान्यता प्रदान करना।

(3) निजी संस्थाओं द्वारा चलाए जा रहे विद्यालयों को वित्तीय सहायता प्रदान करना।

(4) स्कूली शिक्षा के प्रबंधन के संदर्भ में विभिन्न कानूनों को पारित तथा लागू करना।

(5) विद्यालयों में अध्यापकों की नियुक्ति करना तथा उनके प्रशिक्षण की व्यवस्था करना।

(6) समय–समय पर विद्यालयों का निरीक्षरण करना तथा यह देखना कि विद्यालयों में अध्यापन कार्य सुचारु रूप से चल रहा है या नहीं।

(7) राज्यों में परीक्षाओं का आयोजन करने के लिए शिक्षा बोर्ड की स्थापना करना।

(8) गरीब तथा पिछड़े वर्ग के विद्यार्थियों को विशेष सहायता प्रदान करना।

(9) विद्यालयों के ठीक से कार्य न करने पर उनके विरूद्ध कार्यवाही करना।

विद्यालयों के कार्यों की जानकारी केन्द्रीय सरकार को देना। शिक्षा के विकास के लिए अन्वेषण तथा अन्य विकास कार्यक्रमों को प्रोत्साहित करना। इस प्रकार राज्य में शिक्षा प्रबंध का सम्पूर्ण उत्तरदायित्व राज्य सरकार का होता हैं, जोकि शिक्षा मंत्रालय तथा उसके अंतर्गत विभिन्न कार्यालयों/विभागों की सहायता से अपने कार्य को पूरा करती है।

प्रश्न 8. N.C.E.R.T. के प्रकार्यों का वर्णन करते हुए इस पर टिप्पणी कीजिए।

उत्तर – एक सितम्बर 1961 को राष्ट्रीय शैक्षिक अनुसंधान और प्रशिक्षण परिषद (NCERT) की स्थापना भारत सरकार के शिक्षा मन्त्रालय के द्वारा की गई थी। मानव संसाधन विकास मंत्रालय के सलाहाकार के रूप में कार्य करती हैं। इसकी स्थापना का उद्देश्य स्कूल शिक्षा की गुणवत्ता में सुधार लाने के लिये राष्ट्रीय स्तर पर प्रयास करना है। प्रारम्भ में माध्यमिक शिक्षा प्रसार कार्यक्रम निदेशालय, शैक्षिक व व्यावसायिक निर्देशन ब्यूरो, पाठ्यपुस्तक ब्यूरो, बेसिक शिक्षा राष्ट्रीय संस्थान, श्रव्य दृश्य राष्ट्रीय संस्थान जैसी अनेक संस्थाओं का मिला कर राष्ट्रीय शैक्षिक अनुसंधान और प्रशिक्षण परिषद (NCERT) की स्थापना की गई थी। यह एक स्वायत्त तथा पूर्णरूप से केन्द्र सरकार के द्वारा घोषित संस्था है। इसका प्रमुख उद्देश्य शिक्षा, विशेष रूप से स्कूल शिक्षा, के क्षेत्र में मानव संसाधन विकास मन्त्रालय भारत सरकार को सहयोग व परामर्श देना है जिससे शिक्षा सम्बन्धी नीतियों व कार्यक्रमों का निर्धारण व क्रियान्वयन समुचित ढंग से हो सके। इस मुख्य उद्देश्य की प्राप्ति के लिए राष्ट्रीय शैक्षिक अनुसंधान और प्रशिक्षण परिषद (NCERT) निम्न कार्यक्रम व गतिविधियों का संचालन करती है :

(1) शिक्षा की सभी शाखाओं में अनुसंधान कार्य करना, अनुसंधान कार्य में सहायता करना व अनुसंधान कार्य का समन्वय करना।

(2) सेवारत व सेवा पूर्व अध्यापक प्रशिक्षण के उच्च स्तरीय कार्यक्रम चलाना।

(3) शैक्षिक पुनर्निमार्ण के कार्य में सलग्न संस्थाओं के लिए प्रसार सेवाओं का

आयोजन करना।

(4) शिक्षण की उन्नत तकनीकों व नवाचारों को बढ़ावा देना।

(5) शैक्षिक सूचनाओं को संकलित व सम्पादित करना।

(6) माध्यमिक शिक्षा का गुणात्मक उन्नयन करने के कार्यक्रमों को लागू करने में शिक्षा संस्थाओं की सहायता करना

(7) अन्तर्राष्ट्रीय संस्थाओं जैसे यूनेस्को (UNESCO) व युनिसेफ (UNICEF) तथा अन्य राष्ट्रयों की शिक्षा संस्थाओं से सम्पर्क रखना।

राष्ट्रीय शैक्षिक अनुसंधान और प्रशिक्षण परिषद (NCERT) का वास्तविक नियन्त्रण मुख्य रूप से इसके सामान्य निकाय (General Body) व कार्यकारिणी समिति के अधीन रहता है। राष्ट्रीय शैक्षिक अनुसंधान और प्रशिक्षण परिषद (NCERT) का सामान्य निकाय वास्तव में इसका नीति निर्धारक निकाय है। केन्द्रीय मानव संसाधन विकास मन्त्री इस सामान्य निकाय के अध्यक्ष होते हैं। सभी राज्यों के शिक्षा मन्त्री, यू.जी.सी. के अध्यक्ष, विश्वविद्यालयों के चार कुलपति, केन्द्रीय माध्यमिक शिक्षा बोर्ड के अध्यक्ष, केन्द्रीय विश्वविद्यालय के संगठन के आयुक्त, भारत सरकार के द्वारा मनोनीत चार अध्यापक तथा कार्यकारिणी के सभी सदस्य इसके सदस्य होते हैं। यह निकाय नीति सम्बन्धी उच्च स्तरीय निर्णय लेने के लिए सक्षम है। राष्ट्रीय शैक्षिक अनुसंधान और प्रशिक्षण परिषद के संचालन व शैक्षिक गतिविधियों के अयोन के लिए कार्यकारिणी समिति बनाई गई है। इस समिति के अध्यक्ष भी केन्द्रीय मानव संसाधन विकास मन्त्री होते हैं तथा इसके सदस्य केन्द्रीय राज्य शिक्षा मन्त्री, केन्द्रीय शिक्षा सचिव, यू. जी.सी. के अध्यक्ष, एन.सी.ई.आर.टी. के निदेशक व संयुक्त निदेशक, केन्द्रीय संसाधन विकास मन्त्रालय व केन्द्रीय वित्त मन्त्रालय के एक–एक प्रतिनिधि, दो अध्यापक, परिषद के संकायों के तीन प्रतिनिधि तथा दो प्रख्यात शिक्षाविद होते हैं। परिषद के कार्यों से सम्बन्धि सभी मामलों पर कार्यकारिणी समिति निर्णय लेती है। एन.सी.ई.आर.टी. के दिन प्रतिदिन के कार्यों के नियम व संचालन का उत्तरदायित्व निदेशक, संयुक्त निदेशक तथा सचिव विभिन्न विभागों के अध्यक्षों की सहायता से सम्पादित करते हैं।

राष्ट्रीय शैक्षिक अनुसंधान एवं प्रशिक्षण परिषद (NCERT) अपने आठ संघटकों के माध्यम से अपने उत्तरदायित्व का निर्वाह करती है। ये आठ संघटक निम्नलिखित हैं –

(1) राष्ट्रीय शिक्षा संस्थान, नई दिल्ली

National Institute of Education - NIE

(2) केन्द्रीय शैक्षिक तकनीकी संस्थान, नई दिल्ली

Central Institute of Educational Technology - CIET

(3) पंडित सुन्दरलाल शर्मा केन्द्रीय व्यावसायिक शिक्षा संस्थान, भोपाल

Pandit Sunderlal Sharma Central Institute of Vocational Educations - PSSCIVE

(4) क्षेत्रीय शिक्षा संस्थान, अजमेर

Regional Institute of Education, Ajmer - RIE, Ajmer

(5) क्षेत्रीय शिक्षा संस्थान, भोपाल

Regional Institute of Education, Bhopal - RIE, Bhopal

(6) क्षेत्रीय शिक्षा संस्थान, भुवनेश्वर

Regional Institute of Education, Bhubaneshwar - RIE, Bhubneshwar

(7) क्षेत्रीय शिक्षा संस्थान, मैसूर

Regional Institute of Education, Mysore - RIE, Mysore

(8) क्षेत्री शिक्षा संस्थान, शिलांग

Regional Institute of Education, Shilong - RIE, Shilong

इन आठ संघटकों के अतिरिक्त देश के विभिन्न राज्यों में राष्ट्रीय शैक्षिक अनुसंधान एवं प्रशिक्षण परिषद ने क्षेत्रीय सलाहकारों (Field Advisors) की भी नियुक्ति की है। इन क्षेत्रीय सलाहकारों को राज्यों के साथ सम्पर्क करने का कार्य सौंपा गया है। प्रत्येक क्षेत्रीय सलाहकार का कार्य क्षेत्र निश्चित है। बड़े राज्यों में एक–एक क्षेत्रीय सलाहकार को रखा गया है। जबकि कई छोटे राज्यों का कार्यक्षेत्र एक क्षेत्रीय सलाहकार को दिया गया है। कार्यक्षेत्र के निर्धारण में भौगोलिक परिस्थितियों का भी ध्यान रखा गया है। क्षेत्रीय सलाहकारों के कार्यालय को प्रायः राज्य की राजधानी में स्थापित किया गया है। उत्तर प्रदेश में इलाहाबाद के शैक्षिक केन्द्र होने के कारण क्षेत्रीय सलाहाकर का कार्यालय इलाहाबाद शहर में खोला गया है। क्षेत्रीय सलाहाकार अपने सम्बन्धित राज्य/राज्यों के शिक्षा अधिकारियों के सम्पर्क में रहते हैं तथा उन्हें परिषद के क्रियाकलापों से अवगत कराकर राज्य के शैक्षिक विकास में परिषद के योगदान का लाभ उठाने की परिस्थितियों का निर्माण करते हैं। इसके साथ–साथ वे राज्यों की शैक्षिक आवश्यकताओं की सूचना परिषद को देते हैं। जिसमें तदनुसार शैक्षिक कार्यक्रमों का विकास किया जा सके। इस प्रकार से क्षेत्रीय सलाहकार राज्यों के शैक्षिक विकास के मार्ग को प्रशस्त बनाने में राष्ट्रीय शैक्षिक अनुसंधान एवं प्रशिक्षण परिषद तथा केन्द्र सरकार के योगदान को सुगम बनाने का कार्य करते हैं। राष्ट्रीय शैक्षिक अनुसंधान एवं प्रशिक्षण परिषद ने विगत कुछ समय से अपने क्षेत्रीय सलाहकार के कार्यालयों को बन्द करो की कार्यवाही प्रारम्भ कर दी है।

प्रश्न 9. DIET पर एक विस्तृत टिप्पणी कीजिए।

उत्तर – District Institute of Educational Training (DIET)

Education Commission (1964 – 66) ने, अध्यापकों के लिए माना है कि "of all the factors that influence the quality of education....... the quality, competence and characters of teachers are undoubtedly the most significant"

परन्तु यह सब अध्यापको को प्रदान किए जाने वाले परीक्षण की गुणवत्ता तथा उनको दिए जाने वाले सहयोग पर निर्भर करता है। NPE के बनने से पहले elementary education के क्षेत्र में यह सहयोग, राष्ट्रीय व रज्य स्तर पर NCERT, NIEPA व SCERT आदि संस्थाओं द्वारा प्रदान किया जाता था। राज्य स्तर से नीचे elementary teacher education प्रदान करने के संस्थान थे परन्तु इनकी क्रियाएँ अधिकार pre-service teacher education प्रदान करने तक ही सीमित थी।

NPE के बनने के समय elementary and adult education का क्षेत्र राष्ट्रीय एवं राज्य स्तर की संस्थाओं के सहयोग से ही काफी विस्तृत था। NPE को इसके और अधिक विस्तार qualitative improvement के लिए लागू किया गया। NPE & POA के अनुसार सिस्टम को सहयोग देने के लिए DIET के रूप में जिला स्तर पर तीसरा स्तर जोड़ा गया और यह आशा की गई कि यह इन संस्थाओं को और अधिक सहयोग प्रदान करे। शिक्षक–शिक्षा के लिए एन.पी.ई. के प्रावधानों के अनुसार शिक्षक–शिक्षा के restructuring o recognization के लिए अक्टूबर 1987 में इस स्कीम को approve किया गया। DIET को लागू करने के दिशा–निर्देशों को विभिन्न राज्यों में अक्टूबर 1987 में चालू किया गया। अक्टूबर 1989 तक पूरे देश में 216 DIETs स्थापित करने के लिए central assistance sanctioned किया गया।

DIET - It's mission

Elementary तथा adult education के क्षेत्र में नीतियों व योजनाओं की सफलता के लिए निम्न स्तर से ही शैक्षिक व संसाधन सहायता प्रदान करना तथा विशेष रूप से –

(1) प्राथमिक/माध्यमिक शिक्षा का सार्वभौमिकरण

(2) प्रौढ़ शिक्षा

(3) राष्ट्रीय साक्षरता अभियान विशेष रूप से 15–35 वर्ष के आयु वर्ग में क्रियात्मक साक्षरता।

उपर्युक्त अभियान को DIET के निश्चित उद्देश्यों में परिवर्तित करने की आवश्यक है जो प्रत्येक राज्य व जिले की आवश्यकताओं के अनुरूप हो।

DIETs - Pace Setting Role :

उत्तमता की दृष्टि से DIET के दो अंतर–संबंधित aspects हैं :

(1) संस्था के स्वयं के कार्य में गुणवत्ता

(2) प्रत्येक जिले की माध्यमिक व प्रौढ़ शिक्षा में उत्तमता प्राप्त करने में सहायता करना।

Child Centered Approach :

(1) अध्यापक/निर्देशक का role केवल बने–बनाए ज्ञान की अधिगमकर्ता तक पहुंचाने का ही नहीं रह गया है बल्कि इसके अतिरिक्त वह बच्चों को अधिगम अनुभव प्रदान करता है। संस्था व अधिगम स्रोतों का प्रबन्ध व बालक के चहुंमुखी विकास में क्रियाशील योगदान भी देता है।

(2) DIET में pre-service तथा in-serivce programmes इस प्रकार बनाए गए हैं जिससे अध्यापक को शिक्षण–अधिगम प्रक्रिया में learner को केन्द्र बिन्दु मानकर पाठ्यक्रम को पढाने का प्रशिक्षण दिया जा सके। इसके कुछ implications निम्नलिखित हैं :–

(i) प्रोग्राम, आवश्यकता आधारित हो। इसमें प्रशिक्षार्थियों के समूह में वैयक्तिक भिन्नताओं और आवश्यकताओं को पहचाना जाए व उनको ध्यान में रखा जाए।

(ii) प्रशिक्षार्थी प्रयोग करने, अन्वेषण करने, पढ़ते व नवाचार करने में योग्य होना चाहिए। अधिगम क्रियाएं वैयक्तिक व सामूहिक दोनों रूपों में अच्छी प्रकार संगठित होनी चाहिए।

(iv) अधिगम प्रक्रिया में local environment का अधिक से अधिक प्रयोग किया जाना चाहिए व पाठ्यक्रम एवं अधिगम क्रियाएं एक–दूसरे से सह–संबंधित हो।

(v) प्रशिक्षार्थियों द्वारा किए गए अच्छे कार्य को प्रोत्साहित किया जाए, दिखाया जाए तथा प्रकाशित किया जाए।

(vi) DIET अपने में Life long learner की अभिवृत्ति को अपनाए।

Special Target Group of DIETs are - NPE के अनुसार ''राष्ट्रीय शिक्षा व्यवस्था की धारणा का अर्थ है कि प्रत्येक विद्यार्थी को उसके धर्म, जाति, वर्ग या लिंग आदि का विचार किए बिना अच्छी व उत्तम शिक्षा प्राप्त करने का अधिक है।''

यह केवल सार्वभौमिकीकरण के कार्य का सार मात्र है जिसका अर्थ है कि जिन लोगों को शिक्षा की सुविधा प्राप्त नहीं है उन पर अधिक ध्यान देना।

DIET के विशेष उद्देश्य समूह निम्नलिखित हैं :–

(1) माध्यमिक विद्यालय अध्यापक (Pre service & Inservice both)

(2) प्रधानाध्यापक विद्यालय भवन का उच्च अधिकारी, शिक्षा अधिकारी

(3) निर्देशक व निरीक्षक (NP व AE के लिए)

(4) DBE के सदस्य तथा village education committee (VEC) समुदाय अध्यापक तथा अन्य स्वयं सेवी संस्थाएँ जो शैक्षिक गतिविधियों के लिए कार्य करती हैं।

(5) संसाधन युक्त व्यक्ति जो सुविधाहीन वर्गों के लिए उचित प्रोग्राम चलाते हैं जैसे –

(क) बालिकाएं व स्त्रियां

(ख) अनुसूचित जाति व जनजाति

(ग) अल्पसंख्यक

(घ) विकलांग व्यक्ति

(ड़) अन्य जैसे – काम करने वाले बच्चे slum-dwellers तथा पहाड़ी, रेगिस्तान या अन्य दूरवर्ती क्षेत्रों के निवासी।

DIET के कार्य

(1) औपचारिक विद्यालय व्यवस्था के लिए pre-service तथा inserivce अध्यापक प्रशिक्षण प्रदान करना।

(2) अनौपचारिक शिक्षा के लिए निर्देश देना, निरीक्षण करना व उन्हें सहयोग प्रदान करने के लिए संसाधन सहायता प्रदान करना।

(3) संस्थान के नियोजन, प्रबन्धन तथा सूक्ष्म स्तर के नियोजन के लिए संस्थान के उच्च अधिकारी को प्रशिक्षण तथा अभिविन्यास प्रदान करना।

(4) विद्यालय स्तर की शिक्षा को प्रभावित करने के लिए समुदाय नेताओं, स्वयं सेवी संस्थाओं के अधिकारियों तथा अन्य का अभिविन्यास (orientation) करना।

(5) विद्यालय प्रांगण तथा DBE को शैक्षिक सहायता प्रदान करना।

(6) रिसर्च तथा प्रयोगात्मक कार्य करना

(7) प्राथमिक तथा उच्च प्राथमिक के साथ–साथ अनौपचारिक तथा प्रौढ़ शिक्षा के लिए मूल्यांकन केन्द्र के रूप में कार्य करना।

(8) संसाधन एवं अधिगम केन्द्रों द्वारा अध्यापकों व निर्देशकों के लिए

(9) अन्य संस्थाओं जैसे DBEs (District Board of Edu.) के लिए परामर्श सेवा का विस्तार करना।

NPE (1986) ने DBE की स्थापना का प्रस्ताव रखा कि प्रत्येक जिले में DBE खोला जाए जो उच्च माध्यमिक शिक्षा के स्तर तक, औपचारिक व अनौपचारिक शिक्षा प्रोग्राम को लागू करे व उसका निरीक्षण करे। DIET, DBC का महत्वपूर्ण अंग है।

DBC जिला स्तर पर शिक्षा योजना बनाता है। इन योजनाओं के आधार पर DIET सेवा क्षेत्र की शिक्षा योजनाएं बनाता है तथा संस्थाओं के लिए पंचवर्षीय तथा वार्षिक संस्थान रिपोर्ट बनाता है। DIET अपने सभी कार्य जिला स्तर की शैक्षिक एजेंसियों जैसे SCERT,

SIEPA, Colleges of Edu. तथा विश्वविद्यालय के शिक्षा विभाग आदि की सहायता से करता है। यह सुझाव दिया गया कि DIET द्वारा आयोजित अन्य गतिविधियों में भाग लेने के अतिरिक्त प्रत्येक elementary अध्यापक को compulsory basis पर 5 वर्ष में से 1 महीने pre-service programme में भेजा जाए।

DIET के प्रमुख कार्यक्रम व गतिविधियाँ :

(1) Pre-service अध्यापक शिक्षा प्रोग्राम (कार्यक्रम)

(2) अध्यापक, प्रधानाध्यापक, संस्थान की मुख्याधिकारी आदि का block level तक In-service कार्यक्रम।

(3) Field interaction (Etention work के साथ)

4) व्यस्कों तथा अनौपचारिक शिक्षा के personnel के लिए प्रशिक्षण कार्यक्रम

(5) पाठ्यक्रम, शिक्षण अधिगम सामग्री, परीक्षा तथा मूल्यांकन के तरीके एवं प्रविधियां, निम्न लागत के शिक्षण आदि के विकास के लिए workshop.

(6) DBE के सदस्य, VECs के समुदाय नेता, Youth एवं अन्य शिक्षण गतिविधियों के लिए orientation कार्यक्रम।

(7) क्षेत्रीय अध्ययन, क्रियात्मक रिसर्च एवं प्रयोग।

DIET ने न केवल विभिन्न क्षेत्रों, जैसे प्राथमिक विद्यालयों, विद्यालय भवन, अध्यापक, प्रधानाध्यापक, विद्यालय निरीक्षक, AE व NFE के निर्देशक, निरीक्षक एवं Project अधिकारी तथा इन तीन sector के जिला अधिकारी के साथ निकट व निरन्तर सम्पर्क बनाया बल्कि इन sectors में अधिकारियों को स्थापित किया। वह विभिन्न राष्ट्रीय, राज्य, डिवीजनल व जिला स्तर की संस्थानों एवं संगठनों के साथ निकट संबंध स्थापित करेगी जिसका उद्देश्य एवं रूचि

Divisional स्तर पर : NOGs] उच्च शिक्षा संस्थान, माध्यमिक शिक्षक, शिक्षा संस्थान, DRDA, स्थानीय रेडियो स्टेशन जहाँ लागू हो आदि।

जिला स्तर पर : विश्वविद्यालय शिक्षा विभाग IASE (Institute of Advanced Study in Edu., NOGs एवं अन्य संबंधित संगठन एवं संस्थान।

राज्य स्तर पर : SCERT, SIET, व्यस्क शिक्षा के लिए SRC, NGOs

राष्ट्रीय स्तर पर : NCERT, NIEPA सांस्कृतिक संसाधन एवं प्रशिक्षण केन्द्र (CCRT), Directorate of adult edu. भारतीय भाषाओं के लिए केन्द्रीय संस्थान, केन्द्रीय हिन्दी संस्थान, अन्य premier संगठन/संस्थान एवं NGOs जो प्राथमिक प्रौढ शिक्षा के क्षेत्र में कार्य कर रहे हैं।

DIET राष्ट्रीय व राज्य स्तर की संस्थाओं के कार्यक्रम व क्रियाओं को लागू करने की एजेंसी के रूप में भी कार्य करता है।

DIET का संगठनात्मक ढांचा –

1987 से DIET में निम्नलिखित सात शैक्षिक शाखाएँ हैं :–

(1) पूर्व सेवा शिक्षक शिक्षा शाखा (PSTE)

(2) कार्य अनुभव शाखा

(3) प्रौढ व अनौपचारिक शिक्षा के लिए जिला संसाधन unit (DRU)

(4) In-service programme, field interaction and innovation coordination branch.

(5) पाठ्यक्रम, सामग्री विकास एवं मूल्यांकन (CMDE) शाखा।

(6) शैक्षिक प्रौद्योगिकी (Educational Technology) (ET) शाखा।

(7) नियोजन एवं प्रबंधन (P and M) शाखा

उपर्युक्त के अतिरिक्त DIET में एक प्रशासनिक विभाग होना चाहिए जो आवश्यक प्रशासनिक सहायता प्रदान करने। DIET जब से वृहद स्तर पर In-service कार्यक्रमों का आयोजित कर रहा है, इसमें स्त्री एवं पुरूष विद्यार्थियों के लिए पृथक आवासों की व्यवस्था होनी चाहिए। DIET में एक पुस्तकालय होना चाहिए जिसमें व्यावसायिक किताबें (professional books) व पत्रिकाएं उपलब्ध हों। प्रत्येक शाखा का एक मुखिया होता है जो senior lecturer होता है उसकी सहायता करने के लिए अन्य lecturer होते हैं जिनकी संख्या उस शाखा के कार्य एवं कार्यभार पर निर्भर करती है। यद्यपि शाखा का अपना fulfledged DRU होता है, उसके Head, senior lecturer के स्थान पर Vice-principal भी हो सकता है।

DIET : Physical facilities -

DIET के कार्यों एवं संरचना को देखते हुए इसे उचित भौतिक सुविधाओं की भी आवश्यकता है जो निम्नलिखित हैं –

(1) संस्था का क्षेत्र उचित होना चाहिए। प्रायः 10 एकड़ एक संस्था का क्षेत्र होना चाहिए।

(2) भवन –

(क) इमारत लगभग 10000 sq.ft. carpet area

(ख) होस्टल : स्त्रियों व पुरूषों के लिए पृथक–पृथक आवास की सुविधा तथा 150 से 200 विद्यार्थियों के लिए रहने की सुविधा।

(ग) स्टाफ क्वार्टर्स – कम से कम 5 स्टाफ सदस्यों के लिए जोकि निम्नलिखित हैं –

– प्रधानाचार्य

– दो शिक्षक सदस्य जिनमें से एक या दोनों हो hostel warden
  सकते हैं।

– कक्षा IV के दो employee

(3) अन्य सुविधाएँ निम्नलिखित हैं –

(क) पुस्तकालय व अध्ययन कक्ष

(ख) भौतिक व जीव विज्ञान प्रयोगशालाएँ

(ग) मनोवैज्ञानिक परीक्षण, सामाजिक विज्ञान तथा भाषाओं की शिक्षा के लिए साजो
सामान

(घ) कार्य अनुभव क्रियाओं (WE) के लिए work-shed एवं बगीचे/फार्म।

(ड्) Visual एवं प्रदर्शन (Performing art) कला की शिक्षा के लिए साज सामान।

(च) दृश्य–श्रव्य साधन

(छ) विकालांगों की शिक्षा के लिए साज–सामान।

(ज) प्रौढ़ शिक्षा तथा अनौपचारिक शिक्षा के लिए विशेष वस्तुएं व साज–सामान।

प्रश्न 10. NIEPA पर टिप्पणी कीजिए।

उत्तर – राष्ट्रीय शैक्षिक योजना और प्रशासन संस्थान देश में शिक्षा के आयोजन और प्रशासन के क्षेत्र शीर्ष में संस्थान है। अपने अस्तित्व के पहले दस वर्षों में इस संस्थान ने 1962 में एशिया और प्रशान्त महासागर क्षेत्र में शैक्षिक आयोजकों, प्रशासकों और पर्यवेक्षकों के प्रशिक्षण के लिए क्षेत्रीय केन्द्र के रूप में स्थापित यूनेस्को संस्थान के रूप में कार्य किया। 1 अप्रैल को इसे एशियाई शैक्षिक योजना और प्रशासन संस्थान का नाम दिया गया। 1979 में राष्ट्रीय शैक्षिक योजना और प्रशासन संस्थान के रूप में इसका पुनः नामकरण किया गया।

(1) राष्ट्रीय शैक्षिक योजना और प्रशासन संस्थान के कुछ प्रकार्य हैं –

– शिक्षा में योजना और प्रशासन की गुणता में सुधार लाने के लिए अध्ययन, नए विचारों और प्रविधियों का प्रवर्त्तन और महत्वपूर्ण समूहों के साथ अन्तःक्रिया और प्रशिक्षण द्वारा उनका प्रसार करना; तथा उन्हें प्राप्त करना;

– केन्द्र और राज्य सरकारों तथा संघशासित क्षेत्रों के वरिष्ठ शैक्षिक अधिकारियों के लिए सेवापूर्व तथा सेवाकालीन प्रशिक्षण, सम्मेलनों, कार्यगोष्ठियों, सभाओं, सेमिनारों तथा विवरण– सत्रों की व्यवस्था करना;

– शैक्षिक आयोजन और प्रशासन से संबद्ध विश्वविद्यालय एवं महाविद्यालय प्रशासकों के लिए उन्मुखीकरण और प्रशिक्षण कार्यक्रमों तथा पुनश्चर्या पाठ्यक्रमों की व्यवस्था करना;

– शैक्षिक आयोजन और प्रशासन के विविध पक्षों में शोधकार्य करना, उसके लिए

सहायता प्रदान करना, संवर्धन तथा समन्वयन करना, जिसमें भारत के विभिन्न राज्यों और विश्व के अन्य देशों की योजना तकनीकों और प्रशासनिक प्रक्रियाओं का तुलनात्मक अध्ययन भी शामिल है।

(2) अध्यापक संघ की भूमिका व प्रकार्य बताइए।

अध्यापक संघ विद्यालय प्रबंधन में प्रमुख भूमिका निभाता है। सामान्यतः संघ में एक अध्यक्ष, उपाध्यक्ष, सचिव तथा कुछ सदस्य होते हैं। ये पद मनोनयन अथवा निर्वाचन द्वारा भरे जाते हैं। ऐसे संगठनों के प्रकार्य निम्नलिखित होते हैं:

(क) विद्यालयों और अध्यापकों के सामान्य कार्यकरण को सुकर बनाना,

(ख) विद्यालय प्रबंधमण्डल को भर्ती, स्थानांतरण, अवकाश, वेतन आदि के लिए कसौटियाँ, नियम और विनियम सुझाना,

(ग) जिला परिषद्, नगर निगम, जिला शिक्षा अधिकारी, लोक शिक्षा अधिकारी, लोक शिक्षा निदेशक और सचिवालय को विद्यालय के कार्यकरण के संबंध में नए प्रावधान या परिवर्तन सुझाना और

(घ) अध्यापकों के वेतनमान और सेवा दशाओं के संबंध में प्राधिकारियों के साथ बातचीत करना।

न्यासियों और प्राइवेट प्रबंधक वर्गों की भूमिका :–

उद्योगों, धार्मिक समूहों, अल्पसंख्यक समूहों इत्यादि जैसे अभिकरणों द्वारा बहुत से प्राथमिक और माध्यमिक विद्यालयों की स्थापना और देखरेख की जाती है। इन विद्यालयों के दिन–प्रतिदिन के कार्यव्यवहारों के विनियमन के लिए सामान्यतः इन विद्यालयों का न्यासी बोर्ड अथवा प्रबंधमंडल होता है। इस बोर्ड के सदस्य मुख्यतः मनोनीत या पदेन सदस्य होते हैं। विद्यालयी शिक्षा के ऐसे निकायों के प्रकार्य हैं:

(क) अपने विद्यालयों के लिए प्रधानाचार्य और अध्यापकों की भर्ती;

(ख) अपने विद्यालयों में विद्यार्थियों के प्रवेश का विनियमन,

(ग) अपने विद्यालय की वित्त–व्यवस्था करना तथा ढांचागत सुविधा का सृजन करना,

(घ) यह देखना कि उनके विद्यालयों में राज्य सरकार के नियमों और विनियमों का पालन हो रहा है, तथा

(ङ) विद्यालय के दिन–प्रतिदिन के कार्यव्यवहारों की देख–रेख करना।

प्रश्न 11. संस्था के रूप में विद्यालय की विशेषताओं व कार्यों का वर्णन कीजिए।

उत्तर – जब कुछ लोग अपने उद्देश्य की पूर्ति के लिए औपचारिक संगठन का निर्माण

करते है तब वह संगठन संस्था कहलाती है।

संस्थाएँ दो प्रकार की होती हैं – (1) औपचारिक तथा (2) अनौपचारिक संस्था। औपचारिक संस्थाएं वे होती हैं, जिनका निर्माण निश्चित उद्देश्य की प्राप्ति के लिए किया जाता है तथा वे निश्चित नियमों के अनुसार कार्य करती हैं।

अनौपचारिक संस्थाएँ व्यक्तिगत संबंधों के कारण विकसित होती हैं तथा वे किसी निश्चित नियम–कानून से बंधी नहीं होती। विद्यालय एक औपचारिक संस्था है। इनकी संरचना इस प्रकार की होती है कि इसमें प्रधानाचार्य, अध्यापकगण, निरीक्षक तथा अन्य कर्मचारी–सभी का एक समान उद्देश्य बच्चों को शिक्षा प्रदान करना होता है और वे इसी उद्देश्य की प्राप्ति के लिए कार्य करते हैं।

इस प्रकार विद्यालय एक औपचारिक संस्था है, क्योंकि –

(1) विद्यालय की स्थापना करने से पूर्व कुछ औपचारिकताओं को पूरा करना आवश्यक होता है तथा सरकार की अनुमति लेनी भी आवश्यक होती है।

(2) विद्यालय एक स्थायी संस्था है। इसके सदस्यों की संख्या लगातार बनी रहती है।

(3) विद्यालय की एक निश्चित संरचना होती है। इसमें उच्च स्तर पर प्रधानाचार्य होते हैं। उसके नीचे निरीक्षक तथा अनके अधीनस्थ अध्यापक तथा अन्य कर्मचारी होते हैं।

(4) इस संरचना में प्रत्येक सदस्य एक निश्चित कार्य करता है।

(5) विद्यालय एक निश्चित उद्देश्य की प्राप्ति के लिए कार्य करते हैं, जिसका पालन सभी समान रूप से करते हैं।

एक संस्था के रूप में विद्यालय के कार्य निम्नलिखित हैं –

(1) किसी भी विद्यालय का सर्वप्रथम कार्य है बच्चों को शिक्षित करना। शिक्षित करने से तात्पर्य केवल लिखना–पढ़ना सिखाना नहीं है, अपितु उनके व्यक्तित्व का सम्पूर्ण विकास करने से है।

(2) विद्यालय में आने से पूर्व बच्चे अपने परिवार तथा समाज से कुछ विशिष्ट गुणों/विशेषताओं को सीख कर आते हैं। विद्यालय का एक अन्य मुख्य कार्य यह भी है कि वह छात्रों के इन्हीं गुणों तथा कमियों को पहचाने तथा उनके चरित्र में सद्गुणों का विकास करे।

(3) विद्यालय में एकता, भाईचारा, राष्ट्रीयता इत्यादि गुणों का विकास करके उन्हें एक अच्छा नागरिक बनने में मदद कर सकते हैं।

(4) विद्यालय में विभिन्न समुदायों तथा वर्गों के छात्र आते हैं, जिनमें काफी विभिन्नताएं विद्यमान होती हैं। विद्यालयों को चाहिए कि वे उनकी इन विभिन्नताओं को दूर कर समानता की भावना का विकास करे।

(5) विद्यालय अध्यापक कार्य के साथ–साथ अन्य क्रियाकलाप भी आयोजित करती

हैं, जोकि छात्रों के सम्पूर्ण विकास के लिए आवश्यक होते हैं।

(6) चूंकि छात्र एक कच्ची मिट्टी के समान होते हैं अतः यह विद्यालय पर निर्भर करता है कि उन्हें किस प्रकार के नागरिक बनाता है। चूंकि छात्र ही भविष्य के नागरिक होते हैं तथा राष्ट्र का भविष्य अपने नागरिकों पर निर्भर करता है। जितने अधिक जागरूक तथा शिक्षित नागरिक होंगे, देश का भविष्य उतना ही अधिक उज्जवल होगा। इस परिप्रेक्ष्य में विद्यालय की भूमिका अत्यन्त महत्वपूर्ण हो जाती है।

प्रश्न 1 2. विद्यालय की शैक्षिक संरचना पर संक्षिप्त टिप्पणी लिखिये।
[June-07, Q3(v)] [Dec-06, Q3(iii)]

उत्तर – विद्यालय संरचना का प्रश्न महत्वपूर्ण होता चला जा रहा है। यह अपने यहाँ से निकले हुए लोगों की संख्या और वितरण–मात्रा को निर्धारित करती है। अनुभव किया जा रहा है कि इसके माध्यम से व्यवस्था के लिए नियत किए गए नीतिगत उद्देश्यों और पूर्वापेक्षाओं की पूर्ति की जा सकती है। अतः हमारी प्रमुख नीतियों में एक है कि ऐसी शैक्षिक संरचना बनाई जाए जिसकी, ठोस शिक्षाशास्त्रीय सिद्धांतों और व्यक्तिगत विकास के सिद्धांतों के साथ जिसकी संगति बैठती हो और जो, आधुनिक समाज में शिक्षा द्वारा प्राप्तव्य–सामाजिक, आर्थिक, सांस्कृतिक और राजनैतिक विविध उद्देश्यों के सामंजस्य को सुगम कर सके। आजकल भारत में शिक्षा आयोग (1964–66) द्वारा संस्तुत और 1968 में केन्द्रीय सरकार द्वारा जारी राष्ट्रीय नीति के अनुसार 10+2+3 का शैक्षिक प्रतिमान चल रहा है। इसलिए भारत के सभी भागों में समान शैक्षिक संरचना है। विद्यालयी शिक्षा के दस वर्षों में से 8 वर्ष प्राथमिक शिक्षा के हैं जिन्हें सामान्यतः निम्न प्राथमिक और उच्च प्राथमिक में विभाजित किया जाता है, और दो वर्ष माध्यमिक विद्यालय के हैं। विद्यालय के दस वर्षों के बाद दो वर्षों की उच्चतर माध्यमिक शिक्षा दी जाती है।

पूर्व विद्यालयी शिक्षा –

पूर्व विद्यालयी शिक्षा सामान्यतः तीन से छह वर्ष के बीच की अवस्था में दी जाती है। शिक्षा का यह चरण बच्चे के शारीरिक, संवेगात्मक और बौद्धिक विकास के लिए उसके जीवन का महत्वपूर्ण चरण है। यह बच्चे के भविष्य के लिए एक स्वस्थ आधार प्रदान करता है। पूर्व विद्यालयी शिक्षा प्रदान करने के मुख्य प्रयोजन निम्नलिखित हैं :

(1) बच्चों में अच्छी स्वास्थ्यकर आदतों का विकास करना, व्यक्तिगत समायोजन के लिए कपड़े पहनना, शौचक्रिया संबंधी आदतों, भोजन करना, मुँह–हाथ धोना जैसे आवश्यक आधारभूत कौशलों का विकास करना।

(2) वांछनीय सामाजिक अभिवृत्तियों और शिष्टाचार का विकास करना, स्वस्थ सामूहिक सहभागिता को बढ़ावा देना, अन्य लोगों के अधिकारों और विशेषाधिकारों के प्रति बच्चे को

संवेदनशील बनाना, आदि।

(3) अभिव्यक्त करने, समझने और अपनी भावनाओं तथा संवेगों को स्वीकृत एवं नियंत्रित करने के लिए बच्चे को मार्गदर्शन प्रदान करके उसके सांवेगिक विकास को बढ़ावा देना।

(4) सौंदर्य की सराहना करने के लिए प्रेरित करना।

(5) पर्यावरण से संबद्ध बौद्धिक उत्सुकता जागृत करना और अपनी दुनिया को समझने में बच्चे की मदद करना, धाराप्रवाह, शुद्ध एवं स्पष्ट वाणी में अपने विचारों और भावों को अभिव्यक्त करने की योग्यता का विकास करना।

(6) संज्ञानात्मक विकास को बढ़ावा देना।

(7) विद्यालय तत्परता को बढ़ावा देना।

दस वर्षीय विद्यालयी शिक्षा –

हाल ही में राष्ट्रीय शैक्षिक अनुसंधान और प्रशिक्षण परिषद ने दस वर्षीय विद्यालयी शिक्षा के लिए राष्ट्रीय पाठ्यचर्या की रूपरेखा प्रस्तुत की है।इसकी मुख्य विशेषताएँ निम्नलिखित हैं :

(1) विकास के राष्ट्रीय लक्ष्यों की प्राप्ति के लिए मानव संसाधनों का विकास करना।

(2) प्राथमिक और माध्यमिक स्तरों पर सभी के लिए व्यापक आधारवाली सामान्य शिक्षा का प्रावधान करना।

(3) भारत के स्वतंत्रता आंदोलन के इतिहास, सांविधानिक दायित्वों, राष्ट्रीय अस्मिता और भारत की सामान्य सांस्कृतिक विरासत, लोकतंत्र और समाजवाद, लिंग समानता, पर्यावरण संरक्षण, छोटे परिवार के मानक का पालन और वैज्ञानिक दृष्टिकोण का अंतःनिवेश करना, जैसे केंद्रिक तत्वों पर बल देना।

(4) शिक्षा के सभी स्तरों पर अधिगम के प्रत्येक क्षेत्र के लिए न्यूनतम अधिगम प्रतिफलों को परिभाषित करना।

(5) विषय वस्तु और अधिगम अनुभवों के संबंध में लचीलापन प्रदान करना।

(6) पाठ्यचर्या के क्रियान्वयन के दौरान अध्यापक केंद्रित उपागमों की अपेक्षा बाल केंद्रित तथा क्रिया आधारित शिक्षा प्रदान करना।

उच्चतर माध्यमिक शिक्षा – कोई व्यक्ति दस वर्ष की सामान्य शिक्षा पूरी कर लेने पर सामान्यतः किसी विशेष दिशा में अपनी पंसद या अभिक्षमता दर्शाने लगता है। अभिक्षमता, व्यक्ति विशेष की वर्तमान विशेषताओं को दर्शाती है जो उसकी भविष्य की संभावनाओं को द्योतित करती है। +2 स्तर पर विद्यार्थियों के लिए संभावना के सिविविध क्षेत्र उपलब्ध होते हैं ताकि वे अध्ययन के अनिवार्य चरण के बाद अपनी रूझानों के अनुसार मार्ग का चयन कर

सकें। अतः अपनी अभिक्षमता के अनुसार विद्यार्थी कृषि, शिक्षा, तकनीकी शिक्षा, कला, विज्ञान अथवा वाणिज्य शिक्षा अथवा कोई भी अन्य व्यावसायिक क्षेत्र चुन सकता है। उच्चतर माध्यमिक शिक्षा का उद्देश्य दस वर्षीय शिक्षा से भिन्न रूप में, विद्यार्थियों को कुछ विशेष दिशाओं में ज्ञान और कौशल प्रदान करना है। इसी चरण के दौरान अथवा इसके अंत में विद्यार्थी अधिकतर अपने भविष्य के मार्ग, अपने व्यवसाय अथवा वृत्ति का निश्चय कर लेते हैं।

विश्वविद्यालयी शिक्षा – विश्वविद्यालयी स्तर पर विद्यार्थी अपना अग्रिम अध्ययन –सामान्य अथवा व्यवसायिक शिक्षा के क्षेत्र में कर सकते हैं। इससे विद्यार्थियों को उत्साहपूर्वक, निश्शंक होकर सत्य की खोज में लगने, नई आवश्यकताओं और खोजों के प्रकाश में पुराने ज्ञान और विश्वासों का निर्वचन करने और जीवन के सभी क्षेत्रों में उचित प्रकार के नेतृत्व के अवसर भी मिलते हैं। विश्वविद्यालयों का एक प्रकार्य समाज को कृषि, कलाओं, चिकित्सा, विज्ञान, प्रौद्योगिकी तथा अन्य विभिन्न व्यवसायों में योग्य, सुविज्ञ और पूर्णतः प्रशिक्षित पुरुष एवं स्त्रियों की आपूर्ति करना भी है। विश्वविद्यालय शिक्षण एवं प्रशिक्षण के अतिरिक्त शोध और प्रचार–प्रसार संबंधी विभिन्न कार्य भी करते हैं।

प्रश्न 13. विद्यालय की भौतिक आधारभूत संरचना के तत्वों का ब्यौरा दीजिए।

उत्तर – विद्यालय का मूल कार्य तथा उद्देश्य छात्रों को शिक्षित करना होता है तथा इस उद्देश्य की प्राप्ति के लिए कुछ मौलिक आवश्यकताओं की पूर्ति करना आवश्यक है। अतः किसी भी विद्यालय के महत्वपूर्ण तत्व हैं – विद्यालय की इमारत, कक्षा–कक्ष, खेल के मैदान, फर्नीचर तथा शिक्षा से संबंधित अन्य उपकरण।

(1) विद्यालय की इमारत – विद्यालय की इमारत इस प्रकार निर्मित होनी चाहिए कि उसमें सभी छात्रों को ठीक से पढाया जा सके। इसमें इतना स्थान होना आवश्यक है कि विद्यालय के सभी कार्यकलापों को उचित ढंग से पूरा किया जा सके। विद्यालय के भवन में क्षमतानुसार कक्षा–कक्ष होने के साथ–साथ पुस्तकाल, वाचनालय तथा प्रयोगशालाएं भी होनी चाहिए। साथ ही कार्यशालाओं, पाठशाला के दफ्तर तथा अध्यापकों तथा मुख्याध्यापक के कक्ष का होना भी आवश्यक है। वर्तमान समय की आवश्यकताओं को पूरा करने के लिए विद्यालयों में आधुनिकतम उपकरणों तथा कक्षों जैसे कि ऑडिटोरियम तथा जिनमेजियम का होना भी आवश्यक है।

(2) कक्षा–कक्ष – विद्यालय में छात्रों की संख्या के अनुपात में कक्षा–कक्ष होने आवश्यक हैं तथा प्रत्येक कक्षा कक्ष का स्वच्छ तथा हवादार होना भी आवश्यक है। कक्षा में उचित फर्नीचर तथा अध्ययन के अन्य उपकरणों जैसे कि श्यामपट्ट, चार्ट इत्यादि का होना

भी अत्यन्त आवश्यक है। कक्षा में रोशनी की उचित व्यवस्था भी होनी चाहिए।

(3) पुस्तकालय – पाठशाला में एक उत्तम पुस्तकालय का होना भी आवश्यक है, ताकि छात्रों को विद्यालय में ही विभिन्न विषयों से संबंधित पुस्तकें प्राप्त हो जाएं और साथ ही उनमें पढ़ने की आदत का विकास होना भी आवश्यक है। अतः पुस्तकालय किसी भी विद्यालय का अत्यन्त महत्वपूर्ण भाग है।

(4) प्रयोगशाला – किसी भी विद्यालय में प्रयोगशाला की उपस्थिति भी अत्यन्त आवश्यक है। इन प्रयोगशाला में +2 स्तर की शिक्षा के स्तर के सभी उपकरणों का होना आवश्यक है, ताकि विभिन्न विज्ञान के विषयों के छात्र सफल प्रयोग करने के योग्य हों। वर्तमान समय के कम्प्यूटर के युग में पाठशालाओं में कम्प्यूटर कक्षों का भी होना आवश्यक है।

(5) प्रशासनिक ब्लॉक – विद्यालय में प्रशासनिक कार्यों की देखरेख के लिए प्रधानाचार्य तथा अध्यापकों के अतिरिक्त अन्य कर्मचारी भी होते हैं। विद्यालय का ऑफिस विद्यालय में ऐसी जगह स्थित होना चाहिए कि वहां सभी छात्र तथा अध्यापक इत्यादि आसानी से पहुँच सकें। विद्यालय में प्रधानाचार्य कक्ष, प्रतीक्षाकक्ष तथा ऑफिस तथा अन्य अध्यापकों के कक्ष एक ही स्थान पर होनें चाहिए।

(6) स्टाफ रूम – विद्यालय में अध्यापकों के लिए भी एक कक्ष का होना आवश्यक है, जहाँ अध्यापक अपने खाली समय में बैठ सकें तथा एक–दूसरे के संबंध भी स्थापित कर सकें।

(7) खेल का मैदान – शिक्षा का उद्देश्य कवेल छात्रों का मानसिक विकास करना नहीं होता है, अपितु वह छात्रों के शारीरिक विकास से भी संबंधित है। अतः विद्यालय में खेल के मैदान का होना भी आवश्यक है, ताकि छात्र अपनी रूचि के अनुसार खेल–कूद में भाग ले सकें। भौतिक आधारिक संरचना विद्यालय की भौतिक सुविधाओं की ओर संकेत करती है। इसे प्रायः विद्यालय संयंत्र कहा जाता है जिसमें शिक्षा देने के लिए विविध इमारतें, मैदान, फर्नीचर और उपकरण तथा अन्य अनिवार्य उपकरण शामिल होते हैं।

आदर्श रूप से कहा जाए, तो विद्यालय की स्थापना उपयुक्त परिवेश में की जानी चाहिए। इसकी अवस्थिति का अत्यंत महत्व है। इसके लिए पर्याप्त स्थान होना चाहिए, जिसके आस–पास छायादार पेड़ हों, जो भीड़भाड़ से भरे शहर के शोरगुल से और प्रदूषित वातावरण से दूर हो। परंतु, इसका तात्पर्य यह नहीं कि विद्यालय स्थल इतनी दूर हो कि वह यातायात, अनिवार्य सेवाओं और बच्चों की पहुंच से परे हो। हमारे कहने का तात्पर्य यह है कि वातावरण

शांत हो जो शिक्षण–अधिगम के लिए सहायक व प्रेरक हो।

विद्यालय भवन, उपयोगिता और आकर्षण की दृष्टि से भली–भांति योजनाबद्ध होना चाहिए। विद्यालय भवन आकर्षक हो, इसमें पर्याप्त प्रकाश, बैठने की आरामदेह व्यवस्था हो, पुस्तकालय, बहुप्रयोजनशील कक्षा, खेल के लायक मैदान, कक्षा, चॉक और बुलेटिन बोर्ड, सिंक, कार्य क्षेत्र, फाइल रखने और सामान रखने की जगह तथा विद्यार्थियों और अध्यापकों के लिए लॉकर जैसी उपयोगी सेवा–सुविधाएं होनी चाहिए। यदि हमारे विद्यालय भवनों को ऐसी अधिगम प्रयोगशालाओं की भूमिका निभानी हो जहां विद्यार्थियों को व्यक्तिगत अथवा सामूहिक रूप से स्वाध्याय करने, मिलकर सोचने, निष्कर्षों पर पहुंचने और रचनात्मक कार्यक्रमों की योजना बनाने के अवसर प्रदान किए जा सकें, तो इन सभी सुविधाओं के प्रावधान की आवश्यकता है।

प्रश्न 14. विद्यालय प्रणाली के अधिक्रम अथवा अधिकार के क्रम पर टिप्पणी लिखिए।   **[June-07, Q2]**

उत्तर – विद्यालय अनेक क्रियाकलापों का केंद्र है। इन क्रियाकलापों को करने के लिए अनेक व्यक्ति नियुक्त किए जाते हैं। प्रत्येक को दी गई भूमिकाओं और दायित्वों के अनुसार वे अलग–अलग पदों पर आसीन होते हैं, जिससे विद्यालय व्यवस्था में एक निश्चित अधिक्रम बनता है। वास्तव में, संगठन में यह अधिक्रम उस औपचारिक प्रक्रिया को दर्शाता है जिसके माध्यम से विद्यालय का प्रबंधन होता है। संक्षेप में हम संरचना को संगठन के विभिन्न सदस्यों के बीच कार्य विभाजन के उद्देश्य से स्थापित किया गया एक रचनातंत्र कह सकते हैं।

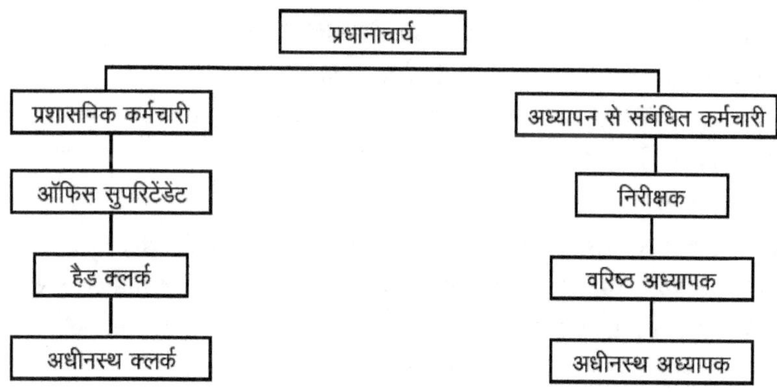

उपर्युक्त चार्ट दर्शाता है कि अधिक्रम के शीर्ष पर प्रधानाचार्य है। उसके अधीन कर्मचारी वर्ग के दो मुख्य वर्ग हैं – शैक्षणिक और प्रशासनिक कर्मचारी वर्ग। शैक्षणिक कर्मचारी वर्ग पाठ्यचर्या–क्रियान्वयन के लिए उत्तरदायी है जबकि प्रशासनिक कर्मचारी वर्ग विभिन्न

क्रियाकलापों के निर्बाध संचालन के लिए आवश्यक विविध सामग्रियाँ, अन्य संसाधन और सुविधाएँ जुटाकर और उपलब्ध कराकर विभिन्न क्रियाकलापों के संचालन में शैक्षणिक कर्मचारी वर्ग की सहायता करता है। इसके अतिरिक्त, प्रशासनिक कर्मचारी वर्ग शुल्क एकत्र करने, अभिलेख सुरक्षित रखने में भी मदद करता है। चतुर्थ श्रेणी के कर्मचारी छोटे-मोटे काम करने वालों के रूप में अथवा विद्यालय परिसर को साफ-सुथरा रखने में प्रशासनिक और शैक्षणिक कर्मचारी वर्ग, दोनों की सहायता करते हैं। विद्यार्थियों की अधिक संख्या वाले विद्यालयों में उप-प्रधानाचार्य भी हो सकता है जो विद्यालय की देखभाल में प्रधानाचार्य की सहायता करता है। सम्मिश्र विद्यालयों में प्राथमिक कक्षाओं, माध्यमिक कक्षाओं इत्यादि की देखभाल के लिए भिन्न-भिन्न व्यक्ति हो सकते हैं। परन्तु सभी व्यक्ति प्रधानाचार्य के मार्गनिर्देशन और प्रशासनिक नियंत्रण के अधीन कार्य करते हैं।

उदाहरण के लिए शैक्षणिक कर्मचारी वर्ग का मुखिया प्रधानाचार्य अथवा उप-प्रधानाचार्य है। उसके अधीन विज्ञान, वाणिज्य और कला नामक विभिन्न विभागों के पर्यवेक्षक हैं। प्रत्येक पर्यवेक्षक के नीचे कई अध्यापक हैं। अपने पदों के दायित्व के निर्वहन के साथ-साथ प्रत्येक कर्मचारी से चाहे वह किसी भी पद पर हो, यह अपेक्षा की जाती है कि वह शिक्षा और विद्यार्थियों के हित को ध्यान में रखेगा। इसी प्रकार प्रशासनिक कर्मचारी वर्ग में अधीक्षक होता है। जिसके नीचे प्रधान लिपिक और प्रधान लिपिक के अधीन कुछ कनिष्ठ लिपिक होते हैं और यह क्रम चलता रहता है। अतः प्रत्येक संगठन की अपनी व्यवस्था में निश्चित अधिक्रम होता है। विभिन्न कर्तव्यों और दायित्वों के आबंटन के अतिरिक्त, वर्तमान संरचना में प्रधानाचार्य को विद्यालय के विभिन्न कार्यकलापों का समन्वयन करना होता है। समन्वयन में संगठनात्मक लक्ष्यों प्रभावी ढंग से उपलब्ध कराने के उद्देश्य से संगठन की विभिन्न इकाइयों के क्रियाकलापों और उद्देश्यों का एकीकरण सम्मिलित है। श्रम विभाजन और समन्वयन के अतिरिक्त विद्यालय संरचना संप्रेषण के प्रभावी उपकरण के रूप में भी कार्य करती है। किसी भी संगठन का सफल प्रबंधन काफी सीमा तक संगठन में विद्यमान संप्रेषण प्रणाली पर निर्भर करता है। संगठन में विद्यमान संरचना से प्रायः प्रधानाचार्य से लेकर पर्यवेक्षक तक और उनसे लेकर अध्यापकों तक तथा अध्यापकों से लेकर विद्यार्थियों और आगे तक क्रमिक रूप से सूचना की निर्बाध अधोमुखी गति हो पाती है। इसी प्रकार संरचना से विद्यार्थियों से लेकर अध्यापकों तक और अध्यापकों से लेकर पर्यवेक्षक इत्यादि तक संप्रेषण के उर्ध्वमुखी गति का अवसर भी मिलता है।

प्रश्न 15. विद्यालय के प्रमुख जनशक्ति अथवा मानव संसाधनों का संक्षिप्त वर्णन कीजिए।   **[Dec-07, Q1]**

उत्तर – विद्यालय के प्रमुख मानव संसाधन – चूंकि विद्यालय का मूल उद्देश्य छात्रों

को शिक्षित करना है अतः इनके संचालन के लिए ऐसे दक्ष तथा प्रशिक्षित मानव संसाधनों की आवश्यकता होती है, जो कि विद्यालय का कार्य सुचारू रूप से करते हुए निश्चित उद्देश्यों को प्राप्त कर सके।

किसी भी विद्यालय के प्रमुख मानव संसाधन निम्नलिखित हैं –

(1) प्रधानाचार्य (मुख्याध्यापक) (Principal)

(2) निरीक्षक (Supervisors)

(3) अध्यापकगण (Teaching Personnel)

(4) लाइब्रेरियन (Librarian)

(5) प्रशासनिक कर्मचारी (Administrative Staff)

(6) छात्र (Pupils)

(7) समुदाय (Community)

(1) प्रधानाचार्य – किसी भी पाठशाला में प्रधानाचार्य का पद वरिष्ठ तथा सबसे अधिक महत्वपूर्ण होता है। अतः इस पद पर ऐसे व्यक्ति को प्रतिष्ठित किया जाना चाहिए जो कि बुद्धिजीवी, योग्य दार्शनिक, अनुभवी तथा संपूर्ण रूप से प्रशिक्षित हो। प्रधानाचार्य में नेतृत्व के गुणों का होना आवश्यक है, ताकि वे विद्यालय के अन्य कर्मचारियों तथा छात्रों के मध्य सामंजस्य बनाए रखे। इस प्रकार प्रधानाचार्य का सर्वगुणसम्पन्न होना अत्यन्त आवश्यक है। प्रधानाचार्य के लिए यह भी आवश्यक है कि वह छात्रों तथा समाज की आवश्यकताओं को समझे तथा उनकी पूर्ति के लिए सतत् प्रयत्न करते रहें।

(2) निरीक्षक – निरीक्षक विद्यालय के वरिष्ठ तथा अनुभवी अध्यापक होते हैं। ये प्रधानाचार्य तथा अन्य अध्यापकों के मध्य कड़ी का कार्य करते हैं। ये प्रधानाचार्य द्वारा लिए गए निर्णयों को अध्यापकों तक पहुँचाते हैं। उनके द्वारा किए गए कार्यों का निरीक्षण करते हैं तथा साथ ही अध्यापकों की समस्याओं तथा शिकायतों को भी सुनते हैं तथा उन पर उचित कार्यवाही भी करते हैं। ये छात्रों को अनुशासित करने का कार्य भी करते हैं।

(3) अध्यापक गण – विद्यालय के सभी मानव संसाधनों में सबसे अधिक महत्वपूर्ण अध्यापक होते हैं। अध्यापक छात्रों से स्पष्ट रूप से संबंधित होते हैं तथा अध्यापन कार्य करते समय छात्रों के साथ सीधा सम्पर्क स्थापित करते हैं। बच्चे सबसे अधिक अपने अध्यापक से ही प्रभावित होते हैं। वे प्रत्येक कार्य में अपने अध्यापकों का अनुसरण करते हैं। अतः छात्रों का भविष्य काफी हद तक छात्रों पर ही निर्भर करता है। अतः अध्यापकों का व्यवहारकुशल, प्रशिक्षित, बुद्धिमान तथा अपने विषय में कुशल होना अत्यंत आवश्यक है।

(4) लाइब्रेरियन – विद्यालय में पुस्तकालय की देखरेख तथा पुस्तकों को उपलब्ध कराने का कार्य लाइब्रेरियन का होता है।

(5) प्रशासनिक कर्मचारी – विद्यालय में प्रशासन से संबंधित विभिन्न कार्यों को करने के लिए कर्मचारी होते हैं, जो विभिन्न स्तरों पर कार्य करते हैं, जैसे सरकार द्वारा बनाई गई नीतियों की जानकारी देना, छात्रों को भर्ती करना व विद्यालय तथा अध्यापकों को संसाधन उपलब्ध कराना। अध्यापकों तथा अन्य कर्मचारियों इत्यादि को वेतन देना इनका प्रमुख दायित्व होता है।

प्रश्न 16. संगठन किसे कहते हैं? इसकी अनिवार्य विशेषताएँ बताते हुए संगठनात्मक व्यवहार के मूल तत्त्वों पर प्रकाश डालिए।

उत्तर – संगठन उन व्यक्तियों का समूह है जो सामान्य उद्देश्य प्राप्ति के लिए अग्रसर होते हैं। **डेविस (1982)** के शब्दो में ''संगठन को व्यक्तियों के ऐसे बड़े या छोटे सूमह के रूप में परिभाषित किया जा सकता है, जो किसी सामान्य उद्देश्य को पूरा करने के लिए नेतृत्व के निर्देशन के अधीन सहयोग करते हैं।

संगठन के लिए अनिवार्य विशेषताएँ :–
'संगठन' शब्द के लिए निम्नलिखित अनिवार्य विशेषताएँ निर्धारित की जा सकती है :
(1) व्यक्तियों का समूह संगठन बनाता है।
(2) यह सामान्य लक्ष्यों की प्राप्ति के लिए अग्रसर होता है।
(3) क्रियाकलापों की पहचान और उनका वर्गीकरण करने की सतत् प्रक्रिया है।
(4) अधिकारों और कर्तव्यों की परिभाषा और उनका प्रत्यायोजन है।
(5) क्रियाकलापों का समन्वयन है।
(6) औपचारिक और अनौपचारिक संबंध स्थापन है।
(7) कार्यकारी नेतृत्व है।

संगठनात्मक व्यवहार – संगठनात्मक व्यवहार ऐसा अध्ययन और अनुप्रयोग है जो बताता है कि व्यक्ति संगठनों में किस प्रकार व्यवहार करते हैं। यह मानव हित के लिए मानवीय उपकरण है। मोटे तौर पर यह व्यावसायिक प्रतिष्ठानों, विद्यालयों एवं सेवा–संगठनों जैसे सभी प्रकार के संगठनों में लोगों के व्यवहार पर लागू होता है। जहाँ भी संगठन होते हैं, वहीं संगठनात्मक व्यवहार को समझने की आवश्यकता होती है। संगठनात्मक व्यवहार के मूल तत्व व्यक्ति, संरचना, प्रौद्योगिकी और वह बाह्य पर्यावरण है जिनमें संगठन कार्य करता है।

जब व्यक्ति किसी संगठन में किसी उद्देश्य की पूर्ति के लिए आ जुड़ते हैं तो उन्हें किसी न किसी प्रकार की व्यवस्था की आवश्यकता होती है। कार्य संपन्न करने के लिए वे लोग प्रौद्योगिकी की सहारा भी लेते हैं। अतः जैसा कि चित्र में दर्शाया गया है, व्यक्तियों, संरचना और प्रौद्योगिकी के बीच अंतःक्रिया होती है। इसके अतिरिक्त, ये तत्व बाह्य परिवेश से प्रभावित होते हैं।

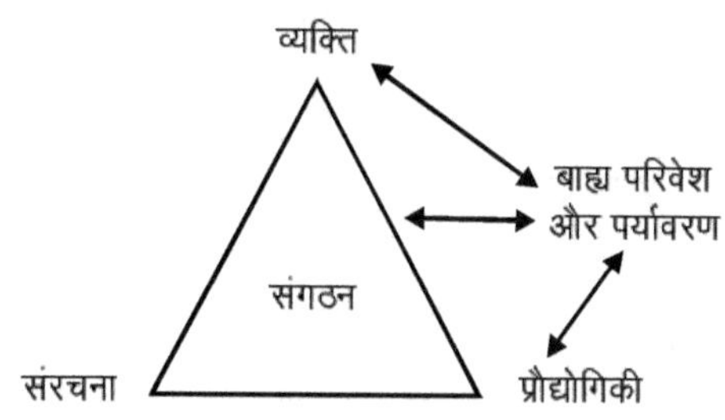

संगठनात्मक व्यवहार के मूल तत्व

संगठनात्मक व्यवहार की सफलता की कसौटी उसकी उद्देश्य–पूर्ति की क्षमता से होती है। इस उद्देश्य की पूर्ति के लिए हमें संगठनों के भीतर के व्यवहार के बारे में सीखने की आवश्यकता है। संगठनात्मक व्यवहार का क्षेत्र कार्यशील व्यक्तियों के बारे में जानकारी और उनके कार्य–निष्पादन के विषय में सूचना देता है। यह सूचना व्यक्तियों और समूहों के व्यवहार के साथ–साथ संगठनों के निर्माण और उनके परिवर्तन और विकास के तरीकों के बारे में हमारी समझ को भी बढ़ाएगा।

प्रश्न 17. सामाजिक व्यवस्था क्या है? इसके प्रमुख कारकों का वर्णन करते हुए विद्यालय का एवं सामाजिक व्यवस्था के रूप में विश्लेषण कीजिए ? [June-06, Q1]

उत्तर – विद्यालय सामाजिक अंतःक्रियाओं की व्यवस्था है। सामाजिक व्यवस्था, तत्वों (उप–व्यवस्थाओं) और क्रियाकलापों का एक ऐसा संगठन है जो अंतःक्रिया करता है और किसी सामाजिक इकाई को बनाता है। अर्थात् व्यवस्था सर्जनात्मक होती है। अपने संघटक अंगों और संबंधों के अतिरिक्त भी इसके अपने गुण–धर्म है। उदाहरण के रूप में विद्यालय शिक्षित व्यक्तियों का निर्माण करता है। सामाजिक व्यवस्था का निर्माण दो श्रेणियों के द्वारा होता है, जोकि देखने में तो एक–दूसरे से स्वतंत्र लगती है, किन्तु अन्तर्सम्बन्धित होती है। वे दो श्रेणियाँ है – संस्थान तथा व्यक्ति।

संस्थान किसी भी व्यवस्था में निश्चित उद्देश्यों की प्राप्ति के लिए कार्य करते हैं तथा किसी व्यवस्था में व्यक्ति भी शामिल होते हैं, जो कि अपने व्यक्तिगत विशेषताओं के माध्यम

से उस व्यवस्था को प्रभावित करते हैं। इस प्रकार विभिन्न संस्थान अपने कार्यों तथा आकांक्षाओं के माध्यम से किसी व्यवस्था में महत्वपूर्ण क्रियाओं को करते हैं, जबकि व्यक्ति अपने व्यक्तित्व तथा आवश्यकताओं के परिप्रेक्ष्य में सामाजिक व्यवस्था की व्यक्तिगत क्रिया को पूरा करते हैं।

इन दोनों कारकों का संक्षिप्त विवरण निम्नलिखित हैं –

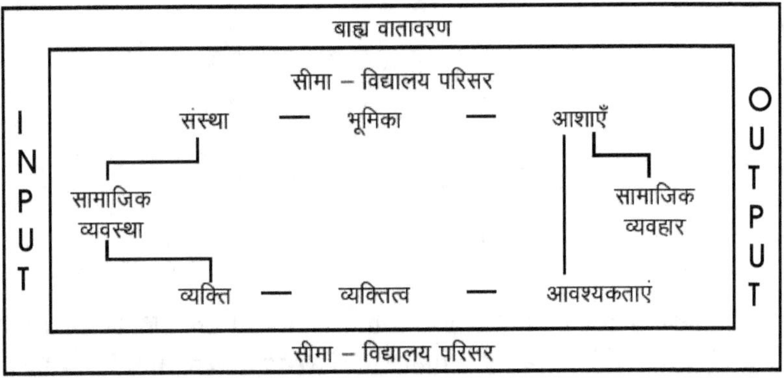

(1) संस्थागत कारक – संस्थाएं वे एजेंसियां होती है जो कि किसी समाज की आवश्यकताओं की पूर्ति के लिए महत्वपूर्ण कार्य करती है। इनके द्वारा किए गए कार्य समाज के लिए आवश्यक तथा महत्वपूर्ण होते हैं। विद्यालय एक संस्थान है, जो कि बिना किसी भेदभाव के सम्पूर्ण समाज को शिक्षा प्रदान करने का कार्य करता है।

(2) व्यक्तिगत कारक – प्रत्येक सामाजिक व्यवस्था का निर्माण व्यक्तियों से होता है। व्यक्तियों के समूह मिलकर समाज का निर्माण करते हैं। सामाजिक व्यवस्था का प्रत्येक कार्य व्यक्तियों के द्वारा ही किया जाता है। कार्य करने के माध्यम अलग हो सकते हैं, किन्तु कार्य करने वाले व्यक्ति ही होते हैं। चूंकि समाज में विभिन्न चारित्रिक विशेषताओं तथा गुणों वाले लोग होते हैं अतः सामाजिक व्यवस्था के विभिन्न स्वरूप दृष्टिगोचर होते हैं तथा समाज के विभिन्न कार्य सम्पन्न होते हैं।

मूलभूत मॉडल : अब तक के विश्लेषण से सामाजिक व्यवस्थाओं के दो मूलभूत तत्वों पर ध्यान केन्द्रित किया गया था – संस्थागत और व्यक्तिपरक। यदि इन्हें अलग–अलग से ले, तो इनमें से प्रत्येक समाजशास्त्रीय अथवा मनोवैज्ञानिक अवधारणाओं की दृष्टि से सामाजिक व्यवस्था में व्यवहार के एक भाग को स्पष्ट करता है। ये दोनों मिलकर, समूह

व्यवहार के सामाजिक मनोवैज्ञानिक सिद्धांत के लिए का आधार प्रदान करते हैं, जिसमें भूमिकाओं और व्यक्ति के बीच एक गतिशील व्यवहार अंत:क्रिया करता है। चार्ट मूलभूत मॉडल का सार प्रस्तुत करती है।

व्यवस्था में व्यवहार (B) को अपेक्षाओं द्वारा परिभाषित भूमिका (R) और व्यक्तित्व (P) – व्यक्ति की आंतरिक आवश्यकता संरचना के बीच अंत: क्रिया की दृष्टि से व्याख्यायित किया गया है अर्थात् B = f (R x P)

एक सामाजिक व्यवस्था कुछ तत्वों और क्रियाओं का एकजुट समूह होता है जो परस्पर अत:क्रिया करते हैं और एकल सामाजिक इकाई का निर्माण करते हैं। प्रसिद्ध विचारक मार्विन आलसेन के अनुसार सामाजिक व्यवस्था संगठन का प्रारूप होती है जो कि एक विशिष्ट कुल एकता पर अधिपत्य रखता है। यह अपने वातावरण से पूर्णतया अलग होता है। यह कई इकाइयों, तत्वों तथा उपतत्वों से मिलकर बनता है, जोकि सामाजिक आदेश के संबंधित निश्चित ढांचे में अंतर्संबंधित होते हैं।

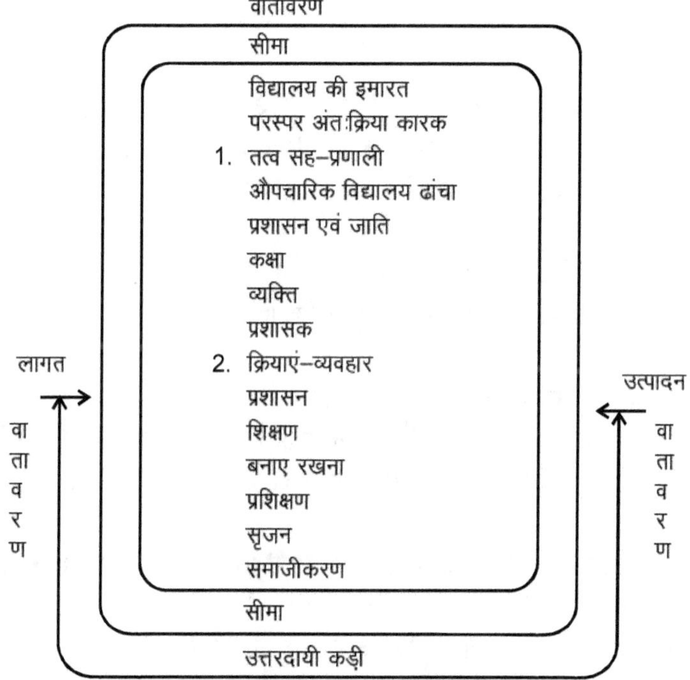

इस मॉडल के आधार पर विद्यालय के सामाजिक गठन के निम्नलिखित प्रारूपों के बारे में जानकारी मिलती है।

सीमा – उपर्युक्त मॉडल में दिए गए चित्र के अनुसार विद्यालय की इमारत इस प्रकार होनी चाहिए कि वह बाह्य वातावरण से पूर्णतया अलग हो। विश्लेषण के लिए विद्यालय की इमारत विद्यालय का एक अंग होनी चाहिए। अतः यह अत्यन्त आवश्यक है कि सामाजिक व्यवस्था का विश्लेषण करते समय विद्यालय की सीमाओं का निर्धारण भली प्रकार हो।

वातावरण – विश्लेषण करते समय विश्लेषण की सीमा के बाहर जो भी होता है, वह 'वातावरण' कहलाता है। वातावरण विश्लेषण के आंतरिक तत्वों को प्रभावित करता है और सामाजिक व्यवस्था से प्रभावित भी होता है। वातावरण विद्यालय को विद्यार्थी, जानकारी तथा सांस्कृतिक मूल्य इत्यादि देता है तथा बदले में विद्यालय सुशिक्षित व्यक्ति और ज्ञान देता है।

उत्तरदायी कड़ी – विद्यालय सामाजिक व्यवस्था का स्वचालित यन्त्र 'उत्तरदायी कड़ी' होता है। यह यन्त्र बतलाता है कि विद्यालय के व्यवहार का एक अंश तथा उसके लिए आंतरिक व बाह्य वातावरण की प्रतिक्रियाएँ सामाजिक व्यवस्था में लागत के रूप में कार्य करती है।

प्रश्न 18. निम्नलिखित प्रश्नों के उत्तर दीजिए :–
(क) किसी संगठन में दो प्रकार की अंतर्वैयक्तिक अंतःक्रियाएँ होती हैं। ये हैं:
उत्तर – क्षैतिज और ऊर्ध्वारोही।

(ख) लोगों के बीच सामाजिक अंतःक्रिया का अध्ययन।
उत्तर – संप्रेषण (लेन देन का व्यवहार) विश्लेषण।

(ग) व्यवहार विश्लेषण का प्रयोजन यह है कि वह
उत्तर – अच्छी समझ बतायें कि व्यक्ति एक दूसरे से कैसे जुड़ते हैं ताकि वे उन्नत संप्रेषण और अच्छे मानवीय संबंध विकसित कर सकें।

(घ) व्यवहार विश्लेषण के दृष्टिकोण से व्यक्ति तीन मनोवैज्ञानिक स्थितियों से एक दूसरे के साथ अंतःक्रिया करते हैं। ये हैं :–
उत्तर – अभिभावकों की अहं स्थिति, वयस्क अहं स्थिति और बच्चे की अहं स्थिति।

(ड़) व्यवहार दो प्रकार का होता है यथा –
उत्तर – पूरक और अपूरक

(च) यदि प्रधानाचार्य (पर्यवेक्षक) अभिभावक–बालक प्रतिमान के प्रभाव के अधीन है तो इसके फलस्वरूप

उत्तर – अंतर्वैयक्तिक और समूह प्रभावशीलता में कमी हो सकती है।

(छ) जब विपरीत व्यवहार होता है तब संप्रेषण–

उत्तर – अवरूद्ध होने से सफल संप्रेषण या समव्यवहार नहीं हो पाता।

(ज) व्यवहार में सर्वोत्तम परिणाम –

उत्तर – वयस्क–वयस्क के बीच संप्रेषण या समव्यवहार के द्वारा प्राप्त होता है।

प्रश्न 1 9. संगठनात्मक दृष्टिकोण से सामाकि व्यवस्था को इस प्रकार परिभाषित किया जा सकता है

उत्तर – यह ऐसा संगठन है जिसमें संघटक तत्व तो हैं ही, किन्तु इनसे बढ़कर उसकी अपनी अलग एक पहचान है। यह अपने परिवेश से भिन्न है और सुपरिभाषित है। इसमें उप–इकाइयाँ, तत्व और उप–व्यवस्थाएं होती हैं जो सामाजिक गठन के भीतर अंत:संबद्ध होती है।

(1) सामाजिक व्यवस्था के रूप में विद्यालय की विशेषता क्या है?

उत्तर – अंगों की अंत:निर्भरता, सुस्पष्ट परिभाषित जनसंख्या, अपने परिवेश से विभिन्न, सामाजिक संबंधों का एक जटिल ताना–बाना और अपनी निजी अनूठी संस्कृति।

(2) सामाजिक व्यवस्था विश्लेषण का प्रयोग करते समय महत्वपूर्ण है कि –

उत्तर – सीमाओं और विश्लेषण इकाई को ध्यानपूर्वक परिभाषित करना।

(3) विश्लेषण की इकाई की सीमाओं से बाहर जो कुछ भी है वह पर्यावरण है जोकि

उत्तर – (क) आंतरिक घटकों के गुणों को प्रभावित करता है।

(ख) सामाजिक व्यवस्था के द्वारा ही परिवर्तित होता है।

(4) सामाजिक व्यवस्था प्रतिमान में परस्पर नियंत्रण और विनिमय युक्ति की निम्न रूप से व्याख्या की गई है।

उत्तर – समस्थिति, प्रतिपुष्टि, संतुलन के रूप में स्पष्ट किया जा सकता है।

(5) समस्थिति एक ऐसी प्रक्रिया है जिसमें

उत्तर – व्यवस्था घटकों को बीच संतुलित स्थिति बनाए रखने के लिए नियामकों का समूह कार्य करता है।

(6) विद्यालय सामाजिक व्यवस्था में प्रवर्तन युक्ति है–

उत्तर – प्रतिपुष्टि परिपथ

(7) संतुलन तब होता है जब

उत्तर – व्यवस्था के सामकि और जैविक अवयव एक दूसरे के साथ सतत् संबंध बनाए रखते हैं ताकि कोई भी अवयव अन्य सभी अवयवों से अपनी स्थिति या संबंध को परिवर्तित न करें।

(8) सामाजिक व्यवस्था का संस्थागत तत्व व्यक्तियों के व्यवहार को

उत्तर – व्यवस्था के लक्ष्यों को पूरा करने के दिशा में प्रवृत्त प्रभावी भूमिकाएं और प्रत्याशाओं के संबंध में स्पष्ट करता है।

(9) व्यवस्था के संस्थागत पक्षों को

उत्तर – नियमान्वेषी आयाम कहा जा सकता है।

(10) सामाजिक व्यवस्था का वैयक्तिक तत्व व्यक्तियों के व्यवहार को

उत्तर – अदभुत व्यक्तियों ओर व्यक्तियों की आवश्यकताओं के संदर्भ में मनोवैज्ञानिक शब्दावली रूप स्पष्ट करता है।

(11) सामाजिक व्यवस्था के वैयक्तिक आयाम को स्पष्ट करता है।

उत्तर – व्यक्ति अंकन का आयाम के रूप में जाना जाता है।

(12) सामाजिक व्यवस्था में व्यवहार कारकों के दो वर्गों का कार्य है।

उत्तर – मानकीय और वैयक्तिक

$$B = f(R \times P)$$

(13) सामान्य समीकरण बाच रूप देने पर व्यवहार B =

उत्तर – संगठन में एक ही समान स्तर के लोगों के बीच अंतक्रिया से लेकर विभिन्न स्तरों पर लोगों के बीच अंत:क्रिया।

प्रश्न 20. संप्रेषण क्या है? इसकी क्रियाओं का वर्णन करते हुए इसमें आने वाली बाधाएं व उन्हें दूर करने के उपाय बताइए।   **[June-05, Q3(i)]**

उत्तर – संप्रेषण का अर्थ है संदेशों विचारों, या अभिवृत्तियों में इस प्रकार सहभागी होना जिससे प्रेषक अर्थात् संदेश देने वाले और प्राप्क अर्थात् संदेश प्राप्त करने वाले के बीच में समझ उत्पन्न हो। दैनिक जीवन के प्रयोग में 'संप्रेषण' व्यक्तियों में संदेश प्रेषित करने के अर्थ में सहभागी होने के प्रयास को व्यक्त करता है। अतः संप्रेषण में कम से कम दो व्यक्ति शामिल होते हैं – प्रेषक और प्रापक।

(1) संदेश भेजने वाला – यह वह माध्यम होता है जहाँ से संदेश उत्पन्न होता है। यह माध्यम कोई भी हो सकता है जैसे – व्यक्ति, समाचार पत्र, छात्र, टेलीविजन, अध्यापक, पुस्तकें आदि।

(2) विचार – कोई भी संदेश तभी पूरा होता है, जब उसके द्वारा कोई महत्वपूर्ण संदेश भेजा जाता है। इस संदेश का महत्वपूर्ण तथा स्पष्ट होना आवश्यक है।

(3) कूट भाषा का प्रयोग – संदेश को भेजने के लिए किसी न किसी माध्यम को अवश्य अपनाया जाता है। संदेश या तो लिखित रूप में भेजा जा सकता है अथवा चित्रों/मानचित्रों के माध्यम से भी भेजा जा सकता है।

(4) चरित्र – किसी संदेश का चरित्र तथा सफलता संदेश भेजने वाले व्यक्ति के चरित्र, उसकी मानसिक स्थिति, शिक्षा, गुणों इत्यादि पर निर्भर करती है।

(5) संदेश – संदेश वह विचार होता है जो कि संदेश भेजने वाले व्यक्ति द्वारा भेजा जाता है। इस संदेश को स्पष्ट रूप से लिखा जाना चाहिए, ताकि वह आसानी से समझ आ सके।

(6) संदेश प्राप्तकर्ता – जब कोई व्यक्ति भेजे गए संदेश को प्राप्त कर लेता है, तब वह संदेश प्राप्तकर्ता कहलाता है।

कीथ डेविस (1982) ने संप्रेषण बाधाओं को तीन प्रकारों में वर्गीकृत किया है : (1) वैयक्तिक (2) भौतिक और (3) शब्दार्थ विषयक।

(1) वैयक्तिक बाधाएँ : वैयक्तिक बाधाएं वे संप्रेषण हस्तक्षेप हैं जो मानवीय संवेगों, मूल्यों और निम्नस्तरीय श्रवण से उत्पन्न होते हैं। उदाहरण के लिए हो सकता है कि प्रापक प्रेषक को पसंद न करता हो और इसलिए प्रेषक की अभिवृत्ति के आधार पर अंतःक्रिया

करता हो।

(2) भौतिक बाधाएँ : भौतिक बाधाएं वे संप्रेषण हस्तक्षेप हैं जो उस परिवेश में होते हैं जिनमें संप्रेषण होता है। उदाहरण के लिए प्रेषक की आवाज टेलीफोन पर पूरी तरह सुनाई न दे रही हो।

(3) शब्दार्थ विषयक बाधाएँ : शब्दार्थ विषयक बाधाएँ उन प्रतीकों की सीमाओं से उद्भूत होती हैं जिनके माध्यम से हम संप्रेषण करते हैं। यथा ऐसी भाषा जिसे प्रापक न जानता हो या जिसका वह अर्थ ग्रहण न कर सकता हो।

संप्रेषण में आने वाली बाधाओं को दूर करने के सुझाव –

(1) संप्रेषण व्यवस्था के संगठनात्मक अभिकल्पना का आकलन करना ताकि उसकी कमियों को पहचाना जा सके।

(2) संप्रेषण प्रक्रिया को सुसाध्य बनाने के लिए रचनातंत्र विकसित करना। उदाहरण के लिए कार्मिकों का निकट सामीप्य, अनौपचारिक और औपचारिक अंत:क्रिया के लिए सुविधाजनक स्थल, यांत्रिक संबंध जोड़ने वाले के लिए कार्य पूरा करने तथा निर्णय लेने वाली समिति प्रणाली।

(3) सूचना संग्रहण और उसे पुन: प्राप्त करने की व्यवस्था स्थापित करना।

(4) अच्छे संप्रेषणात्मक कौशल संपन्न कार्मिकों का चयन करना।

(5) वर्तमान कर्मचारी वर्ग के संप्रेषण कौशलों में सुधार लाने के लिए सेवाकालीन प्रशिक्षण कार्यक्रमों का विकास करना।

अध्यापक – भूमिका और विकास

प्रश्न 1. अध्यापक के व्यावसायिक गुणों अथवा विशेषताओं का वर्णन करो।

[June-07, Q1]

उत्तर – शिक्षण एक कला ही नहीं, विज्ञान भी है। इसी अवधारणा को लेकर अध्यापक को प्रशिक्षण दिया जाता है। इससे विज्ञान मानते ही यह आवश्यक हो जाता है कि अध्यापक के प्रशिक्षण के लिए कुछ निश्चित सोपानों को अपनाया जाए। व्यवसायिक दृष्टि से किसी अध्यापक में निम्नलिखित गुण होने चाहिए :

(1) विषयवस्तु पर अधिकार

(2) अध्यापन कौशलों की जानकारी

(3) अन्य विशेषताएँ

(1) विषयवस्तु पर अधिकार – विषयवस्तु पर अधिकार किए बिना कोई भी व्यक्ति प्रभावी अध्यापन नहीं कर सकता। यह अधिकार अनेक तरीकों से प्राप्त किया जा सकता है, यथा –पुस्तक, पत्र–पत्रिकाएं, कोश, विश्वकोश, समाचार पत्र आदि के पढ़ने से संगोष्ठी,

कार्यशाला, परिसंवाद, सम्मेलन, सार्वजनिक सभा आदि में भाग लेने से, सहकर्मियों विशेषज्ञों, अधिकारियों से विचार–विमर्श करने से, नेताओं और अन्य संवृत्तिकों से मिलने से, अपने पर्यावरण के भीतर और बाहर की घटनाओं के प्रेक्षण से तथा ऐसे ही अन्य तरीकों के माध्यम से।

(2) अध्यापन कौशलों की जानकारी – अध्यापन कौशलों का ज्ञान और उपयोग शिक्षण–अधिगम प्रक्रिया को सुकर और सुसाध्य बनाता है। इन कौशलों को शैक्षणिक कौशल कहा जाता है। शैक्षणिक कौशल अध्यापक द्वारा व्यक्त यह व्यवहार–पुंज है जिसे अभ्यास द्वारा अर्जित किया जाता है। अध्यापन प्रक्रिया को प्रभावी रूप से संपन्न करने में सहायक शैक्षणिक कौशलों की सूची नीचे दी गई है:

(i) प्रस्तावना

(ii) प्रश्न पूछना

(iii) सूक्ष्म रूप से जाँच करना

(iv) पुनर्बलन करना

(v) स्पष्ट करना

(vi) उदाहरण देकर समझाना

(vii) अध्येताओं के अवधानात्मक व्यवहार को पहचानना

(viii) दृश्य–श्रव्य साधनों का प्रयोग करना

(ix) श्याम पट्ट का उपयोग करना

(x) मौन तथा अशाब्दिक संकेत देना

(xi) उद्दीपनों में विविधता लाना

(xii) समापन करना

(3) अन्य विशेषताएँ – विषयवस्तु पर अधिकार तथा शैक्षणिक कौशलों के साथ–साथ, अध्यापक के अन्य प्रभावी गुण हैं – उत्तरदायित्व बोध, अध्येताओं के प्रति सरोकार की भावना, अध्येताओं के प्रयासों की स्वीकृति और सराहना, प्रत्येक अध्येताओं को एक विशिष्ट व्यक्ति के रूप में मान्यता देना, स्नेहभाव रखना तथा लगाव महसूस करना आदि। इनसे अध्यापक को अपने अध्येताओं को यथा रूप समझने में मदद मिलती है। उपर्युक्त तीन अनिवार्य व्यक्तित्व–विशेषकों, अर्थात् विषयवस्तु पर अधिकार, शैक्षणिक कौशल तथा अन्य गुणों के अतिरिक्त, अध्यापक को संवृत्तिक समूह के एक सदस्य होने के नाते, संवृत्तिक आचार नीति से भी मार्ग दर्शन प्राप्त करना चाहिए।

प्रश्न 2. एक व्यक्ति के रूप में अध्यापक के विभिन्न कर्तव्यों व भूमिकाओं का

वर्णन कीजिए।

उत्तर – शिक्षा प्रक्रिया के एक निर्णायक व्यक्ति के रूप में अध्यापक से निम्नलिखित कार्यों को पूरा करने की अपेक्षा की जाती है।

(1) कक्षा के अध्यापक के रूप में अध्यापक – कक्षा में अध्यापक का मुख्य दायित्व शैक्षिक लक्ष्यों की उपलब्धि सुनिश्चित करना है। इन लक्ष्यों को निश्चित विषयों में पूर्व निर्धारित ज्ञान, कौशल और अभिवृत्तियों के संदर्भ में अधिगम के रूप में निर्दिष्ट किया जा सकता है। इन विषयों के माध्यम से ही अध्यापक विद्यालयी लक्ष्यों की प्राप्ति का प्रयास तो करता ही है, साथ ही अपने अध्येताओं का सर्वांगीण विकास भी करना चाहता है, क्योंकि शिक्षा का व्यापक लक्ष्य तो वही है। इसकी प्राप्ति के लिए अध्यापक कक्षा में ऐसे कृत्रिम वातावरण का सृजन करता है जिससे सीखने की प्रक्रिया सुगम और सुसाध्य हो। अध्येताओं के संपूर्ण विकास को सुनिश्चित करने के लिए अध्यापक को क्रीड़ा, खेल–कूद, प्रश्नोत्तर परीक्षा, वाद–विवाद, परिभ्रमण, पर्यटन, क्षेत्र–यात्रा जैसे पाठ्यचर्या सहगामी क्रियाकलापों का आयोजन भी करना होता है।

(2) एक सहकर्मी के रूप में अध्यापक – अध्यापक विद्यालय में अपने जैसे अनेक के बीच में एक है। वे सभी के सभी शिक्षा के समान लक्ष्यों को प्राप्त करने के लिए कोशिश कर रहे हैं। शिक्षण–अधिगम प्रक्रिया एक सामाजिक क्रियाकलाप है, अतः इस दृष्टि से अध्यापकों की वस्तुतः सामूहिक भूमिका होती है। इसके साथ ही, विद्यालय के सुचारू रूप से कार्य करने के लिए भी यह आवश्यक हो जाता है कि अध्यापक वर्ग मेल–मिलाप से कार्य करे। निरंतर अंत–क्रिया और घनिष्ठतापूर्वक मिलकर कार्य करने से अध्यापकों को न केवल अपने अध्येताओं को और उनकी समस्याओं को समझने में सहायता मिलती है, बल्कि अध्यापक के रूप में अपने वैयक्तिक विकास में भी सहायता प्राप्त होती है।

(3) समुदाय के रूप में अध्यापक – ऐसे देश में जहाँ लगभग आधी जनसंख्या अनपढ़ हो, अध्यापक को समुदाय के नेता के रूप में देखा जाता है, विशेष तौर पर ग्रामीण क्षेत्रों में और छोटे समुदायों में। शैक्षिक रूप से पिछड़े हुए कुछ क्षेत्रों में तो अब भी एकमात्र साक्षर व्यक्ति अध्यापक ही होता है। समुदाय में उसे अत्यधिक सम्मान मिलता है और उससे नेतृत्व की अपेक्षा होती है। अध्यापक की शिक्षण विशेषज्ञता का उपयोग साक्षरता–प्रसार के लिए, शैक्षिक नेतृत्व प्रदान करने के लिए और चुनावों में, जनसंख्या के आंकड़ों के संग्रहण में तथा बड़े पैमाने पर ऐसे अन्य राष्ट्रीय कार्यों में सेवाएँ प्रदान करने में किया जाता है जिनके लिए ऐसे प्रशिक्षित व्यक्ति की आवश्यकता होती हो। सार्वजनिक सेवा जैसे जिम्मेवार तथा महत्वपूर्ण कार्य के लिए अध्यापकों पर ही भरोसा किया जाता है।

(4) एक नागरिक के रूप में अध्यापक – एक शिक्षित व्यक्ति के रूप में तथा एक ऐसे व्यक्ति के रूप में जो दूसरों को शिक्षा देता है, अध्यापक देश के भावी नागरिकों की दृष्टि में एक आदर्श व्यक्ति होता है। वह लोकतांत्रिक प्रक्रियाओं में भाग लेकर लोकतंत्र के परिचालन को सशक्त बनाता है, समाज में एक निष्पक्ष, वस्तुनिष्ठ आलोचक का कार्य करता है और राष्ट्र की संवृद्धि और विकास में बाधक भ्रष्टाचार, कलंकपूर्ण कृत्य, दंगा–फसाद, शोषण जैसी घटनाओं के प्रति संवेदनशील होता है तथा समाज विरोधी एवं राष्ट्र विरोधी गतिविधियों को नियंत्रित करने के लिए संसाधन जुटाता है। इन सबके अतिरिक्त अध्यापक अध्येताओं के लिए एक मित्र, तत्त्वेता और मार्गदर्शक का कार्य करता है। वह अध्येताओं को अपनी अधिकतम दक्षता प्राप्त करने और राष्ट्र की सेवा करने के लिए अनुप्राणित करता है।

प्रश्न 3. अध्यापक के व्यावसायिक आचरण की प्रमुख विशेषताओं पर प्रकाश डालिये।

उत्तर – अध्यापक के प्रमुख व्यावसायिक आचरण निम्नलिखित हैं –

(1) अध्यापक को अपने आचार–व्यवहार के द्वारा छात्रों के समक्ष एक अच्छा उदाहरण प्रस्तुत करना चाहिए। क्योंकि छात्रों पर सबसे अधिक प्रभाव अध्यापक का ही पड़ता है। छात्र अध्यापक से प्रभावित होकर उन्हीं की तरह बनना चाहते हैं। अतः अध्यापक का अच्छा आचरण होना अत्यन्त आवश्यक है।

(2) एक अध्यापक को अपने व्यवसाय के प्रति ईमानदार होना चाहिए तथा विषम परिस्थितियों में भी ईमानदारी से कार्य करना चाहिए।

(3) एक अध्यापक को विषम परिस्थितियों तथा कठिनाई के समय में भी सत्यनिष्ठा, दृढ़ता तथा सूझबूझ से कार्य करना चाहिए तथा सच्चाई और ईमानदारी के मार्ग का त्याग नहीं करना चाहिए।

(4) एक अध्यापक को अपने अन्दर सच्चाई, प्रेम तथा अच्छाई जैसे आंतरिक गुणों को विकसित करना चाहिए, क्योंकि ये ऐसे गुण अथवा विशिष्टताएँ हैं, जिनका सभी लोग सम्मान करते हैं।

(5) एक अध्यापक को जाति, धर्म, सम्प्रदाय इत्यादि की भावनाओं से ऊपर उठकर कार्य करना चाहिए तथा सभी को समान समझना चाहिए।

(6) अध्यापक को अपनी जिम्मेदारी तथा कर्तव्यों के प्रति सचेत होना चाहिए तथा अध्यापन को इतना प्रभावी बनाना चाहिए कि छात्रों के व्यक्तित्व का सम्पूर्ण विकास संभव हो सके।

(7) अध्यापक चूंकि समाज के प्रति उत्तरदायी होता है अतः उसे अपने कर्तव्यों का सजगता से पालन करना चाहिए। छात्र ही भविष्य के नागरिक होते हैं तथा छात्रों के चरित्र–निर्माण में अध्यापकों की भूमिका अत्यन्त महत्वपूर्ण होती है।

(8) अतःएक अध्यापक में व्यावसायिक गुणों के साथ–साथ एक अच्छे आचरण तथा चरित्र और बुद्धिमता तथा व्यवहारकुशलता इत्यादि गुणों का होना भी अत्यन्त आवश्यक है।

प्रश्न 4. शिक्षण निवेश के रूप में अध्यापक की भूमिका को समझाइए।

[June-07, Q2] [Dec-06, Q1]

उत्तर – शिक्षण निवेश के रूप में अध्यापक की भूमिकाओं के लिए पहले शिक्षण तथा निवेश की अवधारणाओं को समझना होगा :

शिक्षण एक संश्लिष्ट और जटिल प्रक्रिया है जिसके द्वारा विशिष्ट वांछनीय परिवर्तन लाने के लिए पहले से निर्धारित उद्देश्यों को केन्द्र में रखते हुए विद्यार्थियों के लिए एक अंतःक्रियात्मक वातावरण प्रदान किया जाता है। शिक्षण चाहे कक्षा में हो रहा हो अथवा प्रयोगशाला में, पुस्तकालय में या बाहर हो रहा हो, अध्यापक हर स्थिति में ऐसे विशिष्ट, परिवेश की अभिकल्पना करता है जिससे विद्यार्थी प्राकृतिक घटक (बाह्य), पुस्तकों में उपलब्ध जानकारी, प्रयोगशाला–उपकरण जैसे परिवेशीय उद्दीपनों के साथ अंतःक्रिया कर सकें। कुछ पहले से निर्धारित उद्देश्यों की प्राप्ति के लिए अधिगम को पूर्व निर्धारित दिशाओं में निदेशित किया जाता है।

निवेश का अर्थ वस्तुतः उन सभी तत्वों से है, जो प्रक्रिया को आरंभ करने में सहायक होते हैं और प्रक्रिया के परिणामस्वरूप उत्पाद में रूपांतरित हो जाते हैं। उत्पाद इस प्रक्रिया का निर्गत है। वस्तुतः ये अवधारणाएँ उद्योग से ली गई हैं, जहां कच्चा माल निवेश होता है, जो एक प्रक्रिया (जैसे विनिर्माण) से गुजरने के बाद उद्योग के तैयार उत्पादों में रूपांतरित हो जाता है। जो यही निर्गत कहलाते हैं। उदाहरण के लिए साबुन बनाने के किसी कारखाने में रसायन और अन्य घटक कच्चा माल हैं जो प्रक्रिया में निवेश हैं और जो पूर्व निर्धारित प्रक्रिया का पालन करने के बाद साबुन/उत्पाद में बदल जाते हैं। इस उदाहरण में श्रम करने वाला व्यक्ति में एक निवेश है।

शिक्षण प्रक्रिया के संदर्भ में, अध्यापक की भूमिका –

(1) अध्यापक पाठ आरंभ करता है।

(2) अध्यापक किसी अवधारणा की व्याख्या करता है।

(3) अध्यापक उपयुक्त उदाहरण देते हुए विद्यार्थियों के संदेहों का निवारण करता है।

(4) अध्यापक स्पष्टीकरण के दौरान आरेख बनाता है।

(5) अध्यापक विद्यार्थियों से प्रश्न पूछता है।

सभी स्थितियों में अध्यापक प्रक्रिया में सहभागी है।

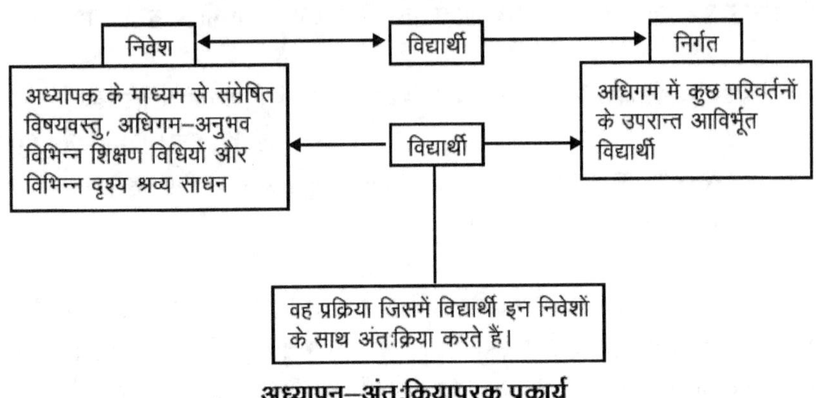

अध्यापन–अंतःक्रियापरक प्रकार्य

प्रश्न 5. शिक्षण पूर्ण और शिक्षणोत्तर चरणों में अध्यापक की भूमिका का संक्षिप्त विवरण दीजिए।

उत्तर – शिक्षण–पूर्व चरण में अध्यापक की विभिन्न भूमिकाएँ होती हैं। ये भूमिकाएँ उन भूमिकाओं से भिन्न होती हैं, जो वह शिक्षणोत्तर चरण में निभाता है। शिक्षण–पूर्व चरण में उसकी भूमिका का स्वरूप मूलतः आयोजना बनाना होता है। वह विषयवस्तु का विश्लेषण करता है, निश्चय करता है कि शिक्षण के लिए विषयवस्तु का कौन–सा अंश चुना जाएगा, चुनी गई विषयवस्तु के लिए शिक्षण–उद्देश्य निश्चित करता है, अधिगम–अनुभवों का अनुक्रम निर्धारित करता है, प्रयुक्त की जाने वाली विधियों और साधनों को निश्चित करता है और यह निश्चित करता है कि विद्यार्थियों के निष्पादन का मूल्यांकन किन विधियों द्वारा किया जाएगा। शिक्षणोत्तर चरण में वह विद्यार्थियों के अधिगम के निर्धारण के लिए मूल्यांकन–परिणामों का विश्लेषण करता है, अपने शिक्षण का मूल्यांकन करता है अपने शिक्षण में अपेक्षित सुधारों के संबंध में निर्णय लेता है।

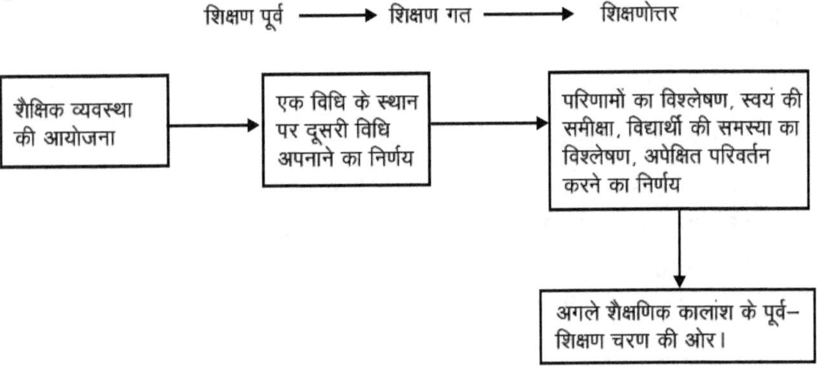

प्रश्न 6. अध्यापक की क्या भूमिका होती है जब वह

(क) किसी संदेह के निवारण के लिए श्यामपट्ट पर एक आरेख बनाता है।

(ख) प्रश्न पत्र बनाता हैं

(ग) अपने विद्यार्थियों को किसी पाठ को और अधिक स्पष्ट करने के लिए उसकी दूसरे ढंग से पुनरावृत्ति करने का निश्चय करता है।

उत्तर – (क) जब अध्यापक किसी शंका के निवारण के लिए श्यामपट्ट पर एक आरेख बनाता है, उस समय वह अभिकल्पी/रचनाकार की भूमिका निभाता है।

(ख) जब वह प्रश्न पत्र तैयार करता है तब वह मूल्यांकन कर्ता होता है।

(ग) जब वह किसी पाठ को अपने विद्यार्थियों को और अधिक स्पष्ट करने के लिए उसकी पुनरावृत्ति करने का निश्चय करता है, तब वह निर्णयकर्ता की भूमिका निभाता है।

प्रश्न 7. अनुशासनकर्ता के रूप में अथवा शिक्षण के दौरान अध्यापक की भूमिका स्पष्ट कीजिए।   **[Dec-07, Q3(vii)]**

उत्तर – अध्यापक अनुदेशन/शिक्षण–अधिगम प्रक्रिया के दौरान प्रबंधक की भूमिका निभाता है :–

निम्नलिखित स्थितियों पर विचार कीजिए :

(1) यह महससू होने पर कि विद्यार्थी ऊब रहे हैं, अध्यापक शिक्षण को बंद करने का निश्चय करता है।

(2) यह महससू करने पर कि विद्यार्थी किसी बात को पूरी तरह नहीं समझ पाया है, अध्यापक अन्य उदाहरणों द्वारा स्पष्टीकरण को सरल बनाने का निश्चय करता है।

(3) पाठ को अधिक रूचिकर बनाने के लिए अध्यापक संबंधित कहानी सुनाने का निश्चय करता है।

(4) विद्यार्थियों के अत्यधिक शोर करने पर और अध्यापक द्वारा उन्हें नियंत्रित न कर पाने पर वह उन्हें बाहर जाकर खेलने की अनुमति देने का निश्चय करता है।

(5) विद्यार्थियों के द्वारा किसी बिंदु को समझने में तैयार की गई योजना के अप्रभावी सिद्ध होने पर, अध्यापक उस योजना को छोड़कर अधिगम अनुभवों के अन्य अनुक्रमों को आजमाने का निश्चय करता है।

इन सभी स्थितियों में अध्यापक शैक्षणिक व्यवस्था का एक अंग है, किन्तु उसमें न तो भाग ले रहा है और न एक शिक्षण निवेश है। तथापि वह प्रभाविता की दृष्टि से प्रक्रिया के दौरान शीघ्र निर्णय ले रहा है। दूसरे शब्दों में, अधिगम को अर्थपूर्ण बनाने की दृष्टि से अध्यापक अपनी उपायकुशलता और स्वतः प्रवर्तिता के आधार पर अध्येताओं की आवश्यकता के अनुरूप कार्यविधि में परिवर्तन लाने का निश्चय करता है। इन स्थितियों में अध्यापक एक

प्रबंधक या निर्णयकर्त्ता के रूप में कार्य करता है।

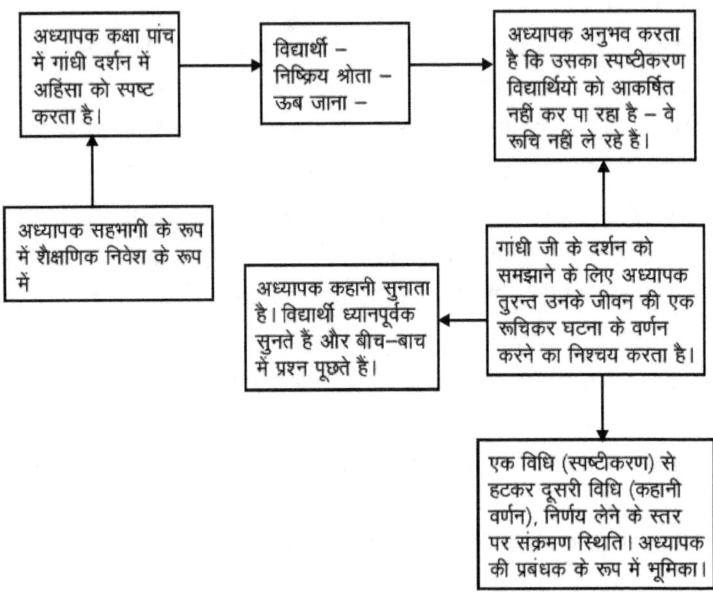

प्रश्न 8. एक सलाहकार अथवा उपबोधक के रूप में अध्यापक की भूमिका का वर्णन कीजिए। **[June-07, Q2]**

उत्तर – उपबोधक के रूप में अध्यापक – उपबोधक का शाब्दिक अर्थ है वह व्यक्ति जो किसी को परामर्श अथवा सलाह देता है यद्यपि यह सलाह देने से कही अधिक हैं।

एक पाठशाला में सभी अध्यापक छात्रों के लिए सलाहकार का कार्य करते हैं। छात्र या तो स्वयं अपनी समस्याएं अध्यापक के सामने रखकर उनसे सलाह लेते हैं अथवा छात्र स्वयं यह जानकर कि छात्र परेशान है, उन्हें मदद प्रदान करते हैं। अध्यापक छात्रों को केवल विषय अथवा पाठ्यक्रम से संबंधित सलाह नहीं देते हैं, अपितु उनकी व्यक्तिगत तथा सामाजिक समस्याओं का समाधान करते हैं तथा उन्हें परामर्श प्रदान करते हैं। एक सलाहकार के रूप में अच्छी भूमिका निभाने के लिए अध्यापक का संवेदनशील होना अत्यन्त आवश्यक है। पाठशाला स्तर पर बहुत कम विद्यार्थी अपनी समस्याओं के संबंध में सीधे अध्यापक से जाकर बात करते हैं। अपितु अध्यापक को चाहिए कि वे स्वयं छात्रों की समस्याओं को समझें तथा उनकी परेशानियों को महसूस करके उनसे बातचीत करें तथा उन्हें स्वयं सहायता प्रदान करें।

इसके लिए आवश्यक है कि अध्यापक छात्रों के साथ मित्रता के संबंध स्थापित करें

तथा पाठशाला के प्रत्येक छात्र में व्यक्तिगत रूचि रखें। एक सफल परामर्शदाता बनने के लिए अध्यापक में निम्नलिखित गुणों का होना आवश्यक है :–

(1) अध्यापक को एक अच्छा पर्यवेक्षक होना चाहिए।

(2) उसे मर्मस्पर्शी/संवदेनशील होना चाहिए, ताकि छात्रों की समस्याओं को स्वयं ही समझा जाएँ।

(3) अध्यापक को संवेदनशील होने के साथ ही एक अच्छा वक्ता भी होना चाहिए, ताकि वह छात्रों से उनकी समस्याओं पर विचार–विमर्श करने में सक्षम हो सके।

प्रश्न 9. किसी अध्यापक को प्रभावी होने के लिए किन वैयक्तिक गुणों का होना आवश्यक है? इन गुणों को कैसे अर्जित किया जा सकता है?

उत्तर – एक आदर्श शिक्षक में निम्न गुणों का होना बहुत आवश्यक है तभी इस महत्वपूर्ण पद के लिए उसका चुनाव सार्थक हो सकता है।

(1) चरित्र – शिक्षक का चरित्र बहुत ही उच्च श्रेणी का होना चाहिए क्योंकि बालक अध्यापक को ही अपना आदर्श मानकर उसका अनुसरण करते हैं। किसी भी चरित्रहीन व्यक्ति का इस पेशे में आ जाना किसी भी दृष्टि से शिक्षण प्रक्रिया के लिए उपयोगी सिद्ध नहीं हो सकता बल्कि इससे एक नहीं अनेक हानियां होने की संभावनायें बनी रहती हैं। बालकों पर ऐसे चरित्रहीन शिक्षका का बुरा प्रभाव पड़ता है और उनका चरित्र भी बिगड़ने की संभावनायें प्रबल होती हैं जबकि चरित्र निर्माण शिक्षा का एक प्रमुख और महत्वपूर्ण उद्देश्य है।

(2) व्यवसाय के प्रति निष्ठा – शिक्षक को अपने पेशे के प्रति निष्ठावान होना चाहिए। अध्यापन के प्रति निष्ठा के अभाव में अध्यापक सदैव ही अपने कार्यों में असफल रहेगा और विद्यार्थियों को कुछ भी नहीं दे पायेगा। इस विषय में माध्यमिक शिक्षा आयोग का कथन है "वे (शिक्षक) अपने कार्य को जीविकोपार्जन का अरूचिकर साधन नहीं समझेंगे वरन् उसे समाज सेवा करने का एक महत्वपूर्ण मार्ग समझेंगे। साथ ही उसे आत्म सिद्धि व आत्म अभिव्यक्ति का उपाय समझेंगे।"

(3) आशावादी दृष्टिकोण – शिक्षका का दृष्टिकोण आशावादी होना चाहिए। आशावादी दृष्टिकोण से कठिन से कठिन परिस्थितियों में भी समस्याओं का समाधान संभव है जबकि निराशावादी दृष्टिकोण वाले व्यक्ति इस पेशे के लिए किसी भी प्रकार से हितकारी सिद्ध नहीं हो सकते।

(4) विषय का संपूर्ण ज्ञान – अध्यापक को अपने शिक्षण विषय का संपूर्ण ज्ञान होना चाहिए। केवल ज्ञान ही नहीं उसे इस विषय पर पूर्ण अधिकार भी होना चाहिए तभी वह छात्रों

को कुछ दे पायेगा। विषय का जितना अधिक ज्ञान शिक्षक को होगा उतना ही अधिक वह छात्रों को दे पायेगा और छात्रों के ज्ञान में वृद्धि हो सकेगी।

(5) शिक्षण विधियों का ज्ञान – आज का शिक्षण पूर्ण से शिक्षा मनोविज्ञान पर आधारित है। शिक्षा मनोविज्ञान बालकों की रुचियों, अभिरूचियों, क्षमताओं, योग्यताओं के आधार पर शिक्षा देने की बात करता है और इसके लिए विभिन्न शिक्षण विधियों का प्रचलन है। एक शिक्षक को इन सभी शिक्षण विधियों का सम्पूर्ण ज्ञान होना चाहिए।

(6) छात्रों से प्यार – शिक्षक का छात्रों के साथ प्रेमपूर्ण व्यवहार होना चाहिए। शिक्षकों में छात्रों को नजदीक से जानने, पहचानने, उनकी कठिनाइयों को समझने तथा उनका समाधान करने की योग्यता होनी चाहिए। शिक्षक को पिता के समान स्नेहपूर्ण व्यवहार के साथ छात्रों के साथ व्यवहार करना चाहिए। छात्र और शिक्षक का व्यवहार जितना अधिक स्नेहपूर्ण होगा शिक्षण प्रक्रिया उतनी ही अधिक गतिशील एवं उद्देश्यपूर्ण होगी।

(7) परिश्रमी – शिक्षक का परिश्रमी होना भी एक आवश्यक गुण है। शिक्षक को अपने कार्य के प्रति शिथिल तथा आलसी नहीं होना चाहिए। शिक्षक के परिश्रमी होने से वह शीघ्र ही अपने साथियों एवं छात्रों का विश्वासपात्र बन जाता है और अपने आप को एक आदर्श के रूप में प्रस्तुत करने में सफलता प्राप्त करता है। वास्तव में परिश्रम की वह कुंजी है जिसके माध्यम से निर्धारित लक्ष्यों एवं उद्देश्यों को आसानी से प्राप्त किया जा सकता है।

(8) संवेगात्मक सन्तुलन – शिक्षक के व्यवहार में संवेगात्मक सन्तुलन का होना भी अच्छे शिक्षक का एक आवश्यक गुण है। कक्षा में ऐसी स्थितियां अक्सर उत्पन्न हो जाया करती हैं जिसमें संवेगात्मक संतुलन बिगड़ने की संभावनाये बढ जाती है। ऐसी स्थिति में अपने संवेगों पर नियंत्रण रखना बहुत आवश्यक है। यदि अध्यापक अपना मानसिक संतुलन खो बैठेगा तो वह कक्षा में एक हास्यापद स्थिति को ही उत्पन्न करेगा और इससे न तो छात्रों का ही और न शिक्षक का ही कोई लाभ संभव हो सकेगा।

(9) शिक्षा मनोविज्ञान का ज्ञान – शिक्षक को शिक्षा मनोविज्ञान का पूर्ण ज्ञान होना चाहिए। आज की शिक्षा पूर्ण रूप से शिक्षा मनोविज्ञान के सिद्धान्तों पर आधारित है। अतः ऐसे शिक्षक द्वारा जिसे शिक्षा मनोविज्ञान के सिद्धान्तों का ज्ञान नहीं है शिक्षा के उद्देश्यों एवं लक्ष्यों को प्राप्त करने की आशा करना व्यर्थ ही है।

(10) पाठ्यक्रम सहगामी क्रियाओं में रूचि – आज की शिक्षा केवल कक्षीय

वातावरण तक सीमित नहीं है बल्कि अनेक पाठ्यक्रम सहगामी क्रियाओं के द्वारा भी संचालित होती है। अतः शिक्षक की पाठ्यक्रम सहगामी क्रियाओं में रुचि का होना बहुत आवश्यक है।

(11) जनतन्त्रीय दृष्टिकोण – शिक्षक का दृष्टिकोण जनतांत्रिक होना चाहिए। वह जनतांत्रिक सिद्धांतों में आस्था रखता हो, स्वतंत्रता, समानता, बन्धुत्व, सहानुभूति, व्यक्ति का आदर, नेतृत्व आदि प्रजातांत्रिक गुणों से परिपूर्ण हो। तानाशाह दृष्टिकोण किसी भी दृष्टि से शिक्षक एवं छात्रों के लिए हितकारी नहीं हो सकता।

(12) भारतीय सभ्यता एवं संस्कृति का ज्ञान – शिक्षक को प्राचीन भारतीय सभ्यता एवं संस्कृति का पूर्ण ज्ञान तथा इसमें आस्था होनी चाहिए क्योंकि यह शिक्षा ही है जो हमारी सांस्कृतिक विरासत को एक पीढी से दूसरी पीढी तक पहुंचाती है और इस कार्य को संपन्न करने में शिक्षक महत्वपूर्ण भूमिका अदा करते हैं।

(12) राष्ट्र के प्रति समर्पित – शिक्षा का उद्देश्य राष्ट्र की आवश्यकताओं के अनुकूल राष्ट्र के प्रति निष्ठावान नागरिकों को उत्पन्न करना है और यह तभी संभव है जब हमारे शिक्षक राष्ट्र के प्रति समर्पित तथा निष्ठावान हों।

(14) आकर्षक शारीरिक व्यक्तित्व – छात्रों पर ऐसे शिक्षकों का प्रभाव अधिक पड़ता है जो शारीरिक दृष्टि से हष्ट-पुष्ट होते हैं। कक्षा में प्रवेश करते ही शिक्षक का शारीरिक व्यक्तित्व छात्रों को सर्वप्रथम प्रभावित करता है। छात्र शिक्षक को देखकर उसके बारे में कुछ धारणायें बना लिया करता हैं। यदि शिक्षक का शारीरिक व्यक्तित्व आकर्षक नहीं होगा तो छात्र उसके बारे में गलत धारणायें बना सकते हैं। अतः शिक्षक को शारीरिक रूप से हष्ट पुष्ट होना चाहिए।

(15) निष्पक्षता और नियम पालन – शिक्षक को निष्पक्ष होना चाहिए। छात्रों के साथ उनकी जाति, योग्यता, रुचि आदि के आधार पर पक्षपात नहीं करना चाहिए। इसके साथ ही साथ शिक्षक को विद्यालय के नियमों के प्रति श्रद्धा होनी चाहिए तथा उसे इन नियमों का पालन करने में वर्ग महसूस होना चाहिए। तभी विद्यालय के वातावरण को अनुशासित रखा जा सकता है और अनुशासन शैक्षिक उद्देश्यों के प्राप्ति में बहुत महत्वपूर्ण है।

(16) उत्साह – उत्साह का होना शिक्षक की एक बहुत ही महत्वपूर्ण विशेषता एवं गुण है। बिना उत्साह के किसी भी कार्य को सम्पन्न नहीं किया जा सकता। **रायबर्न** तो उत्साह को शिक्षक का एक बहुत ही आवश्यक और महत्वपूर्ण गुण मानते हैं। उनके कथनानुसार,

''अच्छा शिक्षक अपने कार्य के प्रति उत्साही होता है। वह अपने विषय तथा शिक्षण प्रणालियों के सम्बन्ध में अपना ज्ञान बढ़ाने की निरन्तर चेष्टा करता है। वह अपने उत्साह को ताजा और समय के अनुकूल बनाये रखने के लिए सजग रहता है।''

(17) वेशभूषा – अध्यापकी की वेशभूषा भी शिक्षक का एक आवश्यक और महत्वपूर्ण गुण है। शिक्षक को सदैव ही अपनी वेशभूषा का ध्यान रखना चाहिए। उसे अशोभनीय कपड़े पहनकर कक्षा में नहीं आना चाहिए न ही उसकी वेशभूषा ढीली ढाली और गन्दी होनी चाहिए। उसे समयानुकल वस्त्र धारण करने चाहिए। अत्याधिक फैशन करना भी शिक्षक के लिए उपयुक्त नहीं है। शिक्षक–शिक्षिकाओं को वेशभूषा साफ सुथरी एवं सादगीपूर्ण होनी चाहिए।

(18) समय की पाबन्दी – समय की पाबंदी अर्थात् समय पर विद्यालय आना व जाना शिक्षक का आवश्यक गुण है। यदि शिक्षक ही समय पर विद्यालय में या कक्षा में नहीं आयेंगे तो वे छात्रों को भी समय की पाबन्दी के बारे में कुछ नहीं सिखा पायेंगे। अतः एक आदर्श शिक्षक समय पर विद्यालय पहुंचता है और घण्टी बजते ही कक्षा में प्रवेश करता है जिसका सकारात्मक प्रभाव छात्रों पर पड़ता है।

(19) कक्षा नियंत्रण की योग्यता – प्रतयेक कक्षा में तीव्र बुद्धि, मन्द बुद्धि एवं सामान्य बुद्धि वाले बालक होते हैं। साथ ही साथ कक्षा में कुछ ऐसे छात्र भी होते हैं जो समस्यायें उत्पन्न करते हैं। शिक्षक में इतनी योग्यता होनी चाहिए कि वह इन सभी प्रकार के बालकों को नियंत्रित कर सके और शिक्षण की प्रक्रिया सुचारू रूप से चलती रहे।

(20) शिक्षक का कक्षा में व्यवहार – कक्षा में प्रवेश के बाद शिक्षक का व्यवहार सामान्य होना चाहिए। उसमें किसी प्रकार की कृत्रिमता नहीं होनी चाहिए। उसका व्यवहार मान्य शिष्टाचार के नियमों के अनुकूल होना चाहिए। ए.के. अग्रवाल के अनुसार, ''शिक्षक की आदतें फूहड़ नहीं होनी चाहिए। दांत से नाखून काटना, हाथ में चॉक स्टिक को घुमाते रहना, पैंट की जेबों में हाथ डालकर पढ़ाना, हाथ मुंह और आंखों को मटकाते रहना, पैर हिलाना, नाक–कान कुरेदना आदि बुरी आदतें हैं।'' शिक्षक को इन आदतों से दूर रहना चाहिए।

इसी प्रकार के अनेक गुणों को गिनाया जा सकता है जिनका शिक्षकों में होना आवश्यक है। हमने कुछ प्रमुख शिक्षक के गुणों का उल्लेख ऊपर की पंक्तियों में किया है। इसके अतिरिक्त अनेक गुण हैं जिनका शिक्षक में होना आवश्यक है। प्रो. आर्थर बी. मोमैन ने एक आदर्श अध्यापक में मुख्य रूप से पांच गुणों का उल्लेख किया है। वे हैं – (1) स्फूर्ति,

(2) संवेगात्मक सन्तुलन, (3) बुद्धि, (4) सामाजिक गुण, (5) प्रशिक्षण। डा. एफ.एल. क्लैप ने आदर्श शिक्षक में निम्न दस गुणों का उल्लेख किया हैं – (1) सम्बोधन, (2) आकृति, (3) आशवादिता, (4) गंभीरता, (5) चिन्तन, (6) वफादारी, (7) सहानुभूति, (8) विद्वता, (9) जीवन शक्ति, (10) उत्साह।

संक्षेप में शिक्षक को मृदुभाषी, शिक्षण एवं सामाजिक कार्यों में रुचि रखने वाला, सक्षम नेतृत्व प्रदान करने वाला, व्यवहार कुशल, परिश्रमी, आत्मविश्वासी, ईमानदार, चरित्रवान, उत्साही और अपने विषय का ज्ञाता होना चाहिए। अध्यापक के इन मूल्यों को प्रतिबिंबित करने वाले अनुकरणीय व्यक्ति की भूमिका का निर्वाह करना होगा। मूल्यों को सिखाया नहीं जा सकता वरन् उनको आत्मसात किया जाता है। जब विद्यार्थी देखेंगे कि उनके अध्यापकों में ये गुण हैं तो वे भी उन गुणों को महत्व देना, उन्हें स्वीकार करना और उनको अपनाना आरंभ कर देंगे। थोपे गए मूल्य अधिक प्रभाव नहीं छोड़ते हैं। अतः अध्यापकों को अपने विद्यार्थियों में उन्हें थोपने का प्रयत्न नहीं करना चाहिए।

प्रश्न 10. आधुनिक समाज में अध्यापक के विकास तथा प्रशिक्षण की आवश्यकताओं पर टिप्पणी करो।   **[Dec-07, Q3(v)]**

उत्तर – अध्यापक को राष्ट्र–निर्माता के रूप में जाना जाता है अतः राष्ट्र–निर्माण में अध्यापक की भूमिका काफी महत्वपूर्ण होती है। अच्छे तथा विकसित राष्ट्र का भविष्य अध्यापक से संबंधित होता है। यदि अध्यापक को अध्यापन का प्रशिक्षण ठीक से दिया जाए, तब वे सर्वोत्तम सर्वगुणसम्पन्न छात्रों का निर्माण कर सकते हैं जिन पर राष्ट्र का भविष्य निर्भर करता है।

(1) ज्ञान के उत्तम तथा उचित प्रसार के लिए अध्यापक को स्वयं ज्ञानी तथा प्रशिक्षित होना अत्यन्त आवश्यक है। अध्यापक के ज्ञान प्राप्त करने की प्रक्रिया सतत् होती है तथा लगातार चलती रहती है अतः अध्यापन काल के दौरान भी अध्यापक का प्रशिक्षण आवश्यक होता है।

(2) अध्यापकों में केवल विषय का ज्ञान होना ही आवश्यक नहीं है, अपितु उन्हें छात्रों की क्षमता तथा आवश्यकतानुसार विभिन्न अध्यापन तकनीकों को अपनाने तथा आधुनिक तकनीकों का प्रयोग करने में भी सक्षम होना चाहिए।

(3) आधुनिक सामाजिक परिप्रेक्ष्य में शिक्षा से तात्पर्य केवल पढ़ने–लिखने से ही नहीं है, अपितु उसके विषय–क्षेत्र में काफी परिवर्तन आ गए हैं। अतः शिक्षा में आई जटिलता के कारण अध्यापक की भूमिका भी काफी जटिल हो गई है।

(4) अध्यापके के लिए यह आवश्यक है कि वह छात्रों को आगे बढ़ने के लिए

लगातार प्रेरित करते रहें तथा उन्हें पुरस्कार इत्यादि देकर लगातार प्रोत्साहित करते रहें।

(5) आधुनिक भारतीय समाज में अध्यापन कार्य को एक व्यवसाय का दर्जा दिया गया है। अतः उनका अपने व्यवसाय में दक्ष तथा निपुण होना अत्यन्त आवश्यक है।

(6) आधुनिक समाज में शिक्षा के क्षेत्रों में नई तकनीकों में प्रयोग से अध्यापक की भूमिका महत्वपूर्ण हो जाती है तथा उसका जागरूक होना आवश्यक होता है।

(7) अध्यापक से यह अपेक्षा की जाती है कि वे उपलब्ध संसाधनों का अधिकतम प्रयोग कर कक्षा में इस प्रकार का वातावरण बनाएं कि छात्रों की पढ़ाई में रुचि जागृत हो तथा एक सौहादपूर्ण वातावरण में शिक्षा प्राप्त करने में सक्षम हो सकें।

(8) अध्यापक को संवेदनशील होना आवश्यक है ताकि वे छात्रों की व्यक्तिगत समस्याओं को समझ सकें तथा उनसे मित्रवत् संबंध स्थापित कर सके। चूंकि छात्र अध्यापक को अपने पथप्रदर्शक अथवा मार्गदर्शक के रूप में देखते हैं अतः अध्यापक को एक सक्षम तथा सम्पूर्ण व्यक्तित्व का स्वामी होना चाहिए।

(9) आधुनिक समाज में शिक्षा के क्षेत्र में लगातार परिवर्तन आ रहे हैं। अध्यापक को इन परिवर्तनों से अवगत कराना आवश्यक है, ताकि छात्रों को आधुनिकतम शिक्षण तकनीकों की जानकारी प्राप्त हो सके। अतः अध्यापक का निरन्तर विकास तथा प्रशिक्षण आवश्यक है। अतः अंत में हम यह कह सकते हैं कि अध्यापक का लगातार विकासात्मक प्रशिक्षण आवश्यक है, क्योंकि

– अध्यापक का कार्य काफी जटिल हो गया है।

– अध्यापन कार्य के लिए कई विशिष्टताओं तथा आधुनिक तकनीक का ज्ञाता होना आवश्यक है।

– अध्यापक का बुद्धिजीवी तथा ज्ञानी होना अत्यन्त आवश्यक है।

– सामाजिक प्राणी तथा राष्ट्र–निर्माता होने के नाते आज अध्यापक से अपेक्षाएँ बढ़ गई हैं। उन्हें एक व्यावसायिक दर्जा मिल गया है तथा साथ ही उनके उत्तरदायित्व भी बढ़ गए हैं।

– अध्यापक से यह भी अपेक्षा की जाती है कि वे शिक्षा के विकास के लिए उपलब्ध संसाधनों का अधिकतम प्रयोग करे।

प्रश्न 11. सेवा पूर्व प्रशिक्षण से क्या तात्पर्य है? इसके उद्देश्य क्या हैं?

उत्तर – सेवापूर्व प्रशिक्षण :– प्रशिक्षण के इस स्तर पर अध्यापक को शिक्षा से संबंधित मनोवैज्ञानिक, समाजशास्त्रीय, दार्शनिक एवं प्रौद्योगिकीय पक्षों और सिद्धान्तों के संपर्क में लाया जाता है। प्रशिक्षण के इस भाग का उद्देश्य अध्यापक में अपने व्यवसाय के प्रति आधारभूत अंतर्दृष्टि तथा विविध शिक्षण–अधिगम प्रकार्यों के लिए अपेक्षित मूल कौशलों का विकास करना है।

सेवापूर्व प्रशिक्षण के उद्देश्य –

(1) भावी अध्यापक को शिक्षा के लक्ष्यों और उद्देश्यों के बारे में समुचित समझ प्रदान करना।

(2) भावी अध्यापक में बाल संवृद्धि एवं विकास के मूल सिद्धान्तों का तथा उन प्रक्रियाओं का प्रवर्तन करना जिनसे विद्यार्थी अधिगम करते हैं।

(3) उन्हें इस प्रकार से विषयवस्तु के आयोजन और प्रस्तुति के योग्य बनाना कि वह रुचि, प्रयोजन एवं बाल–विकास की प्रक्रियाओं की समझ का संवर्धन कर सकें।

(4) बच्चों से अंतर्क्रिया के लिए मानव संबंध प्रेरक संप्रेषण और मनश्चालित कौशलों का विकास करना ताकि विद्यार्थियों में कक्षा के भीतर और बाहर दोनों जगह अधिगम का संवर्धन किया जा सके।

(5) ऐसी समझ, अभिरूचियाँ, अभिवृतियाँ और कौशलों का विकास करना जिनसे वह अपने विद्यार्थियों के सर्वांगीण विकास का संवर्धन कर सके।

प्रश्न 12. सेवाकालीन प्रशिक्षण की आवश्यकता क्यों पड़ती है?

उत्तर – अध्यापकों को अपनी विशेषज्ञता तथा विशिष्टीकरण के क्षेत्र में आगे बढ़ने के लिए सेवाकालीन प्रशिक्षण की आवश्यकता होगी। अध्यापकों को सेवाकालीन प्रशिक्षण देने के कुछ प्रयोजन इस प्रकार हो सकते हैं –

(1) प्रभावी शिक्षण के लिए यथोचित व्यावसायिक प्रशिक्षण प्रदान करना।

(2) अध्यापकों का व्यवसाय में हो रहे नए घटना–क्रमों के साथ संबंध स्थापित करना।

(3) अध्यापकों की शैक्षिक योग्यताओं का उन्नयन करना।

(4) उभरते हुए राष्ट्रीय विकासपरक लक्ष्यों और कार्यक्रमों के अनुकूल आवश्यक कौशलों और अभिवृत्तियों का विकास करना।

(5) समुदाय में परिवर्तन के प्रभावी अभिकर्ता बनने के लिए अपेक्षित कौशलों और अभिवृत्तियों का विकास करना।

(6) विशिष्ट जानकारी का प्रसार करना और पाठ्यचर्या परिवर्तन, समाजोपयोगी उत्पादक कार्य, जनसंख्या शिक्षा जैसे क्षेत्रों में शैक्षिक नवाचारों को प्रयुक्त करना।

(7) विद्यालय में कार्य करने के दौरान आई हुई समस्याओं का समाधान ढूंढना।

नीति में आए हुए परिवर्तनों से उत्पन्न अध्यापक की भूमिका के नए आयामों के कारण अध्यापकों के लिए सेवाकालीन शिक्षा की आवश्यकता है, ताकि वे प्रस्तावित सुधारों की प्रकृति को समझ सके और उन्हें उचित रूप से कार्यान्वित कर सकें। शिक्षा–व्यवस्था को समाज की बदलती हुई मांगों के अनुरूप ढालना होगा। शिक्षा की कोई भी व्यवस्था, चाहे वह

विषयबस्तु एवं स्वरूप की दृष्टि से कितनी ही व्यापक क्यों न हो, इन बदलती हुई माँगों की तब तक पूर्ति नहीं कर सकती, जब तक परिवर्तन का मुख्य अभिकर्ता–अध्यापक शैक्षिक तथा व्यावसायिक दक्षताओं से पूर्णरूपेण न हो जाए।

प्रश्न 13. सेवाकालीन अध्यापक प्रशिक्षण की विभिन्न प्रणालियाँ अथवा माध्यमों को वर्णन कीजिएं ?   **[Dec-06, Q1]**

उत्तर – अध्यापक प्रशिक्षण के मुख्य माध्यम – सेवाकालीन अध्यापक प्रशिक्षण की प्रक्रिया सदा निरन्तर जारी रहने वाली होती है। इसके द्वारा अध्यापक को लगातार सीखने का अवसर प्राप्त होता है तथा अध्यापन कार्य में आने वाली परेशानियों का सामना करने में भी सहायता मिलती है। तथा अपने कार्य की नई चुनौतियों के अनुकूल ढलता है।

अध्यापन–कार्य के दौरान प्रशिक्षण में निम्नलिखित माध्यमों का प्रयोग किया जाता है–

(1) स्वनिर्देश विधि

(2) कार्यशाला

(3) व्यावसायिक सभाएं, गोष्ठियां, सम्मेलन व सामूहिक वार्तालाप

(1) अध्यापक पुस्तकों इत्यादि के अध्ययन से स्वयं भी नई तकनीकों की जानकारी प्राप्त करके अपने ज्ञान में वृद्धि कर सकते हैं। अध्यापन कार्य तथा तकनीकों से संबंधित साहित्य अथवा पुस्तकें आसानी से मिल जाती हैं, जिससे अध्यापन कार्य से संबंधित कई समस्याओं का समाधान भी मिल जाता है। अतः अध्यापन कार्य में सुधार लाने अथवा विकास करने के लिए साहित्य एक अच्छे संसाधन का कार्य करता है। अध्यापकों को अन्वेषण कार्य करने तथा अच्छा साहित्य जुटाने में पाठशाला/संस्थान से मदद सहायता चाहिए, ताकि वे अध्यापन कार्य में पूर्णतः प्रशिक्षित हो जाएं तथा छात्रों के सम्पूर्ण विकास में महत्वपूर्ण भूमिका निभाने में सक्षम बनें। इसके लिए पाठशालाओं में अच्छे पुस्तकालय की स्थापना की जा सकती है। इस माध्यम से अध्यापक किसी अन्य व्यक्ति/संस्थान की मदद के बिना अपने ज्ञान में वृद्धि कर सकते हैं।

(2) अध्यापन कार्य करते समय अध्यापक के प्रशिक्षण का अन्य महत्वपूर्ण तरीका कार्य का आयोजन है। इसके द्वारा अध्यापकों को अध्यापन के व्यावहारिक ज्ञान की प्राप्ति होती है। कार्यशाला का सर्वप्रथम आरम्भ ओहियो विश्वविद्यालय की प्रगतिशील शैक्षणिक संस्था के द्वारा किया गया था। लगभग सभी शिक्षण संस्थाओं में अध्यपन प्रशिक्षण के लिए इसी पद्धति का अधिकतम प्रयोग किया जाता है। अधिकतर संस्थानों में कार्यशाला का आयोजन तभी किया जाता है, जब संस्था को किसी समस्या का सामना करना पड़ता है। कार्यशाला में आयोजक विशिष्ट समस्याओं के संदर्भ में अपने अनुभव तथा योग्यता के माध्यम से अपने

विचार प्रस्तुत करते हैं, ताकि समस्याओं का उचित समाधान किया जा सके।

इसके अतिरिक्त अध्यापकों में कुछ अध्यापन संबंधी विशिष्ट गुणों का विकास करने के लिए कार्यशाला का आयोजन किया जाता है, जिनमें अध्यापकों के छोटे–छोटे दल बनाकर उन्हें समस्या–निवारण तकनीक, सूझबूझ तथा नियोजन–निर्माण का प्रशिक्षण दिया जाता है। अध्यापकों में समस्या–निवारण संबंधी क्षमताओं का विकास करने का सर्वोत्तम तरीका/माध्यम कार्यशाला का आयोजन ही है।

विश्वविद्यालयी पाठ्यक्रम – आजकल अध्यापकों के लिए विविध प्रकार के पाठ्यक्रम उपलब्ध हैं। हमारे देश में अनेक मुक्त विश्वविद्यालय, केन्द्रीय संस्थान और अध्यापक शिक्षा केन्द्रों में सर्जनात्मक लेखन, अंग्रेजी शिक्षण दूरवर्ती शिक्षा जैसे पाठ्यक्रमों में अनेक सर्टिफिकेट एवं डिप्लोमा पाठ्यक्रम उपलब्ध हैं। ये पाठ्यक्रम अधिकतर निरौपचारिक अभकरणों द्वारा संचालित किए जाते हैं, अतः अध्यापक सेवारत होते हुए भी इन पाठ्यक्रमों में प्रवेश ले सकते हैं। ऐसे पाठ्यक्रमों द्वारा सामन्यतया स्व–शैक्षणिक सामग्री भी दी जाती है। रेडियो तथा दूरदर्शन प्रसारण, विषयवस्तु आधारित कार्यक्रम आदि प्रायः ऐसी सामग्रियों को संपूरित करते हैं। अध्यापकों को इन पाठ्यक्रमों का लाभ उठाना चाहिए तथा इनके माध्यम से अपने ज्ञानाधार के साथ–साथ अपनी शिक्षण दक्षतओं का भी समुन्नयन करना चाहिए।

प्रश्न 14. वर्तमान समय में अध्यापक की भूमिका स्पष्ट कीजिएं

उत्तर – वर्तमान समय के शैक्षिक परिदृश्य परिवर्तन के ऐसे दौर में अध्यापकों को अनेको और जटिल स्थितियों का सामना करना पड़ता है। वर्तमान समय में अध्यापक की भूमिका इस प्रकार है –

(1) एक अच्छा अध्यापक छात्रों का नेता, मार्गदर्शक तथा मित्र होता है। वर्तमान में कई समस्याएं जैसे कि गरीबी, भुखमरी, असंतोष इत्यादि समस्याएं हैं। चूंकि बच्चे भी समाज का ही अंग है अतः कक्षा में विभिन्न वर्गों तथा समुदायों के छात्र भिन्न–भिन्न समस्याओं को प्रतिबिंबित करते हैं। ऐसे में अध्यापक से यह अपेक्षा की जाती है कि वह इन सभी समस्याओं का उचित समाधान अवश्य ढूंढे।

(2) वर्तमान समय में अध्यापक की भूमिका में तेजी से परिवर्तन आ रहा है। आज उनका कार्य केवल कक्षा कक्ष तक ही सीमित नहीं है, अपितु उनके कार्यक्षेत्र में विस्तार तथा वृद्धि हो गई है।

(3) कक्षा, छात्र तथा पाठशाला इन सभी में महत्वपूर्ण परिवर्तन लाने वाले प्रमुख माध्यम अध्यापक ही होते हैं।

(4) एक अध्यापक का कार्य केवल विषय में अध्यापन तक ही सीमित नहीं होता है, अपितु उसे अन्य कार्य जैसे कि पाठ्यक्रम तथा पाठ–योजना का निर्धारण, अन्य गतिविधियाँ,

परीक्षा, मूल्यांकन इत्यादि भी समय–समय पर करने होते हैं। अतः वर्तमान समय में अध्यापक अधिक व्यस्त हो गए हैं।

(5) परम्परागत अध्यापकों की तुलना में वर्तमान अध्यापकों से आकांक्षाएं भी बढ़ गई हैं। वर्तमान समाज में अध्यापकों को शिक्षा संस्थाओं तथा शिक्षा के क्षेत्र में कई जटिलताओं का सामना करना पड़ता है।

(6) अध्यापकों को राष्ट्र–निर्माता माना जाता है। चूंकि छात्र देश के भावी नागरिक होते हैं तथा इनके चरित्र निर्माण पर देश का भविष्य निर्भर करता है। छात्रों के चरित्र निर्माण के तथा व्यक्तित्व के विकास में अध्यापक एक महत्वपूर्ण भूमिका निभाते हैं। अतः वे समाज के प्रति उत्तरदायी भी होते हैं तथा उनका लगातार मूल्यांकन होता रहता है। छात्रों में उचित गुणों का विकास होने पर अध्यापकों को ही दोषी ठहराया जाता है।

(7) अध्यापक का कार्य केवल अध्यापन, कक्षा का नियोजन, निर्देशन इत्यादि तक ही सीमित नहीं है, अपितु उन्हें कई सामाजिक तथा राष्ट्रीय समस्याओं का सामना भी करना पड़ता है।

(8) परिवर्तन तथा सुधार लाने के लिए निर्मित नीतियों को उचित ढंग से लागू करने का उत्तरदायित्व अध्यापक पर ही होता है। अतः अध्यापकों की कमियों तथा अच्छाइयों को जानने के लिए उनका मूल्यांकन करना आवश्यक होता है।

अध्यापकों का मूल्यांकन उनके कार्य के साथ ही आरम्भ हो जाता है। उनके मूल्यांकन के लिए किसी निश्चित अथवा विशिष्ट विधि का प्रयोग नहीं किया जाता है किन्तु छात्रों, सहयोगी अध्यापकों, अभिभावकों, उच्चाधिकारियों तथा समाज द्वारा लगातार अध्यापकों का मूल्यांकन होता रहा है, जोकि अध्यापकों की कार्यक्षमता को बनाए रखने के लिए आवश्यक भी है।

प्रश्न 15. अध्यापक मूल्यांकन के प्रमुख उद्देश्य क्या हैं तथा इसके लाभों पर टिप्पणी कीजिए।   **[Dec-06, Q2]**

उत्तर – विद्यालय में अध्यापकों के निष्पादन–मूल्यांकन के विभिन्न उद्देश्य होते हैं। यह अंतःअभिप्रेरण स्तरों, कार्य संतुष्टि तथा आत्म सम्मान का संवर्धन करता है। यह अध्यापक को प्रोत्साहन, परामर्श और उनके निष्पादन में सुधार करने में सहायक होता है। मूल्य निर्धारण प्रक्रिया से सेवाकालीन और अध्यापक वर्ग की आवश्यकताओं के अभिनिर्धारण में और कार्यक्रमों की योजना बनाने में सहायता मिलती है। अध्यापक–मूल्यांकन से अध्यापकों में आत्मविश्वास की भावना बढ़ती है। तथा उनमें कार्यक्षमता का भी विकास होता है। अध्यापक मूल्यांकन से अध्यापक, पाठशाला तथा छात्र सभी को लाभ पहुंचता है।

(1) प्रतिस्पर्धी तथा अच्छे अध्यापकों के लिए मूल्यांकन के निम्नलिखित लाभ होते

हैं:—

(क) अध्यापकों में कार्य से संतुष्टि की भावना का विकास होता है।

(ख) इन्हें अपने विचारों तथा अनुभवों को दूसरों से बांटने का अवसर प्राप्त होता है।

(ग) इससे उनके आत्मविश्वास में वृद्धि होती है।

(घ) मूल्यांकन के द्वारा अध्यापकों की कार्यक्षमता में वृद्धि होती है तथा भविष्य में ठीक से कार्य करने की प्रेरणा मिलती है।

(2) कमजोर अथवा परेशान अध्यापकों को मूल्यांकन से निम्नलिखित लाभ प्राप्त हो सकते हैं :—

(क) मूल्यांकन से उन्हें आत्मविश्वास विकसित करने में सहायता मिलती है।

(ख) इससे अध्यापकों को अपनी कार्यक्षमता तथा कार्य को विकसित करने में सहायता मिलती है।

(ग) मूल्यांकन के द्वारा अध्यापकों को सुझाव भी मिलता है।

(3) पाठशाला/संस्थान के लिए मूल्यांकन के लाभ

(क) अध्यापकों को सहायता प्रदान करने से अंततः छात्रों को लाभ पहुंचता है।

(ख) इससे पाठशाला में सम्पूर्णता का उचित वातावरण विकसित होता है।

(ग) इससे पाठशाला में अध्यापकों के विकास व अन्य विकास कार्यक्रमों को आरम्भ करने में सहायता मिलती है।

प्रश्न 16. निम्नलिखित पर टिप्पणी कीजिए :—

(1) विद्यार्थियों द्वारा अध्यापकों का मूल्यांकन

(2) सर्वेक्षण पत्र

(3) साक्षात्कार

उत्तर – (1) विद्यार्थियों द्वारा अध्यापकों का मूल्यांकन – विद्यार्थियों द्वारा अध्यापकों के मूल्यांकन की आवश्यकता है। विद्यार्थियों के साथ ही अध्यापक कार्य करते हैं और वह विश्वसनीय तथा उपयोगी आधार सामग्री दे सकते हैं। विद्यार्थियों द्वारा दिया गया मूल्य–निर्धारण कक्षा में अभिप्रेरणा विकास, अधिगम के अवसर, सौहार्द की स्थिति, सम्प्रेषण कौशल तथा कक्षा साम्या के बारे में जानकारी का महत्वपूर्ण स्रोत है। विद्यार्थियों द्वारा अध्यापकों के मूल्यांकन के लिए सर्वेक्षण प्रपत्र एक सामान्य उपकरण है। सर्वेक्षण प्रपत्र के सामान्य प्रारूप में अध्यापक और कक्षा के बारे में अनेक प्रश्न या कथन होते हैं। हो सकता है कि विद्यार्थी सभी आयामों पर अध्यापक का मूल्य निर्धारण न कर सकें। तथापि शिक्षण– सामग्री, कक्षा संरचना, अध्यापक–व्यवहार, विद्यालय के बाहर अधिगम का अंतरण आदि के संबंध के विद्यार्थियों द्वारा

मूल्य–निर्धारण किया जा सकता है। प्रश्नों की संख्या सीमित होनी चाहिए, अन्यथा परिवेश प्रभाव की संभावना रहती है।

(2) वस्तुनिष्ठता के उद्देश्य से विद्यार्थियों का साक्षात्कार लेने वाला व्यक्ति अध्यापक, प्रशासक, प्रधानाचार्य अथवा सहकर्मी अध्यापन नहीं होना चाहिए। साक्षात्कार समूह में लिया जा सकता है और वैयक्तिक स्तर भी। यदि सामान्य प्रश्न पूछने हों तो समूह साक्षात्कार उपयोगी होता है। वैयक्तिक साक्षात्कार में ऐसे सवेंदनशील मुद्दों पर चर्चा हो सकती है जिन पर विद्यार्थी समूह में चर्चा करने पर हिचकिचाते हैं।

(3) साक्षात्कार – विद्यार्थियों का साक्षात्कार प्रश्नोत्तर सत्रों में अर्ध संरचनात्मक रूप में किया जा सकता है। वह ऐसे व्यक्ति द्वारा किया जाना चाहिए जो अध्यापक, प्रशासक, प्रधानाचार्य अथवा विद्यालय में सहकर्मी अध्यापक न हो। साक्षात्कारकर्ता द्वारा विद्यार्थियों की अनुक्रियाओं का अभिलेखन किया जा सकता है तथा एक संक्षिप्त प्रतिवेदन तैयार किया जा सकता है।

साक्षात्कारों का स्वरूप–समूह साक्षात्कार हो सकता है या फिर वैयक्तिक साक्षात्कार। देखा गया है कि समूह–साक्षात्कार अधिक परिप्रेक्ष्य, विवरण या सहजता प्रदान करते हैं। साक्षात्कार में पूरे समूह की अपेक्षा एक बड़े प्रतिदर्श को शामिल करना चाहिए। समूह–साक्षात्कार की स्थिति में इस प्रकार के प्रश्न पूछे जा सकते हैं : कक्षा में किन क्रियाकलापों को अधिक बार कराना चाहिए? वह कौन–सा तरीका है, जिससे परीक्षण या श्रेणी–निर्धारण को सुधारा जा सकता है? समूह–साक्षात्कार उतने ही वैध और विश्वसनीय होते हैं जितने कि सर्वेक्षण, साथ ही वे लागत की दृष्टि से भी लाभकारी होते हैं।

वैयक्तिक साक्षात्कार में उन अधिक संवेदनशील मुद्दों पर चर्चा हो सकती है, जिनके बारे में समूह में चर्चा करने से विद्यार्थियों को हिचक महसूस होती हो। तथापि, वैयक्तिक साक्षात्कार, साक्षात्कारकर्ता के समय और परिणामों के विश्लेषण एवं प्रस्तुतीकरण की दृष्टि से महँगे होते हैं।

प्रश्न 1 7. स्वमूल्यांकन किसे कहते हैं? इसके लाभ व हानियाँ बताइए।

[June-07, Q3(iii)]

उत्तर – मूल्यांकन के क्षेत्र में स्व–मूल्यांकन प्रथम चरण है। चूंकि एक अच्छे अध्यापक के लिए उसके व्यक्तित्व का सम्पूर्ण विकास आवश्यक है तथा उसके लिए स्व–मूल्यांकन अत्यन्त आवश्यक है। क्योंकि कोई भी व्यक्ति अपना मूल्यांकन यदि ईमानदारी के साथ करे

तो उस स्थिति में वे अपनी क्षमताओं, अच्छाइयों, कमियों को ठीक से समझने में सक्षम होंगे। इसके द्वारा वे अपनी क्षमताओं का पूर्ण प्रयोग कर सकते हैं, ताकि कमियों को दूर कर एक सम्पूर्ण व्यक्तित्व वाले आत्मविश्वासी अध्यापक बन सकते हैं।

यदि व्यक्ति को यह मालूम है कि अध्यापक होने के नाते वह स्वयं अपने लिए उत्तरदायी है, उस स्थिति में वे अपने आप से निम्नलिखित प्रश्न पूछ सकते हैं, जैसे कि

(1) मैं किसके प्रति तथा किस प्रकार उत्तरदायी हूँ?

(2) अपने अधिकार क्षेत्र में मैं कितना कार्य कर सकता हूँ?

(3) मैं और अन्य किन लोगों के अधिकार में आ सकता हूँ?

(4) मेरे लगातार तथा रोजाना कार्य में कौन से कर्तव्य हैं तथा मुझे कौन–से अधिकार प्राप्त हैं?

स्व–मूल्यांकन के लाभ

– स्वमूल्यांकन अध्यापन कार्य का एक महत्वपूर्ण पहलू है, जो कि उनके विषय में भावी योजना निर्माण तथा निर्धारण में मदद करता है।

– अध्यापक अपने लक्ष्य, परिणामों तथा आकांक्षाओं के प्रतिप्रेक्ष्य में लगातार स्व–मूल्यांकन करते रहते हैं। अध्यापन कार्य आरम्भ करते ही वे मूल्यांकन आरम्भ कर देते हैं तथा इस मूल्यांकन के उचित परिणाम भी निकल आते हैं।

– अपना मूल्यांकन करने के पश्चात् वे उसका विवरण लिख सकते हैं तथा अपने कार्य के विभिन्न पहलुओं पर ध्यान देते हैं। उनका विश्लेषण करते हैं तथा उनके आधार पर अपने व्यक्तित्व में परिवर्तन लाने का प्रयत्न करते हैं।

– स्व–मूल्यांकन के द्वारा अपनी प्राथमिकताओं तथा अपने अध्यापन कार्य की एक स्पष्ट सूची बना सकते हैं तथा उसके आधार पर भविष्य कार्य–विकास योजना का निर्माण करते हैं।

– वे उन विभिन्न कार्यों की अलग–अलग सूची बना सकते हैं, जिन्हें करने से उन्हें आत्मसंतुष्टि महसूस होती है अथवा नहीं हो सकती तथा अध्ययन करने पर वे उसके कारण भी जान सकते हैं तथा अपनी कमियों को दूर करने में सक्षम तथा सफल हो सकते हैं।

– अध्यापक अपनी भविष्य कार्य–योजना का निर्माण भी करते हैं कि उन्हें भविष्य में कैसे कार्य करना है, ताकि वे अपने स्तर में वृद्धि कर सकें।

– भविष्य में तथा वर्तमान में कार्य का मूल्यांकन करने के लिए वे अपने अतीत में किए गए कार्यों का भी लगातार मूल्यांकन करते रहते हैं, ताकि अपनी कार्यक्षमता का तुलनात्मक अध्ययन कर सकें।

इस प्रकार स्व–विश्लेषण के माध्यम से अध्यापक की विकास योजना–निर्माण में मदद मिलती है।

समकक्षी मूल्यांकन से हानियाँ – अध्यापकों के समकक्षी मूल्यांकन में काफी कठिनाइयाँ हैं। यह उतना सरल नहीं, जितना कि प्रतीत होता है। ऐसी विश्वसनीय प्रक्रियाओं की प्राकल्पना करनी होगी जो बाहरी व्यक्तियों की दृष्टि में प्रामाणिक हों और समकक्षी मूल्यांकन के लिए एक सकारात्मक मानसिकता का निर्माण करें। अध्यापक संगठनों को प्रत्येक प्रकार के समकक्षी मूल्यांकन को समर्थन देना होगा। जब हम समकक्षी मूल्यांकन के बारे में सोचते हैं, तब तुरंत समकक्षी द्वारा कक्षा निरीक्षण की बात सोचने लगते हैं। शायद हमें इस बात का एहसास हो, किन्तु उनका निरीक्षण अनेक कारणों से अविश्वसनीय हो सकता है, जैसे – प्रेक्षणों की सीमित संख्या, राजनीतिक कारणों या मित्रता पर आधारित निर्णय तथा विशेष शैली की पसंद पर बल जिसका शिक्षण–उद्देश्यों से कोई संबंध ही न हो। यह संभावना भी हो सकती है कि अध्यापकों की समकक्षी मूल्यांकन में भाग लेने की रूचि ही न हो क्योंकि वह दायित्व से बचना चाहता हो और कार्य कार्य दूसरों के लिए छोड़ देना चाहता हो। अध्यापक के मन में समकक्षी मूल्यांकन को लेकर स्वयं के प्रशिक्षण और योग्यता के बारे में शंकाएँ भी हो सकती हैं।

समकक्षी, मूल्यांकन के बारे में चाहे तो शंकाएँ या मानसिक प्रतिबंध हों, अनेक अनुभवी अध्यापक, यह मानते हैं कि अध्यापक का सीखना कभी बंद नहीं होता। हम सब इस तथ्य को स्वीकार करते हैं कि कभी हम सबको सहायता की आवश्यकता होती है। अतः सहायता का आदान–प्रदान अदक्षता का सूचक नहीं हैं यह सतत् सुधार की दिशा में सामान्य तलाश का एक भाग है। यह माना जाता है कि शिक्षण में सुधार व्यक्तिक उद्यम की अपेक्षा एक सामूहिक प्रयास है तथा सहकर्मियों के साथ संयुक्त मूल्यांकन और प्रयोग ऐसी स्थितियां हैं जो अध्यापकों में सुधार लाती हैं। परिणामस्वरूप, अध्यापकों की विशेषज्ञता में सहभागिता बढेगी, वे समकक्षियों से विद्यालय के भीतर और बाहर सलाह देने और सहायता मांगने में संकोच नहीं करेंगे। इस प्रकार वे बेहतर अध्यापक बन सकेंगे।

उत्तम समकक्षी मूल्यांकन के मानदंड –

– सकारात्मक उपागम

– आधारिक संवृद्धि

– स्वैच्छिक सहभागिता

– गहन अध्ययन

– व्यावसायिक सहयोग

– आदर भावना

हमें यह सुनिश्चित करना होगा कि यदि समकक्षी मूल्यांकन के लिए अध्यापकों द्वारा कक्षा निरीक्षण किया जाता है तो कक्षा–प्रेक्षण यथासंभव योजनाबद्ध ढंग से होना चाहिए। निरीक्षण– कार्य केवल मूल्यांकन कर्ता की सनक और मौज के अनुसार अव्यवस्थित ढंग से नहीं होना चाहिए।

अध्यापक–मूल्यांकन में निष्पक्ष और योजनाबद्ध प्रेक्षण के लिए न्यूनतम अपेक्षाओं की कसौटी निम्नलिखित है –

– प्रेक्षक विद्यालय–व्यवस्था से तटस्थ व्यक्ति हो। वह प्रेक्षण प्रविधियों में प्रशिक्षित हो और उसकी विश्वसनीयता असंदिग्ध हो।

– प्रेक्षण, निरीक्षण की विश्वसनीय संख्या और काल संयोजन पर आधारित हों। निरीक्षणों की संख्या अध्यापक–निष्पादन की नियमितता पर आधारित हो, अर्थात् कक्षा में बिना पूर्व घोषणा के निरीक्षण करना।

– जाँच सूची, वृत्त वर्णन आदि अभिलेखन प्रणालियां व्यवस्थित एवं विश्वसनीय होनी चाहिए।

अध्याय–3

विद्यालय प्रबंधन

प्रश्न 1. 'प्रबंधन प्रक्रिया' शब्द की व्याख्या करते हुए विद्यालय की विभिन्न प्रबंधन प्रक्रियाओं पर टिप्पणी कीजिएं? [Dec-06, Q2] [Dec-07, Q2]

उत्तर – प्रबंधन–प्रक्रियाएँ वे प्रक्रियाएँ हैं जो प्रबंधकों द्वारा उनके विभिन्न कार्य क्षेत्रों में सम्पन्न की जाती हैं। वे विभिन्न प्रबंधकीय–प्रक्रियाएं जिनका समावेश एक प्रबंधक द्वारा किया जाता है, ये हैं : नियोजन, संगठन, अभिप्रेरणा, नियंत्रण तथा निदेशन।

विद्यालय में विभिन्न प्रबंधन–प्रक्रियाएँ –

(1) योजना – बिना योजना बनाए किसी भी क्रियाकलाप के सम्पन्न होने की बहुत कम सम्भावना रहती है। एक कक्षा के कमरे अथवा बाहर किसी उचित क्रियाकलाप के सम्पन्न होने के लिए योजना बनाना एक आवश्यक कार्य है। एक अध्यापक होने के नाते हमें यह समझने की आवश्यकता है कि योजना के संबंध में एक सुव्यवस्थित एवं सुस्पष्ट कार्य शैली अनिवार्य है।

अध्यापकों द्वारा किए जाने वाले योजना संबंधी कुछ आवश्यक क्रियाकलाप इस प्रकार हैं :–

(i) क्या विषय वस्तु, कैसे पढ़ाई जानी है, इसका निर्णय लेना।

(ii) पाठ योजना बनाना।

(iii) सत्र अथवा वर्षभर के लिए सह–पाठ्य चारी कार्यकलापों की योजना बनाना।

(iv) इकाई/विषय–वस्तु/पाठ पर दिए जाने वाले बलाघात का निर्धारण अर्थात् किसी विषय–वस्तु को विस्तारपूर्वक पढ़ाना है अथवा सरसरी तौर पर।

(2) **संगठन** – विद्यालय को एक ऐसे संस्थान के रूप में विकसित होना है जहाँ शिक्षण कार्य प्रभावकारी एवं निपुणता के साथ सम्पन्न हो। इसका अर्थ यह हुआ कि जिम्मेदारियों को परिभाषित और संबंधों को विकसित होना है। आवश्यक तत्व हैं वे सभी लोग जो इकट्ठे कार्य करते हैं और कैसे करते हैं। आज के समय में लचीलापन एवं द्रवता एक संस्थान के उत्तरोत्तर मानदंड बनते जा रहे हैं। इसलिए विद्यालय में अचल एवं गतिहीन संस्थान के रूप में नहीं रह सकते। विद्यालय में किसी भी क्रियाकलाप को व्यवस्थित करने में एक अध्यापक की जिम्मेदारियों का निर्धारण करते समय निम्नलिखित आधारभूत तत्वों की ओर ध्यान दिया जाना चाहिए:–

(i) लक्ष्य एवं उद्देश्यों को परिभाषित करना।

(ii) इन उद्देश्यों की पूर्ति हेतु क्रियाओं का विश्लेषण एवं पहचान करना।

(iii) क्रिया को संबंधित व्यक्ति–विशेषों के लिए निर्धारित करना।

(iv) समूह संबंधित क्रियाओं के लिए।

(v) उत्तरदायित्व के प्रत्येक स्तर पर क्रियाओं का व्यवस्थापन एवं समन्वयन, और

(vi) संचारण तथा विवरण तैयार करने के लिए माध्यम की स्थापना।

(3) **निदेशन** – प्रबंध प्रक्रिया का एक महत्वपूर्ण कार्य है निदेशन, और अन्य प्रक्रियाएँ जैसे योजना संगठन आदि उचित निदेशन के अभाव में सफल नहीं हो सकती। निदेशन में आदेशों एवं अनुदेशों द्वारा कार्य का पूर्णतः सम्पन्न हो जाना सम्मिलित है। कार्य के सम्पन्न कराने के लिए व्यक्ति–विशेषों का पर्यवेक्षण, अभिप्रेरण तथा उनसे सतत् संपर्क बनाए रखना अनिवार्य है। अंतिम लक्ष्य तो यही है कि यह भली–भांति देखा जाए कि दिए गए अनुदेशों, कार्यक्रमों तथा नीतियों के अनुसार कार्य संपन्न हो जाए। एक संगठन के लक्ष्यों की प्राप्ति हेतु यह अति आवश्यक है कि संप्रेषण ऐसी भाषा में किया जाए जो बिल्कुल सुस्पष्ट एवं बोधगम्य हो। निर्धारित समय में कार्य पूरा कराने के लिए पर्याप्त मार्गनिर्देश दिए जाने चाहिए।

(4) **अभिप्रेरणा** – अगर हम यह चाहते हैं कि लोग उचित दिशा में चले और उनसे जो आशा की जाती है वही करें तो अभिप्रेरणा इसमें मुख्य भूमिका अदा करती है। अध्यापक इन उद्देश्यों को निम्न उपायों द्वारा प्राप्त कर सकता है :–

(i) कमियाँ ढूंढने की बजाय अध्येताओं के प्रति सकारात्मक दृष्टिकोण अपनाना।

(ii) सकारात्मक पुनर्बलीकरण जैसे प्रशंसा एवं प्रोत्साहन।

(iii) कक्षा में होने वाली शैक्षिक एवं गैर–शैक्षिक क्रियाकलापों को सुसंगत, सार्थक एवं आनन्ददायक बनाना।

(iv) नियत कार्य एवं परियोजना–कार्य का आंबटन छात्रों को अंतःशक्ति एवं योग्यताओं के अनुसार प्रदान करना ताकि वे अपने वैयक्तिक गति के अनुसार कार्य कर सकें।

(v) छात्रों का सामूहिक परिचर्चा एवं अन्य ऐसी क्रियाओं में समावेश कराना जिनमें सहयोग, सम्प्रेषण एवं सहभागिता की आवश्यकता पड़ती है।

(vi) छात्रों की शंकाओं एवं समस्याओं का उत्साहवर्धक तरीके से समाधान करना।

(vii) अध्यापन–अधिगम विधि को ऐसा प्रायोगिक रूप देना जिससे कि अध्येता कक्षा के कमरे से बाहर होने वाली गतिविधियों से उसका तालमेल स्थापित कर सकें।

(5) **नियंत्रण** – नियंत्रण का संबंध योजना और कार्य–निष्पादन के बीच पाए जाने वाले अंतर से है। अपने छात्रों के परिवीक्षण–परिणामों का ध्यान रखने की मुख्य जिम्मेदारी अध्यापक की ही रहेगी। प्रभावकारी नियंत्रण के लिए अध्यापकों को निम्नलिखित बातों पर ध्यान देना होता है :–

(i) वे क्या उद्देश्य प्राप्त करना चाहते हैं – इसका नियोजन।

(ii) जितना प्राप्त हो गया है – उसका सतत् परिमापन।

(iii) नियोजन और वास्तविक प्राप्ति का तुलनात्मक अध्ययन।

(iv) विचलन न होने देने के लिए सामूहिक उपाय करना।

(v) कार्य–निष्पादन में सुधार के लिए कदम उठाना।

प्रश्न 2. निर्णयन प्रक्रिया अथवा निर्णय लेने की प्रक्रिया से क्या तात्पर्य है? इसके चरणों का संक्षिप्त में विवरण दीजिए।   [June-06, Q1]

उत्तर – **निर्णयन प्रक्रिया** – यह प्रबंधन की एक प्रमुख प्रक्रिया है, जिससे तात्पर्य है कि दो या तीन प्रक्रियाओं में से सर्वोपयुक्त प्रक्रिया का चुनाव करना। अतः निर्णय लेने से तात्पर्य है कई विकल्पों में से सही विकल्प का चुनाव करना। **जॉर्ज टेरी** के अनुसार निर्णय से तात्पर्य दो या अधिक उपलब्ध विकल्पों में से सही विकल्प का चुनाव करना। शब्दकोष के अनुसार इससे तात्पर्य है कि किसी विषय के संबंध में अथवा किसी समस्या के निवारण के लिए उचित निर्णय लेना।

अतः यह समस्या निवारण की एक महत्त्वपूर्ण प्रक्रिया है। किसी समस्या के संबंध में निर्णय लेने से समस्या समाप्त हो जाती है। एक निश्चित समय में लिया गया निर्णय भविष्य में

नियम बन जाता है। अध्यापक अध्यापन के विभिन्न चरणों/प्रक्रियाओं में विभिन्न निर्णय लेते हैं, जैसे कि यह निर्धारित करना कि किस विषय का अध्यापन करना है अथवा अध्यापन के पश्चात् छात्रों का मूल्यांकन किस प्रकार किया जाये। निर्णय लेने की प्रक्रिया के परिणामस्वरूप ही किसी संस्था में कार्य को आगे बढाया जा सकता है। इसकी अनुपस्थिति में सारे कार्य रूक जाते हैं तथा संस्थान में अनिश्चितता की स्थिति उत्पन्न हो जाती है। इस प्रकार यह एक ऐसी प्रक्रिया है, जो हमारे जीवन में लगातार चलती रहती है। हम लगातार किसी–न–किसी विषय पर निर्णय लेते ही रहते हैं। यह निर्णय की प्रक्रिया विभिन्न कारकों जैसे कि बाह्य वातावरण, मनुष्य की स्थिति, भावनाओं, अन्य लोगों के विचारों, जीवन–मूल्यों इत्यादि के द्वारा प्रभावित होती है। निर्णय लेने की यह प्रक्रिया सात चरणों में पूरी होती है। चूँकि यह समस्या के समाधान की प्रक्रिया है अतः विभिन्न चरणों में पूरी होती है।

प्रथम चरण : समस्या की परिभाषा – इस चरण में सर्वप्रथम समस्या का पूर्णतः परिभाषित किया जाता है, ताकि उसे ठीक से समझा जा सके तथा उपयुक्त निर्णय लेने में कठिनाई न हो। इसमें उस समस्या क्यों उत्पन्न हुई? छात्रों को पढ़ने में समस्या क्यों आ रही है? इत्यादि। समस्या का वास्तविक स्वरूप जानना अत्यन्त आवश्यक होता है, क्योंकि गलत समस्या का हल ढूंढने से केवल समय नष्ट होता है।

द्वितीय चरण : सूचनाओं को एकत्रित करना तथा उनका विश्लेषण करना – समस्या की पहचान करने के पश्चात् उसके सम्बन्ध में सर्वेक्षण करके उपयोगी जानकारियों को एकत्रित किया जाता है। इसके संबंध में संबंधित लोगों के विचारों, व्यवहारों, भावनाओं इत्यादि की जानकारी एकत्रित की जाती है। समस्याएं दो प्रकार की होती हैं – एक तो वे जिनका समाधान निश्चित तथा पूर्व–निर्धारित नियमों के अन्तर्गत हो जाता है। दूसरी प्रकार की समस्याएं वे होती हैं, जिनका समाधान व्यक्ति अपने अनुभवों के आधार पर करते हैं या कुछ ऐसी समस्याएं होती हैं, जिनके सम्बन्ध में निश्चित नियम उपलब्ध नहीं होते हैं, अपितु उनका समाधान ढूंढने के लिए अतिरिक्त जानकारी एकत्रित करने की आवश्यकता होती है।

तृतीय चरण : सूचनाओं की व्याख्या – इस चरण में एकत्रित की गई सूचनाओं का वर्गीकरण किया जाता है। चूंकि सभी एकत्रित की गई जानकारियां हमारे लिए उपयुक्त नहीं होती है। अतः हम उनमें से उपयुक्त सूचनाओं का चुनाव कर लेते हैं तथा उन्हें व्यवस्थित करते हैं।

चतुर्थ चरण : वैकल्पिक हल का चुनाव – एकत्रित की गई सूचनाओं को व्यवस्थित करने के पश्चात् उनका विश्लेषण किया जाता है तथा उनके आधार पर समस्या के वैकल्पिक

हल का विकास किया जाता है। इस चरण में हमारे समक्ष किसी समस्या के दो या तीन विकल्प सामने आ सकते हैं।

पंचम चरण : सर्वोपयुक्त निर्णय/समाधान का चुनाव – चतुर्थ चरण में प्राप्त वैकल्पिक समाधानों में से सर्वोपयुक्त समाधान का चुनाव किया जाता है। इसमें पहले यह देखा जाता है कि दीर्घ अथवा छोटे अंतराल में कौन–सा समाधान अधिक ठीक रहेगा, तत्पश्चात सर्वोपयुक्त समाधान का चुनाव कर लिया जाता है। निर्णय लेने से पूर्व हमें कुछ बातों को ध्यान में रखना चाहिए, जैसे कि

(1) चुने गए समाधान के द्वारा किस सीमा तक उद्देश्य की प्राप्ति होगी?

(2) क्या चुना गया समाधान आर्थिक रूप से उपयोगी है या नहीं?

(3) क्या इस निर्णय को वर्तमान परिस्थितियों में लागू किया जा सकता है? इत्यादि।

षष्ठम् चरण : समाधान को लागू करना – इसके अंतर्गत चुने हुए समाधान को अथवा लिए गए निर्णय को मूर्त रूप प्रदान किया जाता है अर्थात् उन पर कार्यवाही आरम्भ की जाती है।

सातवां चरण : निर्णयों के प्रभाव का मूल्यांकन – निर्णय को लागू करने के पश्चात यह मूल्यांकन किया जाता है कि समस्या का समाधान ढूंढने में कहां तक सफल रहे हैं। इस चरण में वास्तविक परिणामों की तुलना अपेक्षित परिणामों से की जाती है। इसके संबंध में निम्नलिखित प्रश्न पूछे जा सकते हैं:–

(1) क्या इसके द्वारा निर्धारित उद्देश्यों को प्राप्त किया जा सका है?

(2) क्या संसाधनों का पूर्णतः प्रयोग किया जा सकता है?

प्रश्न 3. डेल्फी तकनीक पर संक्षिप्त टिप्पणी कीजिए।

उत्तर – 1950 में **एन.सी. डेल्फी** और उनके साथियों ने रैंड कारपोरेशन में डेल्फी तकनीक का विकास किया। इसका नामकरण प्राचीन यूनान के डेल्फी नामक स्थान पर स्थित 'ऑरेकल' के पीछे किया गया था। आजकल यह एक तकनीक के रूप में लोकप्रिय हो गई है जिससे यह अनिश्चितता हीन निर्णय लेने में सहायक सिद्ध होती है, जैसे कि जब बहुत आगे के लिए पूर्वानुमान लगाया जाता है या भविष्यवाणी की जाती है। उदाहरण के तौर पर, यदि हम दस वर्ष के अंतराल के बाद होने वाले 10+2+3 प्रणाली जैसे नए आविष्कार के प्रभाव पर भविष्यवाणी करना चाहते हैं तो डेल्फी तकनीक का प्रयोग किया जा सकता है। आमतौर पर यह निम्नलिखित तरीके से कार्य करती है :–

(1) विशेषज्ञों का एक समूह संगठन के बाहर और भीतर से एक विशेष समस्या के

संदर्भ में आमंत्रित किया जाता है। समूह के ये सदस्य आमने–सामने, परस्पर विचारों का आदान– प्रदान करते हैं।

(2) ध्यानपूर्वक तैयार की गई एक प्रश्नमाला समूह के प्रत्येक सदस्य अथवा विशेषज्ञ को दी जाती है और उनसे बिना उनका नाम प्रकट किए संबंधित विषय पर भविष्यवाणी करने को कहा जाता है।

(3) प्रत्येक परवर्ती प्रश्नमाला के साथ पूर्ववर्ती प्रश्नमाला के अभिमत की प्रतिपुष्टि (फीडबैक) प्रत्येक सदस्य को दी जाती है। इसका अर्थ है कि प्रत्येक पैनल–सदस्य अन्य विशेषज्ञों द्वारा दिए गए प्रश्नोत्तरों की मिश्रित प्रतिपुष्टि प्राप्त कर लेता है तथा उनसे अवगत हो जाता है।

(4) प्रतिपुष्टि व पूर्व ज्ञान पर आधारित नए प्रतिमान या अनुमान तैयार किए जाते हैं और यह क्रिया कई बार दोहराई जाती है।

(5) अन्त में, अंतिम प्रश्नमाला में प्रत्येक सदस्य से निश्चित मुद्दों पर अपना मत प्रकट करने को कहा जाता है और व्यक्तिगत मतों के समुच्चयों के आधार पर समूह के मत–निष्कर्ष पर पहुँचा जाता है।

प्रश्न 4. एक प्रबंधक के रूप में अध्यापक की भूमिका पर प्रकाश डालिए।
[Dec-06, Q2]

उत्तर – किसी भी पाठशाला की गुणवत्ता उसके अध्यापकों पर निर्भर करती है। अगर हम किसी पाठशाला का सम्पूर्ण विकास करना चाहते है तो इसके लिए यह आवश्यक है कि वहाँ के अध्यापक कर्तव्यों का निर्वाह अपनी पूर्ण योग्यताओं के साथ करें। चूँकि छात्र सीधे रूप में अध्यापकों से संबंधित होते हैं अतः किसी पाठशाला/संस्थान की सफलता उसके अध्यापकों पर निर्भर करती है।

किसी भी संस्थान में प्रबंधन से तात्पर्य है :–

(1) उद्दे   श्यों तथा दिशाओं का निर्धारण करना

(2) भविष्य में किए जाने वाले विकास कार्यक्रमों का नियोजन करना।

(3) उपलब्ध संसाधनों का इस प्रकार प्रयोग करना कि उनसे अधिकतम लाभ की प्राप्ति संभव हो सके।

(4) संस्था के स्तर को बनाए रखना तथा उसमें वृद्धि करना। चूंकि किसी शिक्षण संस्थान में ये सभी कार्य अध्यापक द्वारा किए जाते हैं अतः अध्यापक भी एक मैनेजर है।

एक प्रबन्धक के नाते अध्यापक निम्नलिखित कार्य करते हैं :–

(1) **संसाधनों का प्रबंधन** – प्राचीन समय में अध्यापकों के पास उपलब्ध संसाधन सीमित थे जैसे कि पाठ्य–पुस्तकें, पुस्तिकाएं, ब्लैकबोर्ड तथा छात्रों से भरा हुआ कक्ष। किन्तु

वर्तमान समय में अध्यापक को अध्यापन कार्य में विभिन्न संसाधनों का प्रयोग करना होता है। जैसे कि कम्प्यूटर, आधुनिक तकनीक वाले पुस्तकाल, स्लाइड, टेलीविजन और रेडियो, सी.डी., कैसेट इत्यादि। वर्तमान समय में शिक्षा के स्वरूप में परिवर्तन आने के कारण इन आधुनिकतम तकनीकों तथा उपकरणों का प्रयोग करना आवश्यक है, ताकि छात्रों को विषय से संबंधित न्यूनतम जानकारी प्रदान की जा सके।

एक अध्यापक को एक प्रबंधक की तरह उपलब्ध तकनीकों तथा शिक्षा के माध्यमों में से उन्हें चुनता है, जो कि छात्रों को न्यूनतम समय में सरलतम माध्यम से जानकारी प्रदान कर सके। अतः एक प्रबंधक के नाते अध्यापक उपलब्ध संसाधनों में से सर्वोपयुक्त संसाधन का चुनाव करता है। आवश्यकतानुसार उन्हें विकसित करता है उनका अधिकतम प्रयोग करता है तथा संरक्षण भी करता है।

(2) पाठ्यक्रम नियोजन – चूंकि अध्यापन का कार्य अध्यापक करते हैं अतः अध्यापक तथा छात्र एक–दूसरे से संबंधित होते हैं। अतः अध्यापन के समय अध्यापक को इस बात का ध्यान रखना होता है कि छात्रों की रूचि तथा क्षमता के अनुसार वे पाठ्यक्रम के किस भाग का तथा किस प्रकार अध्यापन करेंगे। क्योंकि विषय का अध्यापन इस प्रकार किया जाना चाहिए, ताकि छात्रों की विषय में रूचि बनी रहे तथा उन्हें समझ भी आ जाए। अतः अध्यापक को छात्रों की रूचि तथा क्षमता के अनुसार संसाधनों का नियोजन करना होता है।

(3) पाठशाला की अन्य गतिविधियों का नियोजन – छात्रों के व्यक्तित्व के सम्पूर्ण विकास के लिए केवल निश्चित पाठ्यक्रम के अंतर्गत पुस्तकों का अध्यापन ही शामिल नहीं है, अपितु अध्यापकों को कुछ अन्य गतिविधियों का भी नियोजन/आयोजन करना होता है जैसे कि भाषण प्रतियोगिता, प्रश्नोत्तरी, वाद–विवाद प्रतियोगिता, सांस्कृतिक कार्यक्रम इत्यादि। एक अध्यापक को इन सभी कार्यक्रमों के नियोजन/आयोजन में दक्ष होना चाहिए।

(4) परीक्षा का नियोजन तथा आयोजन – देश की शिक्षा प्रणाली के अनुसार परीक्षा का आयोजन करना एक अध्यापक का परम्परागत कार्य है। इसके अंतर्गत अध्यापकों को परीक्षाओं की तिथि निश्चित करनी होती है। उनकी समय–सारणी का निर्माण करना होता है, प्रश्न पत्र का निर्माण करना तथा उत्तरों की जांच करना तथा परिणामों को घोषित करना होता है। अतः एक प्रकार से अध्यापक के लिए यह अत्यन्त कठिन कार्य होता है।

(5) नेतृत्व – मैनेजर के नाते अध्यापक को पाठशाला में एक नेता का कार्य भी करना होता है। चूंकि एक कक्षा में समाज के विभिन्न वर्गों तथा समुदायों के छात्र होते हैं। अतः उनके

मध्य प्राकृतिक रूप से विभिन्न समस्याएं उत्पन्न होती हैं। यह अध्यापक का उत्तरदायित्व होता है कि वे सूझबूझ से कार्य करें तथा छात्रों की समस्याओं का निराकरण चतुराई के साथ करे।

प्रश्न 5. निर्णयन प्रक्रिया में छात्रों की भागीदारी पर संक्षिप्त टिप्पणी कीजिए।
[June-06, Q1]

उत्तर – एक छात्र निश्चित ही वह केंद्रीय बिन्दु है जिसके चारों ओर समूची शिक्षण–अधिगम प्रक्रिया घूमती है। निर्णय लेने में उसका समावेश काफी हद तक निर्णयन प्रक्रिया की प्रक्रिया को लोकतांत्रिक एवं सहभागितापूर्ण बनाता है।

(1) नए नियमों व विनियमों का निर्माण – आज नए नियमों व विनियमों का निर्माण करने में छात्रों की भागीदारी बहुत विस्तृत हो गई है। लेकिन इस दिशा में कुछ सकारात्मक प्रयास किए गए हैं। बहुत–सी शैक्षिक संस्थाओं में जहाँ निर्णय लिए जाते हैं और जिनका छात्र वर्ग पर प्रभाव पड़ता है, वहाँ छात्र प्रतिनिधियों के दृष्टिकोण पर गंभीरता से विचार किया जाता है।

(2) वर्तमान विद्यालय समय में परिवर्तन – उदाहरण के लिए मान लीजिए कि वर्तमान विद्यालय समय में परिवर्तन लाया जाना है। अगर छात्रों के मत पर विचार किया जाएगा तो अंतिम निर्णय अधिक जनमत द्वारा मान्य होगा। उदाहरणार्थ, अगर छात्रों की सक्रिय भागीदारी के साथ विद्यालय के अनुशासन के संबंध में निषाधात्मक एवं विधेयात्मक बिंदुओं पर निर्णय लिया जाता है तो नियमों व विनियमों के माने जाने की अधिक संभावना रहेगी। छात्रों की यह भावना कि वे तो बाहरी तत्व हैं – काफी हद तक कम हो जाएगी।

(3) पाठ्य सहगामी क्रियाकलाप – पाठ्य सहगामी क्रियाकलाप का क्षेत्र भी छात्रों की सहभागिता की मांग करता है। विभिन्न पाठ्य सहगामी क्रियाकलाप के आयोजन में जैसे नाटक, वाद–विवाद, प्रश्न मंच, भाषण प्रतियोगिताओं, नृत्य, गायन, पर्वोत्सव आदि के संबंध में छात्रों द्वारा ही स्वयं निर्णय लिए जाते हैं। क्षेत्र–पर्यटन, शैक्षिक भ्रमण, प्रदर्शनी आदि देखने जाना, छात्रों को एक अवसर प्रदान करते हैं कि वे अपनी निर्णयन प्रक्रिया की शक्ति में विकास करें। वार्षिक दिवस व खेल दिवस मनाने के संबंध में छात्रों द्वारा लिए गए निर्णयों से उनकी निर्णय लेने की क्षमता का प्रदर्शन होता है और वे इन उत्सवों में हर्षोल्लास के साथ भाग लेते हैं।

(4) काफी संख्या में विद्यालय आज छात्रों को छात्र सुविधाएं जैसे पानी की सुविधा, कैंटीन सुविधा, दोपहर का भोजन, यूनीफार्म, पाठ्यपुस्तक आदि प्रदान करते हैं। ये छात्र कल्याण के लिए काफी महत्वपूर्ण हैं। इन सुविधाओं के प्रमुख प्राप्तकर्ता छात्र ही हैं और उनके

मत का सम्मान किया जाता है यदि इस संबंध में कोई निर्णय लिया जाता है।

(5) विद्यालय एक माइक्रो-इकाई है जहां लोक की शिक्षा प्रदान की जाती है। विद्यालय प्रशासन, विद्यालय संघ, सदन व्यवस्था- इन सब में छात्र ही अध्यक्ष, उपाध्यक्ष तथा सदन -कैप्टन होते हैं। अतः छात्र प्रत्येक कदम पर निर्णय लेने के पर्याप्त अवसर पाते हैं ओर उत्तम नागरिकता की शिक्षा में वृद्धि होती है। उदाहरण के लिए, विद्यालय के चुनावों के दौरान छात्र वोट डालते हैं और वहाँ उनकी तार्किक व विवेकशील निर्णय लेने की योग्यता को देखा जा सकता है। अतः हम पाते हैं कि कुछ क्षेत्रों में निर्णय लेने में छात्रों की भागीदारी अस्तित्व में है। तो भी, एक सुविचारित एवं सचेत प्रयास इसे और अधिक केंद्रीभूत करने की दिशा में किया जाना जरूरी है।

प्रश्न 6. प्रभावशाली नेतृत्व के गुण बताते हुए शैक्षिक नेतृत्व की प्रकृति की व्याख्या कीजिए।   **[June-07, Q3(viii)]**

उत्तर – नेतृत्व व्यवहार प्रत्येक व्यक्ति को कार्य सम्पन्नता के लिए पर्याप्त रूप से मान्यता प्रदान करता है। कार्य सम्पन्नता सामूहिक क्रियाओं के माध्यम से व्यक्तियों द्वारा दिया गया अंशदान है। एक प्रभावशाली नेतृत्व में निम्नलिखित गुण होने चाहिए :

1) मिलनसरिता	2) बुद्धिमत्ता
3) आत्मविश्वास	4) अनुकूलनशीलता
5) जिम्मेदारी	6) विश्वसनीयता
7) पहल-शक्ति	8) सृजनशीलता
9) सहयोग	10) विद्वत्ता
11) जोखिम उठाना	12) वाचिक स्पष्टता

विद्यालय नेतृत्व की प्रकृति – विद्यालय प्रबंधन का अर्थ है उन सभी विभिन्न क्रियाओं का प्रबंधन करना जो विद्यालयों में प्रत्यक्ष या अप्रत्यक्ष रूप से छात्रों की अधिगम क्रिया को प्रभावित करती है। विद्यालय कार्यक्रमों के नियोजन, संगठन, निर्देशन, पर्यवेक्षण एवं मूल्यांकन आदि में नेतृत्व महत्वपूर्ण भूमिका अदा करता है।

विद्यालय प्रबंधन के लिए आवश्यक विभिन्न प्रकार के नेतृत्व हैं :–

शैक्षिक नेतृत्व के प्रकार –

(1) प्रशासनिक नेतृत्व में स्वस्थ प्रबंधन तकनीकियों को अपनाकर विद्यालय की उन्नति के लिए उपलब्ध मानवीय एवं द्रव्यात्मक साधनों का उपयोग करना होता है।

(2) अनुदेशात्मक नेतृत्व को विद्यालय के स्टाफ के सदस्यों की सहायता, अधिगम

उद्देश्यों का निर्माण तथा पहचान और इन उद्देश्यों की प्राप्ति हेतु कौशल तकनीक को करने की दृष्टि से देखा जा सकता है।

इन सभी कार्यों के लिए नेता कोई भी हो सकता है – मुख्याध्यापक, पर्यवेक्षक, अध्यापक या विद्यालय प्रबंध समिति का कोई सदस्य।

प्रश्न 7. एक नेता के रूप में अध्यापक की भूमिका स्पष्ट करो।

उत्तर – 1986 की राष्ट्रीय शिक्षा नीति के अनुसार ' शिक्षा की कोई भी प्रणाली अपने शिक्षकों के स्तर से ऊँची नहीं जा सकती।' अध्यापक शैक्षिक प्रक्रिया में सर्वाधिक महत्वपूर्ण तत्व है। अध्यापक अध्यापन–अधिगम प्रक्रिया में अत्यावश्यक अवयव/घटक है।

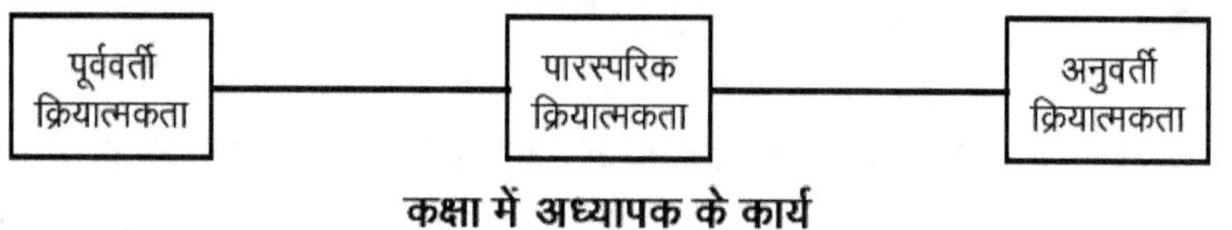

कक्षा में अध्यापक के कार्य

अध्यापक इन क्रियाओं का निष्पादन इस प्रकार करता है :–

पूर्ववर्ती क्रियात्मकता के कार्य :–

(1) पाठ्यचर्या एवं पाठ्य सहगामी कार्यक्रमों का नियोजन।

(2) कार्यक्रमों का आयोजन।

(3) अध्यापन/शिक्षण की उपयुक्त पद्धति का चयन।

(4) पाठ योजना, सहायक सामग्री एवं गृहकार्य रूपरेखा तैयार करना।

पारस्परिक क्रियात्मकता के कार्य :–

(1) कक्षा में श्रेष्ठतर अधिगम के लिए वातावरण तैयार करना।

(2) व्याख्या करना, सोदाहरण स्पष्टीकरण एवं प्रश्न पूछना।

(3) अभिप्रेरणा प्रदान करना तथा सकारात्मक सुदृढ़ीकरण।

(4) छात्रों से प्रतिपुष्टि प्राप्त करना।

(5) छात्रों के अधिगम का मूल्यांकन करना।

अनुवर्ती क्रियात्मकता के कार्य :–

(1) पर्यवेक्षण एवं मार्गदर्शन

(2) अभिभावकों से संपर्क

(3) संचयी रिकार्ड का रख–रखाव

(4) मूल्यांकन/प्रगति विवरण तैयार करना

(5) अनुशिक्षण कक्षाओं का आयोजन, तथा

(6) अन्तर्वैयक्तिक सम्बन्धों का रख–रखाव।

ये वे क्रियाएं हैं जो एक अध्यापक को अध्योपन के बाद करनी पड़ती हैं।

पूर्ववर्ती क्रियात्मकता, पारस्परिक क्रियात्मकता तथा अनुवर्ती क्रियात्मकता के कार्यों को करने के लिए अध्यापक में नेतृत्व गुणों की आवश्यकता है। शिक्षा आयोग (1964–66) ने कहा है, ''राष्ट्र के भाग्य का निर्माण कक्षाओं में होता है'' अध्यापकों से गैर–शिक्षण परिस्थितियों में भी नेतृत्व के कार्यों की अपेक्षा की जाती है। इनमें पाठ्येतर एवं पाठ्य सहगामी क्रियाकलाप का समावेश होता है और ये विद्यालय की 'ताल' का निर्धारण करते हैं। अध्यापक इस प्रकार राष्ट्र के भाग्यविधाता बन जाते हैं।

प्रश्न 8. विद्यालय में प्रधानाचार्य अथवा मुख्याध्यापक की भूमिका का वर्णन करों।   **[Dec-07, 3(iv)] [Dec-06, Q3(v)]**

अथवा

इस बात का औचित्य कैसे सिद्ध करेंगे कि प्रधानाचार्य विद्यालय प्रबंधन का नेता होता है? वह विद्यालय में किस–किस प्रकार के दायित्व निभाता है? इन अवस्थाओं में प्रधानाचार्य के विभिन्न कार्यकलापों को सूचीबद्ध कीजिए।   **[June-06, Q2]**

उत्तर – प्रधानाचार्य विद्यालय का मुखिया तथा प्रमुख प्रशासक होता है। वह प्रशासन और शैक्षणिक दोनों प्रकार की गतिविधियाँ देखता है। विद्यालय की प्रगति व साख में उसकी भूमिका प्रमुख होती है। वह विद्यालय में आयोजक, नेता, प्रशासक, निर्देशक, पथ–प्रदर्शक तथा संयोजक सभी प्रकार की भूमिकाएँ निभाता है।

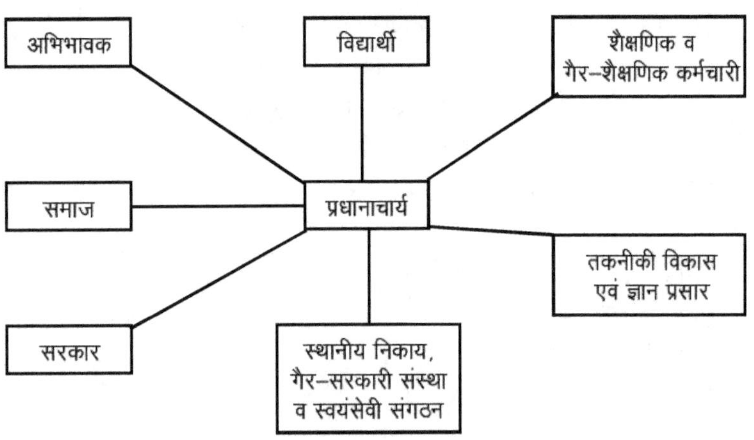

उपर्युक्त चित्र के आधार पर प्रधानाचार्य निम्नलिखित कार्य करता है–

(1) वह स्कूली गतिविधियों की योजना बनाता है व उन्हें क्रियात्मक रूप प्रदान करता है।

(2) वह शैक्षणिक व गैर–शैक्षणिक कर्मचारियों के कार्यों का आबंटन करता है।

(3) वह अभिभावकों, समाज व सरकार के साथ सम्बन्ध बनाकर रखता है।

(4) अन्य विद्यालयों के साथ सम्पर्क सूत्र बनाता है।

(5) तकनीक एवं सूचना की नई खोजों से खुद को अवगत कराना है।

(6) सामाजिक कार्यों का आयोजन करता है।

(7) संस्थागत ढांचे व संसाधनों की प्राप्ति करता है।

(8) प्राप्त संसाधनों का स्कूल की बेहतरी व विकास के लिए इस्तेमाल करता है।

(9) समाज में विद्यालय के भविष्य की परिकल्पना करता है।

(10) विभिन्न स्कूली गतिविधियों का संयोजन करता है।

(11) शैक्षणिक/गैर–शैक्षणिक कर्मचारियों व छात्रों के प्रदर्शन का आंकलन करता है।

(12) विभिन्न विषयों पर चर्चा व निर्णय के लिए स्टाफ की सभा बुलाता है।

प्रश्न 9. छात्रों की नेतृत्व उन्मुखी भूमिकाओं पर टिप्पणी करो।

उत्तर – छात्र विद्यालय की धुरी (केन्द्र) होते हैं। विद्यालय में सम्पूर्ण क्रिया–कलापों का आयोजन, संगठन एवं मूल्यांकन छात्रों के अनुपात से ही किया जाता है। उन्हीं को केन्द्र व प्रकाश में लाने के लिए विभिन्न प्रकार के कार्यक्रमों का आयोजन किया जाता है। कई बार छात्र स्वयं भी कुछ कार्यक्रमों का आयोजन करते हैं। ऐसे आयोजनों के कुछ छात्रों में नैसर्गिक प्रतिभा होती है और वे बढ़–चढकर प्रत्येक काम में हिस्सा लेते हैं। इसे नेतृत्व का गुण कहा जाता है।

विद्यालय में छात्र नेतृत्व की भूमिका इस प्रकार है :–

(1) छात्र कक्षा का नेता होता है :– कक्षा में अन्योन्य क्रिया की गुणवत्ताप अधिगम गुणवत्ता की वृद्धि करती है। अधिगम प्रक्रिया में छात्रों की सक्रिय भूमिका होनी चाहिए। अगर छात्र अध्ययन के समय निष्क्रिय है और अध्यापक सक्रिय है, तो पूरी प्रक्रिया निष्क्रिय हो जाती है और अध्यापक की रूचि समाप्त हो जाती है। छात्र एवं अध्यापक अध्यापन–अधिगम की गाड़ी के दो पहिये हैं और गाड़ी को आगे ले जाने के लिए उन दोनों को एक ही समय में साथ–साथ आगे चलना चाहिए।

(2) पाठ्य सहगामी क्रियाकलाप में छात्रों का नेतृत्व – बहुत बार विद्यालय छात्रों को पाठ्य सहगामी क्रियाकलाप का आयोजन करने का अवसर प्रदान करता है। ये क्रियाकलाप

हैं – कक्षा और विद्यालय का परिवीक्षण, विद्यालय की प्रार्थना सभा का आयोजन, सांस्कृतिक कार्यक्रम, राष्ट्रीय महत्व के दिवसों का आयोजन, विद्यालयों के बीच और अपने ही विद्यालय के छात्रों के बीच प्रतियोगिताओं का आयोजन, विद्यालय की मानमर्यादा बनाए रखना आदि।

(3) संपूर्ण विद्यालय का छात्र नेता – अन्य कक्षाओं के नेताओं की सहायता से इन क्रियाओं का आयोजन करता है। निसन्देह, इन क्रियाकलापों में अध्यापक की सहभागिता महत्वपूर्ण है। यहाँ अध्यापक इन कार्यक्रमों एवं क्रियाकलापों का आयोजन करने में छात्रों का मार्गदर्शन करते हैं, लेकिन इन्हें सफल बनाने में छात्रों की भूमिका ही अहम् होती हे।

प्रश्न 10. संगठनात्मक वातावरण से आप क्या समझते हैं? विद्यालय के वातावरण के विभिन्न पहलुओं पर टिप्पणी कीजिए।

[Dec-06, Q3(vi)] [Dec-07, Q3(viii)]

उत्तर – संगठन अलग–अलग प्रकार के होते हें। यह विभिन्नता संगठन के ढांचे, उद्देश्य या कार्य–पद्धति को लेकर हो सकती है। कभी–कभी यह विभिन्नता संगठन के काम के वातावरण को लेकर भी हो सकती है। इसे 'संगठन का वातावरण' कहा जाता है। 'संगठनात्मक वातावरण' शब्द का इस्तेमाल सबसे पहले कारनेल नामक विद्वान ने सन् 1955 में किया था। कारनेल का संगठनात्मक वातावरण से तात्पर्य संगठन के औचारिक ढांचे से है। अनेक विद्वानों ने संगठनात्मक वातावरण को संगठन के साधारण वातावरण तथा व्यवहार के रूप में लिया है। कुछ विद्वानों ने इसे संगठनात्मक ढांचे और उसमें काम कर रहे लोगों के बीच की अन्तःक्रिया रूप में लिया है। कहा जाता है कि संगठनात्मक व्यवहार का निर्माण संगठन के विभिन्न तत्वों की दूसरे से अन्तःक्रिया, संस्कृति, ढांचा, व्यवस्था, नेतृत्व इत्यादि से लिया जाता है।

संक्षेप में कहा जा सकता है कि संगठनात्मक व्यवहार से अभिप्राय संगठन में काम कर रहे लोगों की भावनाओं से है। उन्हीं की भावनाओं के आधार पर संगठन को सकारात्मक या नकारात्मक, सफल या असफल तथा समर्थक या विरोधी कहा जा सकता है। विद्यालय का वातावरण एक बहुआयामी प्रश्न है। यह हमें यह समझने में मदद करता है कि किस प्रकार एक विद्यालय दूसरे विद्यालय से वातावरण से भिन्न हो सकता है। वातावरण में इस भिन्नता का विद्यालय की सफलता पर भी गहरा असर पड़ता है। हारपर तथा कोलिन्स ने विद्यालय वातावरण के आठ आयाम बताए हैं, जो इस प्रकार हैं –

(क) प्रधानाचार्य का व्यवहार –

(1) अकेलापन – यह वह स्थिति होती है, जब प्रधानाचार्य खुद को औपचारिक

माहौल में अकेला व कायदे–कानूनों से बंधा हुआ अनुभव करते हैं। ऐसी स्थिति में वे स्टाफ के साथ सामान्य अनौपचारिक रिश्ता नहीं निभा पाते।

(2) उत्पादकता प्रभाव – यह वह स्थिति होती है, जब प्रधानाचार्य का व्यवहार स्टाफ के प्रति सूक्ष्म निरीक्षक का होता है। वह एक सख्त निर्देशक बन जाता है। उसकी वार्ता एकतरफा होती है तथा वह स्टाफ कोई सलाह/जवाब नहीं सुनता।

(3) दबाव – यह वह स्थिति है, जब प्रधानाचार्य संगठन को एक निश्चित दिशा में ले जाने के लिए प्रयास करता है। वह शिक्षकों के स्वयं के द्वारा किए प्रयासों के उदाहरण देता है। उसका बर्ताव शिक्षकों द्वारा प्रशंसात्मक व सकारात्मक दृष्टि से देखा जाता है।

(4) विचारपूर्ण – यह वह स्थिति होती है, जब प्रधानाचार्य स्टाफ का अतिरिक्त रूप से ध्यान रखता है तथा मानवीय तौर पर उनके लिए कुछ अतिरिक्त करने का प्रयास करता है।

(ख) शिक्षक का व्यवहार –

(1) अलगाव या निर्मुक्तता – इसका तात्पर्य यह है कि किस प्रकार शिक्षक कुछ कार्यों से खुद को अलग रखते हैं।

(2) बाधा– यह वह स्थिति होती है, जब प्रधानाचार्य या स्कूल प्रबन्धन उन्हें किसी ऐसे कार्य की जिम्मेदारी सौंप देते हैं, जिसे करना वे जरूरी नहीं समझते तथा वे समझते हैं कि प्रधानाचार्य ऐसा करके उनके आवश्यक कार्यों में बाधा डाल रहे हैं।

(3) मनोबल उत्साह – यह वह स्थिति होती है, जब शिक्षक यह सोचते हैं कि उनकी सामाजिक जरूरतों की पूर्ति हो रही है तथा इनमें कार्यपूर्ति का उत्साह रहता है।

(4) लगाव – यह शिक्षकों के मधुर आपसी सम्बन्धों का परिचायक होता है। यह एक ऐसी सामाजिक आवश्यकता की पूर्ति को बतलाता है, जिसका उनके कार्य पूर्ति से कोई सम्बन्ध नहीं होता।

प्रश्न 11. संगठनात्मक परिवेश के प्रकारों का वर्णन करों।

[June-06, Q3(vii)]

उत्तर – हाल्पिन और फ्रोफ्ल ने अपने अध्ययनों के आधार पर छः भिन्न प्रकार के परिवेशों के विद्यालय पार्श्वचित्र पहचाने थे। इन्हें मुक्त से लेकर बंधित परिवेशों वाले विद्यालयो के क्रमो में बांटा गया था। संगठनात्मक परिवेश के प्रकार इस प्रकार हैं :–

(1) खुला परिवेश : यह ऐसी ऐसी अवस्था को चित्रित करता है जिसमें अपेक्षाकृत अधिक खुलापन हो। अध्यापकों के कार्य में प्रबंध समिति अथवा प्रधानाचार्य द्वारा बाधा नहीं उत्पन्न की जाती। वे बिना किसी आन्तरिक विवाद या शिकायत के एक साथ कार्य करते हैं। वे एक दूसरे के घनिष्ठ मित्र होते हैं। अध्यापकों के कार्य के भार से अधिक नहीं लादा जाता

है, ताकि वे अपनी कठिनाइयों और निराशाओं पर स्वयं विजय पा सकें। उन्हें अपने कार्य से सन्तुष्टि होती है। उन्हें विद्यालय से जुड़े होने पर गर्व होता है।

(2) स्वायत्त परिवेश : इस अवस्था में मुख्याध्यापक अध्यापकों को लगभग पूर्ण स्वतंत्रता दे देता हे कि वे अपनी पारस्परिक क्रिया के लिए अपनी सामाजिक आवश्यकता पूर्ति हेतु समूह के अन्दर से ही रास्ते निकाल सकें। अध्यापक अपने उद्देश्यों को आसानी से पूरा करते हैं, मिलकर काम करते हैं और संगठन के कार्य को सम्पन्न करते हैं।

(3) नियन्त्रि परिवेश : इसमें मुक्त और स्वायत्त परिवेश की तुलना में कम मात्रा में खुलापन होता है। इसमें सामाजिक आवश्यकताओं की संतुष्टि की कीमत पर उपलब्धियों पर अधिक बल दिया जाता है। सब परिश्रम करते हैं और उन्हें एक दूसरे के साथ मैत्री करने अथवा स्थापित नियमों और निर्देशों से पृथक होने के लिए समय नहीं होता है। अध्यापकों से कार्यपूर्ति की आशा की जाती है और वे ये आशा करते हैं कि उन्हें व्यक्तिगत रूप से बताया जाए कि कार्यपूर्ति कैसे की जाए।

(4) परिचित परिवेश : इस परिवेश के मुख्य लक्षण हैं कि यह स्पष्ट रूपसे अध्यापकों और प्रधानाचार्य दोनों के मैत्रीपूर्ण व्यवहार पर आश्रित होता है। सामाजिक आवश्यकताओं की पूर्ति बहुत अधिक होती है, जबकि उद्देश्यों की प्राप्ति के लिए सामूहिक क्रियाओं हेतु बहुत कम कार्य किया जाता है।

(5) पैतृक परिवेश : यह परिवेश प्रधानाचार्य के निष्प्रभावी प्रयासों के नाम से चित्रित किया जाता है। इसमें प्रधानाचार्य अध्यापकों पर कोई नियन्त्रण नहीं कर पाता और न ही उनकी सामाजिक आवश्यकताओं को पूरा कर पाता। यह अंशतः एक बधित परिवेश ही है और उसका व्यवहार अनभिप्रेरक वाला होता है।

अध्यापक मिलकर भली–भांति काम नहीं करते, वे दलों में बंटे होते हैं। अध्यापकों की क्रियाओं को नियंत्रित न कर पाने की प्रधानाचार्य की असमर्थता समूह के रखरखाव को न बनाए रखने की ओर ले जाती है।

(6) वेद परिवेश : यह सर्वाधिक बंधने वाला परिवेश है और कम से कम यथार्थ होता है तथा यह परिवेश के आयाम के दूसरे छोर को चित्रित करता है। अध्यापकों की क्रियाओं को दिशा–निर्देश देने में प्रधानाचार्य निष्प्रभावी होता है, साथ ही वह उनके हितों की देखभाल में रूचि नहीं रखता। प्रधानाचार्य अधिकतर अध्यापकों की क्रियाओं को नियन्त्रित करने और

निर्देश देने में गैर–व्यक्तिक तथा पृथक रहता है। वह साधारणतः ऐसे नियम निर्धारित करता है जो मनमाने होते हैं।

प्रश्न 1 2. एक विद्यालय को प्रभावकारी संगठन बनाने के लिए क्या–क्या उपाय किए जा सकते हैं?   [June-07, Q2]

उत्तर – प्रभावकारी विद्यालय का अन्वेषण प्रधानाचार्य और उसके स्टाफ की अपने छात्रों तथा विद्यालय के प्रति वचनबद्धता से प्रारंभ होता है। विद्यालय की प्रभावकारिता की अवधारणा को समझना कठिन है क्योंकि यह बहु–आयामी है। विद्यालय की प्रभावकारिता के लिए जिन घटकों पर विचार किया जाना चाहिए वे हैं : प्रशासनिक कार्य, नेतृत्व व्यवहार, अध्यापक का मनोबल, विश्वास का स्तर, संस्कृति एवं परिवेश, अभिभावकों का सहयोग, समुदाय का समर्थन, अध्यापकों की कार्य–कुशलता एवं प्रतिबद्धता, अध्यापकों की निष्ठा एवं संतुष्टि तथा छात्रों की शैक्षिक निष्पादिता। विद्यालय प्रभावकारी के दो बुनियादी आयाम हैं – (1) यांत्रिक क्रियाएं (2) अभिव्यंजक क्रियाएं।

(1) यांत्रिक क्रियाएँ – यांत्रिक क्रियाएं संगठनात्मक प्रभावकारिता लाने में सहायता करती हैं – जैसे छात्रों की वे उपलब्धियाँ जिनका संबंध छात्रों के सामाजिक एवं भावनात्मक विकास से हो, अध्यापकों की संतुष्टि, साधनों का निपुणता के साथ उपयोग, नए आविष्कार, अनुकूलनशीलता, उद्देश्यों की उपलब्धि आदि। ये क्रियाएं बाह्य मांगों से समायोजन करने में विद्यालय की सहायता करती हैं जैसे, उद्देश्य निर्धारित करना, प्रत्युत्तर के लिए आवश्यक साधनों को गतिशील बनाना।

(2) अभिव्यंजक क्रियाएँ – अभिव्यंजक क्रियाएं संगठनात्मक दृष्टि से महत्वपूर्ण होती है। इन क्रियाओं से संगठन के सदस्य सामाजिक संबद्धता का विकास करते हैं तथा संगठनात्मक संस्कृति का निर्माण करते हैं। ये क्रियाएं अध्यापकों एवं छात्रों की प्रतिबद्धता, विश्वास एवं मनोबल को प्रकट करती हैं। विद्यालय के परिवेश का अध्ययन विद्यालय के मूल्यांकन के लिए आधार प्रदान करता है। यह परिणामतः उन तरीकों का सम्मिलित प्रभाव है जिनके द्वारा प्रधानाचार्य अध्यापकों से अन्तःक्रिया करता है और अध्यापक परस्पर तथा प्रधानाचार्य के साथ व्यवहार करते हैं। संगठनात्मक परिवेश की व्युत्पति विद्यालय के प्रतिभागियों के पारस्परिक व्यवहार की प्रकृति तथा गुणवता से होती है। जिनका पहले वर्णन किया गया है, न केवल एक विद्यालय के परिवेश का नामकरण करने की सामर्थ्य ही प्रदान करती है अपितु समग्र प्रभावकारिता का मूल्यांकन भी करती है। परिवेश का ''सामाजिक आवश्यकताओं की पूर्ति'' से पर्याप्त सम्बन्ध है। विद्यालय के विभिन्न कर्मचारियों को सौंपी गई भूमिका से प्रभावकारिता की उपलब्धि ही अन्तिम उद्देश्य है। आवश्यकता पूर्ति भी इसका महत्वपूर्ण आयाम है जिसके बिना कार्य निष्पादन एवं उद्देश्य प्राप्ति कठिन हो जाएगी। एक

विद्यालय का अपना स्पष्ट व्यक्तित्व होता है। विद्यालय में प्रधानाचार्य तथा अध्यापकों के मध्य हो रहे सामाजिक–मनोवैज्ञानिक व्यवहार का इसकी प्रभाविता पर असर पड़ सकता है।

विद्यालय की प्रभावकारिता को विद्यालय के परिवेश के संदर्भ में देखा जा सकता है। विद्यालयों के वर्गीकरण की तीन प्रकार की पद्धतियाँ सर्वाधिक प्रभावकारी, प्रभावकारी तथा कम प्रभावकारी हो सकती हैं। सर्वाधिक प्रभावकारी विद्यालयों में मुक्त परिवेश तथा कम प्रभावकारी विद्यालयों में बंधित परिवेश होता है। अधिकतर प्रभावकारी विद्यालयों के मुक्त परिवेश होते हैं। बहुत अधिक प्रभावकारी विद्यालयों की कुछ ही संख्या में और कम प्रभावकारी विद्यालयों की अधिक संख्या में बंधित परिवेश होते हैं। मुक्त परिवेश श्रेणी में, मुक्तता का अनुपात सर्वाधिक प्रभावकारी, प्रभावकारी और कम प्रभावकारी क्रम में घटता चला जाता है। अधिक संख्या में कम प्रभावकारी विद्यालयों की अधिक मात्रा में बंधता होती है।

विद्यालय प्रभावकारिता विद्यालय परिवेश के आठ महत्वपूर्ण प्राक्सूचकों में से एक है। संगठनात्मक परिवेश विद्यालय के स्तरों को बनाए रखने और उन्नत करने के लिए एक महत्वपूर्ण निवेश है। कक्षा के कमरों को अध्यापन–अधिगम के प्रभावकारी केन्द्र बनाने के लिए, विद्यालयों की सहायता अवश्य की जानी चाहिए ताकि वे मुक्त परिवेश दे सकें। इससे एक ऐसी स्थिति पैदा होती है जिसमें अध्यापक इकट्ठे होकर बिना शिकायत किए, अच्छा काम करते हैं, मैत्री सम्बन्धों का आनन्द लेते हैं, कार्य–संतुष्टि होती है और वे स्वतः ही अन्दर से पर्याप्त रूप से अभिप्रेरित होते हैं। विद्यालय परिवेश और छात्रों की उपलब्धियों में अच्छा–खासा सुस्पष्ट सह–सम्बंध होता है। ऐसा देखा जाता है कि जब विद्यालय परिवेश को छात्र से कुछ अपेक्षाएँ होती हैं तो हम पाते हैं कि उन अपेक्षाओं को पूरा करने के लिए छात्र अपना भरसक प्रयास करता है। एक प्रेरक एवं मुक्त परिवेश छात्रों को विचारों एवं अभिव्यक्ति की पूरी स्वतंत्रता प्रदान करता है और यह छात्रों के सकारात्मक दृष्टिकोण तथा कार्य–निष्पादन के सभी पक्षों में पर्याप्त रूप से प्रतिबिम्बित होती है।

किसी विद्यालय को प्रभावकारी संगठन बनाने के लिए ऊपर से नीचे तथा पार्श्व रूप से भी, अध्यापकों से अध्यापकों तक समानान्तर रूप से, और स्पष्ट व साकार रूप से उद्देश्य निर्धारित करने तथा उन्हें प्राप्त करने में, अध्यापकों के साथ स्वतंत्र बातचीत होनी चाहिए जिससे कि उन की पूर्ण सहमति एवं सहयोग प्राप्त हो सके। उन्हें सम्बन्धित उद्देश्यों की प्राप्ति हेतु निर्णय लेने में सहभागिता के लिए अवसर प्रदान किया जाना चाहिए। प्रबंध समिति एवं प्रधानाचार्य को इस प्रकार से कार्य करना चाहिए कि अध्यापक अपने कार्य के प्रति सकारात्मक दृष्टिकोण अपना सके और उद्देश्यों की प्राप्ति में वास्तविक रुचि दर्शा सकें। किसी विद्यालय को प्रभावकारी संगठन बनाने के लिए निम्नलिखित की आवश्यकता होती है:–

– मुक्त परिवेश

– सूचना–संचार का स्वतंत्र प्रवाह

– उद्देश्यों की स्पष्टता

– यथार्थवादी एवं सुस्पष्ट लक्ष्य

– अध्यापकों का पूर्ण सहयोग तथा निर्णय लेने में उनकी पूरी भागीदारी।

प्रश्न 13. अध्यापक को कक्षा के कमरे का गतिशील नेता क्यों कहा जाता है तथा विद्यालय को सुचारू रूप से चलाने के लिए शिक्षक की क्या भूमिकाएं होनी चाहिए?

उत्तर – एक अध्यापक कक्षा के कमरे में गतिशील नेता इसलिए कहलाता है क्योंकि वह छात्रों का बहुत से मामलों में न केवल मार्ग दर्शन करता है बल्कि वह उनके व्यक्तित्व की शक्तियों और दुर्बलताओं की कद्र करता है और वह अपने दृष्टिकोण और व्यवहार का समायोजन करता है ताकि छात्रों को कठिन परिश्रम करने के लिए अभिप्ररित कर सके। वह सदा परिवर्तन, नए विचार, नई सोच लाने के लिए तैयार रहता है।

विद्यालय को सुचारू रूप से चलाने के लिए शिक्षक की अनेक प्रकार की भूमिकाएँ हो सकती हैं :–

(1) एक प्रबन्धक के रूप में शिक्षक – एक प्रबन्धक के रूप में शिक्षक को पाठ्यक्रम, समय सारणी, गतिविधियों इत्यादि के नियोजन व आयोजन का कार्यभार संभालना पड़ता है। उसे समय व संसाधनों का उचित प्रबन्ध करना पड़ता है। उसे दैनिक शैक्षणिक कार्य व अनुशासन का भी प्रबन्ध देखना पड़ता है।

(2) परम्परा निर्माण – एक शिक्षक को विद्यालय में अनेक परम्पराओं का निर्माण करना होता है। तत्पश्चात् इन परम्पराओं का पालन करके छात्रों के सामने उदाहरण भी पेश करना होता है।

(3) सुविधादाता – एक शिक्षक अच्छा सुविधा देने वाला भी होता है। वह छात्रों को निर्देश देता है, उन्हें सहायता करता है, ताकि वे अपने कार्य पूरे कर सकें।

(4) पहलकर्ता – एक शिक्षक पहलकर्ता भी होता है। वह नित नए काम चुन कर छात्रों को उन्हें पूरा करने के लिए प्रेरित करता है।

प्रश्न 14. संगठनात्मक मूल्यांकन पर टिप्पणी कीजिए।

उत्तर – मूल्यांकन का मूल उद्देश्य किसी संगठन की गुणवत्ता में सुधार लाना है। यह

एक आवश्यक यन्त्र है जिससे संगठन की प्रभावकारिता अभिप्रेरित होती है। मूल्यांकन में सम्पूर्ण संगठनात्मक प्रक्रिया का पुनरावलोकन करना होता है और यह पता लगाया जाता है कि कुछ चीजें क्यों हो जाती हैं और कार्य–निष्पादन को सुधारने के लिए क्या किया जाना चाहिए। जो संगठन अपने लक्ष्यों की प्राप्ति कर लेते हैं, वे सफल संगठन कहलाते हैं। यदि वे उसे प्राप्त करने में समर्थ हैं जिनकी कल्पना की गई थी तो वे दक्ष/सक्षम संगठन के रूप में जाने जाते हैं। मूल्यांकन के प्रमुख कार्य हैं :–

    (1) कमजोरियों का निदान करना

    (2) छात्रों को सृजनशीलता के विषय में भविष्यवाणी करना

    (3) उचित कर्मचारियों का चयन करना, और

    (4) छात्रों का श्रेणीकरण करना।

मूल्यांकन एक प्रमुख प्रबंधकीय कौशल है। इसका सम्बन्ध सुधार या जिम्मेदारी के उद्देश्य से लिए गए फैसले से हैं। संगठन में उपलब्ध सभी सुविधाओं के पुनरावलोकन से इसका तात्पर्य है। संगठनात्मक प्रभावकारिता का सम्बन्ध न केवल परिणामों से हैं बल्कि बहुत से और पक्षों से भी हैं जिनमें मूल्य, दर्शन, नीतियाँ, प्रक्रिया और परिणाम शामिल हैं।

विद्यालयों के लिए मूल्यांकन के निम्न प्रकार है :–

– शैक्षिक (शिक्षण, व्यावसायिक विकास);

– बाह्य अंगीकरण – (प्रशिक्षण) ;

– सह–पाठ्यचारी – (छात्रों का व्यक्तिगत, सामाजिक, सांस्कृतिक और भौतिक शारीरिक विकास);

– मनोबलात्मक – (विवाद व दबाव की अनुपस्थिति, तथा आन्तरिक संगठनात्मक प्रक्रिया। विद्यालय – स्वभाव की प्रभावकारिता विद्यालय की किन्हीं मूल विशेषताओं के साथ बहुत अधिक निकटता के साथ गुंथी होती हैं। ये विशेषताएं हैं :–

– स्वस्थ शिक्षण एवं अधिगम तकनीक

– विद्यालय संगठन की क्रियाशीलता,

– अच्छे व्यक्तिगत सम्बन्ध,

– प्रभावकारी निर्देशन एवं उपबोधन व्यवस्था,

– विद्यालय का अच्छा एवं प्रभावकारी नेतृत्व और

– सतत प्रबोधन एवं मूल्यांकन।

अध्याय—4

विद्यालय कार्यकलाप

प्रश्न 1. किसी कार्यकलाप को संवृत्तिक कार्यकलाप का नाम देने के लिए कौन—कौन से मानदंड अपनाए जाते हैं। आपके अनुसार किन कार्यकलापों को सांवृत्तिक कार्यकलाप कहा जा सकता है?

उत्तर – संवृत्तिक कार्यकलाप के रूप में किसी भी क्रिया को नामांकित करने के लिए मानदण्ड निम्नलिखित हैं –

(1) कार्यकलाप अध्यापन—अधिगम प्रक्रिया में योगदान करने वाले हों।

(2) कार्यकलाप अध्यापक का आत्म विकास करने में योगदान करते हों।

(3) कार्यकलाप में भाग लेने से अध्यापक की क्षमता, अधिगम कौशलों और अधिगम की स्थितियों में बढ़ोतरी हो।

(4) कार्यकलाप से अध्यापक की अधिक उद्देश्यपूर्ण और सतत् अंत:क्रिया विकास के लिए सुनिश्चित होनी चाहिए।

(5) कार्यकलाप शैक्षिक हो और विकास की दिशा में योगदान करने वाला हो।

सुझाए गए संवृत्तिक कार्यकलाप –

(1) अध्यापन–अधिगम प्रक्रिया

(2) विषय–विशेषज्ञों द्वारा वार्ताओं, संगोष्ठियों, कार्यशालाओं या परिसंवादों का आयोजन या नामांकन करना।

(3) शैक्षिक सामग्री तैयार करना।

(4) अध्यापकों के लिए शैक्षिक सामग्री तैयार करना।

(5) शैक्षिक–मनोरंजन आधारित लेख, खेल, पहेलियां, समस्याएँ, कहानियाँ और स्थितियों को विकसित करना।

(6) विद्यालय में छपने वाले पत्रिका–विशेष न्यूजलेटर (समाचार पत्रक), पुस्तकों का संपादन करनां

(7) जर्नल, न्यूजलेटर और पुस्तकों में लेख लिखना।

(8) शोध से जुड़े संस्थानों के लिए सर्वेक्षण करना

(9) परीक्षाओं का आयोजन और पर्यवेक्षण करना और समय पर परिणाम निकालने में सहायता करना।

प्रश्न 2. क्रियात्मक शोध किसे कहते हैं? इसके लाभ क्या हैं?

[June-07, Q3(vii)]

उत्तर – क्रियात्मक शोध की परिभाषा – क्रियात्मक शोध शब्द का प्रयोग सर्वप्रथम **स्टेफिन एन.कोरे** ने किया था। क्रियात्मक शोध, अध्यापकों और कक्षाओं की तात्कालिक समस्याओं के समाधान का सिलसिलेवार प्रयास है। ऐसी समस्याएँ किसी संस्था की विशिष्ट हो सकती हैं या सामान्य भी हो सकती हैं जिनमें मिलजुल कर कार्य करने की आवश्यकता है। जैसे अध्यापक, पढ़ाने की विधियाँ, पाठ्यचर्या निर्माण, बच्चों का वर्गीकरण, परीक्षाओं का मूल्यांकन और निर्धारण और सेवारत अध्यापकों से जुड़ी मनोवैज्ञानिक या सामाजिक समस्याओं को दूर करने के लिए लघु परियोजनाओं का आरंभ कर सकते हैं।

क्रियात्मक शोध के मुख्य लाभ हैं –

(1) क्रियात्मक शोध की योजना के विभिन्न चरणों से संबंधित चर्चा, सामान्यतौर पर शैक्षिक समस्याओं की प्रकृति को समझने में अध्यापकों को सहायता प्रदान करती है। ऐसी चर्चाओं के उपरांत, अध्यापक शोध समस्या को संबंद्ध संवृत्तिक साहित्य से जोड़ सकता है। तात्कालिक समस्या का ज्ञान, अध्यापक को कक्षा में समस्याओं को बेहतर तरीके से समझने में सहायता प्रदान करता है और इस ज्ञान के आधार पर अध्यापक अधिक क्षमता से समस्या का समाधान मुद्रित साहित्य ओर अपनी सूझबूझ दोनों से कर सकता है। क्रियात्मक अनुसंधान द्वारा अध्यापक अनावश्यक समस्याओं को छोड़ कर, मुख्य रूप से महत्वपूर्ण

समस्याओं की ओर ध्यान केन्द्रित करना सीखते हैं।

(2) क्रियात्मक शोध पूर्णतया व्यावहारिक और अनुभव आधारित समस्याओं पर किया जाता है और इसलिए इससे यथार्थवादी और उपयुक्त समाधानों की प्राप्ति होती हैं

(3) क्रियात्मक शोध कठोर और जटिल कार्य नहीं है, इसलिए विज्ञान के रूप में, शिक्षा के विकास में इसका योगदान प्रत्यक्ष न होकर परोक्ष है। सर्वोत्तम स्थितियों के अंतर्गत, इससे सहयोगपरक आंकड़ों की प्राप्ति होती है। जैसे, यह ऐसे तथ्य प्रदान कर सकता है जिन्हें सैद्धांतिक कार्यों में एकीकृत किया जा सकता है और सैद्धांतिक कार्यों का मूल्यांकन करने में भी इसका प्रयोग किया जा सकता है। सैद्धांतिक कार्यों का मूल्यांकन करने में भी इसका प्रयोग किया जा सकता है। सैद्धांतिक कार्यों के प्रमाणीकरण और स्पष्टीकरण में भी यह सहायता प्रदान करता है, और अंत में पहले से विद्यमान सैद्धांतिक विषयों को एकीकृत करने में भी यह सहायक हो सकता है। विद्यमान संरचना में समरूपता के अभाव और विधियों की सीमाओं के कारण, कभी–कभी यह सर्वसामान्य कार्य का रूप भी ले लेता है।

प्रश्न 3. संगोष्ठी की व्यवस्था एवम् कार्यशाला के आयोजन पर अपने विचार व्यक्त कीजिए।

उत्तर – **सेमिनार (संगोष्ठी) की व्यवस्था/आयोजन –** सेमिनार की व्यस्वथा चालू मुद्दों, समस्याओं पर विचार करने तथा विभिन्न प्रकार के विचारों का आदान–प्रदान करने के लिए की जाती है। माध्यमिक या उच्चतर माध्यमिक विद्यालयों में शिक्षक सेमिनार का आयोजन कर सकते हैं। वस्तुतः सेमिनार एक छोटे समूह द्वारा औपचारिक गठन व निर्दिष्ट उद्देश्य के साथ की गई वार्ता है। सेमिनार में वक्ता एक सोच या विचार रखता है तथा सेमिनार में भाग लेने वाले सभी लोग उस पर वाद–विवाद करते हैं। अध्यक्ष वार्ता को व्यवस्थित तरीके से चलाता है, निर्देश देता है तथा समय व साधनों का ख्याल करते हुए वार्ता से अधिकाधिक लाभ उठाने का प्रयास करता है।

शिक्षक अपने सेमिनार में दाखिले, शिक्षा में विकास तथा नई योजनाओं पर विचार–विमर्श करते हैं। शिक्षकों को सेमिनार, आयोजित करने के दृष्टिकोण से साधन सम्पन्न होना चाहिए। उन्हें सेमिनार के लिए अपना शोधपत्र या विचार करने, सेमिनार का समय, स्थान, तिथि इत्यादि भी पहले से निश्चित कर लेना चाहिए। उन्हें अपने दायित्वों का भी पूर्व–निर्धारण कर लेना चाहिए। शिक्षकों का एक समूह मिलकर भी एक सेमिनार आयोजित कर सकता है। इससे दायित्वों का बंटवारा हो जाता है तथा कार्य–व्यवस्था भी सुचारू बनी रहती है।

कार्यशाला का आयोजन – कार्यशाला का आयोजन एक संस्था या व्यावसायिक संगठन द्वारा किसी पाठ्यपुस्तक या अध्ययन सामग्री के विकास के लिए किया जाता है। कई

बार कार्यशाला का आयोजन शिक्षकों में गुण विशेष के विकास के लिए किया जाता है। उदाहरण के तौर पर आधुनिक परिप्रेक्ष्य में कम्प्यूटर का इस्तेमाल शिक्षण के लिए किया जाता है। शिक्षकों को कम्प्यूटर्स, प्रश्नपत्र बनाने, प्रयोगशाला तकनीक इत्यादि से प्रशिक्षित किया जा सकता है। कार्यशाला का आयोजन अनुभवी शिक्षकों द्वारा पठन सामग्री के विकास से भी हो सकता है। प्रयोगशाला में गैर–अनुभवी शिक्षकों को विद्यालयों की कार्यप्रणाली, समस्याओं, विद्यार्थियों की मानसिकता इत्यादि के विषय में प्रशिक्षण दिया जाता है। सामान्यतः एक कार्यशाला में कुछ चुने हुए शिक्षकों का समूह होता है, जो कार्य सम्बन्धी समस्याओं पर कार्य करके हल ढूंढते हैं।

प्रश्न 4. पाठ्य सहगामी कार्यकलापों की अवधारणा को स्पष्ट कीजिए। इसके प्रकारों का भी वर्णन कीजिए।   **[Dec-07, Q2]**

उत्तर – आधुनिक शिक्षा विद्वानों के अनुसार पाठ्यचर्या का अर्थ केवल कक्षा में अध्यापन और अधिगम नहीं है। इस प्रक्रिया में पुस्तकालय, प्रयोगशाला और कार्यशाला में किया जाने वाला अध्ययन, क्रीडा स्थल में होने वाले खेलकूदों में भाग लेना और ऐसे स्थानों में अध्यापक और विद्यार्थी के बीच में स्थापित होने वाले बहुत से अनौपचारिक संबंधो में पाठ्य सहगामी कार्यकलापों जैसे बहुत से कार्यकलाप भी शामिल हैं। इन्हें विद्यालय की पाठ्यचर्या का भाग माना जाता है।

पाठ्य–सहगामी कार्यकलापों के प्रकार :– पाठ्य–सहगामी कार्यकलापों के सात शीर्षकों के अंतर्गत श्रेणीबद्ध किया गया है।

(1) साहित्यिक कार्यकलाप

(2) शारीरिक विकास कार्यकलाप

(3) सौंदर्यानुभूमिक और सांस्कृतिक विकास वाले कार्यकलाप

(4) नागरिक विकास कार्यकलाप

(5) समाज कल्याण सम्बन्धी कार्यकलाप

(6) अवकाश समय के लिए कार्यकलाप

(7) भ्रमण संबंधी कार्यकलाप

(1) **साहित्यिक कार्यकलाप** – वाद–विवाद और चर्चा, विषयवार कल्ब, विद्यालय पत्रिका, नाट्यकला, संगोष्ठी मंडल, कहानी लेखन संगोष्ठी, कविता–पाठ, कवि सम्मेलन, पुस्तकालय सम्बन्धी कार्य

(2) **शारीरिक विकास** – अंदर और बाहर खेले जाने वाले खेलकूद, सामूहिक अभ्यास परेड, स्काउटिंग, राष्ट्रीय कैडेट कोर, सहायक कैडेट कोर

(3) सौंदर्यनुभूमिक और सांस्कृतिक विकास – संगीत, नृत्य, चित्रण, पेंटिंग, मूर्तिकला, नाट्यकला प्रदर्शनी, फैंसी ड्रैस, लोक नृत्य, लोक गीत, विविध मनोरंजन कार्यक्रम।

(4) नागरिक विकास कार्यकलाप – सहकारी बैंक, सहकारी स्टोर, सभा, विद्यार्थी परिषद्, जलपान गृह, धार्मिक, राष्ट्रीय और सामाजिक त्यौहारों का मनाना, विद्यालयों में स्कूल पंचायत संसद अभिनय का आयोजन करना।

(5) समाज कल्याण संबंधी कार्यकलाप – सामाजिक अध्ययन मंडल, मेलों, त्यौहारों, व्यावसायिक, सांस्कृतिक कार्यक्रमों का आयोजन, सभा की तरह के विशेष अवसरों पर सामाजिक सेवाएँ, बालचर व गाइड, प्राथमिक उपचार और रेड क्रास, सामाजिक सर्वेक्षण आदि।

(6) अवकाश समय संबंधी कार्यकलाप – डाक टिकटों, सिक्कों, प्रतियों को आदि एकत्रित करना, फोटोग्राफी करना, पढ़ना–पढ़ाना सिलाई–कढाई का काम करना।

(7) भ्रमण संबंधी कार्यकलाप – पिकनिक मनाना, संग्राहलय, चिड़ियाघर या प्रदर्शनी आदि देखने जाना।

पाठ्य–सहगामी कार्यकलापों की आवश्यकता और महत्व

(1) शैक्षिक मूल्य : ऐसे कार्यकलापों की बड़ी 'शैक्षिक' क्षमताएं होती हैं। कक्षाओं में प्रदान की जाने वाली शिक्षा सैद्धांतिक होती है, इसलिए पाठ्य सहगामी कार्यकलापों के माध्यम से व्यावहारिक ज्ञान का संप्रदान किया जा सकता है।

(i) सैर–सपाटे या भ्रमण द्वारा प्रत्यक्ष ज्ञान की प्राप्ति की जा सकती है और इतिहास, भूगोल, प्राकृतिक अध्ययन आदि में कक्षा में पढाए जाने वाले ज्ञान को पुनर्बलित किया जा सकता है।

(ii) वाद–विवादों और सस्वर पाठों के माध्यम से भाषा और अभिव्यक्त करने की शक्ति को बेहतर बनाया जा सकता है।

(iii) नाटकीकरण द्वारा इतिहास का अध्यापन सशक्त बन जाता है।

(iv) विद्यार्थी स्व–शासन के माध्यम से नागरिक शास्त्र के प्रायोगिक पाठों का अध्ययन बेहतर तरीके सौ कर सकते हैं।

(v) विद्यालय पत्रिका में फैलिखने से विद्यार्थी सशक्त और प्रभावी ढंग से लेखन कला को सीख सकते हैं।

(vi) समारोहों के आयोजन से विद्यार्थियों में संगठनात्मक क्षमताएँ और नेतृत्व के गुण

विकसित होते हैं।

(vii) परियोजनाओं में भाग लेने से विद्यार्थी प्रत्यक्ष रूप से अधिगम की प्राप्ति करते हैं।

(2) मनोवैज्ञानिक मूल्य :– जैसा कि नाम से ही पता चलता है, ऐसे कार्यकलापों विद्यार्थियों की सामाजिक मार्गों को मुख्य रूप से ध्यान में रखते हुए, उनकी मनोवैज्ञानिक आवश्यकताओं की पूर्ति करते हैं। निजी व्यवहार और सृजनात्मक सोच को अभिव्यक्त करने में ये सहायक सिद्ध होते हैं।

(क) सहज प्रवृत्ति के उदात्तीकरण में ऐसे कार्यकलाप अभिकरण के रूप में काम करते हैं – पाठ्य सहगामी कार्यकलाप, विद्यार्थियों के सहज ज्ञान को उपयोगी ज्ञान में परिवर्तित करने में मुख्य भूमिका निभाते हैं, जैसे कि पुस्तकाल जाना, डाक टिकट और सिक्के इकट्ठे करने से उत्सुकता को लाभप्रद तरीके से नया आयाम दिया जा सकता है।

(ख) संवेगात्मक स्वास्थ्य – विद्यार्थियों में सैकड़ों सहज उत्सुकताएँ, प्रेरणाएँ, और भावनाएं पनपती रहती हैं। उत्सुक होना, इतराना, उत्पकृष्ट बनना, निष्ठावान होना और सहानुभूति करना आदि गुण, बच्चों में स्वाभाविक होते हैं। पाठ्य सहगामी कार्यकलाप ऐसे उपयोगी अवसर प्रदान करते हैं कि जिनमें ऐसे गुणों को शैक्षिक लाभ के लिए ऊपर उठाया जा सकता है।

(ग) विद्यार्थियों की रूचि बढाना – जो विद्यार्थी अपने विद्यालय के विकास हेतु समय और श्रम प्रदान करता है, वह अपने योगदान के कारण उसमें अधिक रूचि रखता है जैसे खिलाड़ी स्कूल की आत्मीयता के बारे में बात किया करता है।

(घ) व्यक्तिगत विभिन्नताओं की पहचान करना – विभिन्न प्रकार के पाठ्य सहगामी क्रियाकलापों के आयोजन से हम प्रत्येक विद्यार्थी के विभिन्न स्वाभाविक गुणों की अभिव्यक्ति को सुनिश्चित कर सकते हैं जैसे लेखन, भाषण, नाटकों आदि में उत्कृष्ट अभिनय करना, विभिन्न खेलकूदों में अच्छा प्रदर्शन करना, चित्रकला में प्रवीण होना, समारोहों का आयोजन करना आदि।

(3) सामाजिक मूल्य का विकास – सामाजिक मेल–मिलाप, नागरिकता की महत्वपूर्ण आश्यकताओं में से एक है। भाषा, गणित या सामाजिक विज्ञानों जैसे विषयों के माध्यम से सामाजिक सहयोग की शिक्षा देना कठिन कार्य है। सामूहिक कार्यकलापों में भाग लेने से, विद्यार्थी शिष्टाचार सीखते हैं और उनमें सहयोग की भावना विकसित होती हे।

(4) नागरिक मूल्यों का विकास – सामूहिक कार्यकलापों में विद्यार्थी अपने कर्तव्य को निभाने के मूल्यों को सीखते हैं। उदाहरण के लिए स्कूलों में विद्यार्थी स्व–शासन के माध्यम

से अपने अधिकारों का प्रयोग और उत्तरदायित्व निभाने में एक दूसरे के कंधे से कंधा मिलाकर कार्य करना सीखते हैं। ऐसे कार्यकलाप विद्यार्थियों को अच्छी नागरिकता के लिए प्रशिक्षण प्रदान करते हैं। दूसरे विद्यालय भी छोटा सा समाज होता है और विद्यालय के कार्यकलापों का और समाज के कार्यकलापों से प्रत्यक्ष संबंध होता है। खेल के मैदान में विद्यार्थियों को पहल करना, निर्णय लेना, सही–गलत का निर्धारण करना, संयम दिखाना आदि नेतृत्व से जुड़ी विशेषताओं को विकसित करने का अवसर प्राप्त होता है। पाठ्य सहगामी कार्यकलाप ऐसे बहुत से अवसर प्रदान करते हैं जिनसे विद्यार्थी धीरे –धीरे आत्मसंचालन के प्रति अपना बढ़ता उत्तरदायित्व समझना आरंभ कर देते हैं। अध्यापकों के मार्गदर्शन में जब विद्यार्थी स्वयं ऐसे कार्यकलाप आयोजित करते हैं तो नेतृत्व के स्वाभाविक गुण, उनमें विकसित होते हैं। ऐसे कार्यकलाप उत्कृष्ट नैतिक प्रशिक्षण प्रदान करते हैं।

(5) शारीरिक विकास मूल्य – यद्यपि खेलकूद, विद्यार्थियों के शारीरिक विकास में प्रत्यक्ष रूप से अहम् भूमिका निभाते हैं लेकिन अन्य पाठ्य सहगामी कार्यकलाप भी परोक्ष रूप से अपना योगदान देते हैं। शरीर की वृद्धि और विकास के लिए ऐसे कार्यकलाप उपयोगी सिद्ध होते हैं।

(6) मनोरंजनात्मक मूल्य – वर्तमान शिक्षा प्रणाली का एक मुख्य दोष खाली समय के उचित सदुपयोग में योग्यता और प्रशिक्षण का अभाव है। विभिन्न कार्यकलापों के आयोजन से हम विद्यार्थियों को हितकारी अवसर प्रदान कर सकते हैं जिससे फिल्में, टी.वी. देखना, बेकार की बातें करना आदि के बजाय वे खाली समय का भरपूर लाभ उठा सकते हैं। विद्यालय के माध्यमिक स्तर पर अपनाए गए शौक जीवन भर की आदतों में परिवर्तित हो जाते हैं।

(7) सांस्कृतिक मूल्य – कुछ पाठ्य सहगामी कार्यकलाप अत्यंत मूल्यवान हैं क्योंकि वे हमारी सांस्कृतिक विरासत और परंपराओं को बेहतर तरीके से समझने में अवसर प्रदान करते हैं। उदाहरण के लिए नाट्य कला, लोकगीत, लोक संगीत, नृत्य, विभिन्न धर्मों से संबद्ध प्रदर्शनियों और समारोह के आयोजन जैसे कार्यकलाप, हमारी संस्कृति के बेहतर ज्ञान और समझ में सहायता प्रदान करते हैं। विद्यार्थी सीखना पसंद करेंगे कि विविधता में ही एकता है और हम सब एक हैं और एक ही विश्व के मानव हैं। इस प्रकार राष्ट्रीय और अंतर्राष्ट्रीय सौहार्द को विकसित करने में पाठ्य सहगामी कार्यकलाप सहायक होते हैं। अंत में हम कह सकते हैं कि पाठ्य सहगामी कार्यकलाप विद्यार्थियों के सर्वांगीण विकास, समूचे व्यक्तित्व, अलग–अलग स्वभाव के गुणों के विकास, अतिरिक्त शैक्षिक कार्य और सामाजिक और नागरिक भावना को विकसित करने में अहम् भूमिका निभाते हैं। अन्यथा इनके अभाव में विद्यार्थी मात्र किताबी कीड़ा बन कर रह जाएंगे।

प्रश्न 5. पाठ्य सहगामी कार्यकलापों की आवश्यकता और महत्व पर प्रकाश डालिये।   **[Dec-06, Q3(viii)]**

उत्तर – वर्तमान परिप्रेक्ष्य में शिक्षा का अभिप्राय बालक के सर्वांगीण विकास से है। अतः आज अभिभावक भी उस विद्यालय को ही सर्वश्रेष्ठ समझते हैं, जिसमें विद्यार्थी के मानसिक विकास के साथ–साथ उसका भावात्मक एवं क्रियात्मक विकास भी किया जाता है।

(1) शैक्षिक पूर्णता हेतु – सामान्यतः शैक्षिक विकास पाठ्यक्रम के द्वारा किया जाता है परन्तु इस विकास की पूर्णता तभी सम्भव है जबकि बच्चे को व्यावहारिक रूप से सिद्धान्तों को समझाया जाये।

(2) शारीरिक विकास हेतु – प्राथमिक तथा माध्यमिक विद्यालय में पढ़ने वाले विद्यार्थी वृद्धि एवं विकास के दृष्टिकोण से बहुत महत्वपूर्ण अवस्था में होता है। इस समय विद्यार्थी की शारीरिक दृष्टि त्वरित गति से होती है, जिसके लिए विद्यार्थी को शारीरिक व्यायाम की आवश्यकता होती है। अतः विद्यालय द्वारा आयोजित की जाने वाली विभिन्न प्रकार की गतिविधियों जैसे खेलकूद, दौड़, व्यायाम, जिमास्टिक, योगा आदि विद्यार्थी के शारीरिक विकास के लिए अत्यन्त आवश्यक होती हे।

(3) मनोवैज्ञानिक विकास हेतु – व्यक्तित्व के संतुलित विकास हेतु विद्यार्थी के मनोवैज्ञानिक पक्ष का उचित विकास होना अनिवार्य है। अगर विद्यार्थी का संतुलित मनोवैज्ञानिक विकास नहीं होता है तो उसमें कुसमायोजन, असाधारणता तथा विभिन्न प्रकार की हीनता जनित ग्रंथियों का विकास होने लगता है।

इसके अतिरिक्त किशोरावस्था में बच्चे में अतिरिक्त शक्ति होती है जिसका दमन करने से बच्चे में नकारात्मक दृष्टिकोण का विकास होता है और बच्चे की ये शक्तियाँ अवांछनीय कार्यों के रूप में प्रकट होती हैं। अतः पाठ्यक्रम सहगामी क्रियाओं के माध्यम से हम बच्चे की आंतरिक शक्तियों का गलत मार्ग अपनाने से भी बचाव करते हैं।

(4) सामाजिक विकास हेतु – मनुष्य एक सामाजिक प्राणी है। समाज में रहकर वह अनेक गुणों जैसे सहानुभूति, सहभागिता, मित्रता, प्रेम, निष्पक्षता इत्यादि का विकास करता है। विद्यालय का भी यह दायित्व होता है कि वह विद्यार्थी में सामाजिक गुणों का विकास करे। अतः विद्यालय में अनेक प्रकार की सहगामी क्रियाओं का आयोजन किया जाता है। इन क्रियाओं का आयोजन करने से विद्यार्थियों को अलग–अलग समूह में विभाजित किया जाता है जहाँ पर वे अन्य बच्चों के साथ प्रतिक्रिया कर अपने व्यवहार एवं दृष्टिकोण में परिवर्तन करते हैं।

(5) नैतिक मूल्यों के विकास हेतु – पाठ्यक्रम सहगामी क्रियाओं में भाग लेने से विद्यार्थी को अनेक प्रकार के दायित्वों का निर्वाह करना पड़ता है। जैसे विद्यालय की सफाई व्यवस्था हेतु कुछ विद्यार्थियों का समूह बना दिया जाता है और उन्हें पूरे विद्यालय की सफाई का निरीक्षण का दायित्व सौंप दिया जाता है। इसमें विद्यार्थी को नेतृत्व करना पड़ता है। उसे विद्यालय में सफाई के नियमों का निर्माण करना पड़ता है, निरीक्षण करना पड़ता है, विद्यालय प्रारम्भ होने से पहले, मध्यावकाश के दौरान तथा विद्यालय के बीच में सफाई की व्यवस्था देखनी पड़ती हे। इस प्रकार अनेक प्रकार की ऐसी गतिविधियां हैं जिसमें विद्यार्थियों को ईमानदारी, निष्पक्षता, स्वस्थ प्रतियागिता, न्याय, सच्चारित्रता इत्यादि का विकास करने का मौका मिलता है।

(6) सांस्कृतिक विकास हेतु – विद्यार्थियों को अपनी संस्कृति तथा देश विदेश की संस्कृति से परिचित कराने का यह सबसे उचित माध्यम है। विद्यालय में समय–समय पर विभिन्न सांस्कृतिक कार्यक्रमों का आयोजन होता है जिसमें अलग–अलग संस्कृति से सम्बन्धित कार्यक्रमों को प्रस्तुत किया जाता है। विद्यार्थी उत्साहवर्धक इन कार्यों में भाग लेते हैं और देश एवं विदेशों की संस्कृति से परिचित होते हैं।

(7) नागरिकता के गुण – विद्यालय में सहकारी बैंक, विद्यालय पंचायत, स्व–सरकार, सांस्कृतिक कार्यक्रम इत्यादि के आयोजन से विद्यार्थी नागरिकता के गुण विकसित होते हैं। इनसे विद्यार्थियों को यह पता लगता है कि एक नागरिक के क्या–क्या अधिकार हैं इनका पालन प्रजातांत्रिक शासन–व्यवस्था में किस प्रकार किया जाना चाहिए।

(8) पाठ्यक्रम–सहगामी क्रियाओ के द्वारा विद्यार्थी अवकाश के समय का सदुपयोग करना सीख जाते हैं। अगर विद्यार्थी अवकाश के समय का सदुपयोग सृजनात्मक कार्यों द्वारा करता है तो वह गलत मार्ग नहीं अपनाता है।

(9) सौन्दर्यात्मक मूल्य का विकास – विद्यार्थियों में सौन्दर्यात्मक मूल्य का विकास करने हेतु भी पाठ्यक्रम सहगामी क्रियाएं अत्यन्त महत्वपूर्ण हैं। सौन्दर्यानुभूति के गुण से वंचित व्यक्ति का व्यक्तित्व अपूर्ण है।

(10) मनोरंजन का साधन – पाठ्यक्रम–सहगामी क्रियाओं से विद्यार्थियों का विद्यालय के प्रांगण में तो मनोरंजन होता है परन्तु विद्यार्थी इसके बाद के समय में भी इन कार्यों को अपने घर में कर सकते हैं। जैसे चित्रकारी, फोटोग्राफी, नृत्य, संगीत इत्यादि ऐसी चीजें है जिनके द्वारा विद्यार्थी का मनोरंजन भी होता है और वे इससे अपने समय का सदुपयोग

भी कर सकते हैं।

(11) अनुशासन प्रियता – पाठ्यक्रम-सहगामी क्रियाओं के द्वारा विद्यार्थियों में अनुशासन प्रियता को विकसित किया जाता है।इससे विद्यार्थी आत्म–नियन्त्रण एवं आत्म–संयम को विकसित कर नियमित जीवन बिताना सीखता है।

प्रश्न 6. सह–शिक्षा क्रियाओं/पाठ्य सहगामी कार्यकलापों के नियोजन व आयोजन के लिए किन बातों का ध्यान रखना आवश्यक है तथा इनके आयोजन के लिए किन नियमों का पालन करना आवश्यक है?   **[Dec-07, Q2]**

उत्तर – **पाठ्यक्रम सहगामी क्रियाओं के उद्देश्य** – एक विद्यालय में निम्नलिखित उद्देश्यों की प्राप्ति हेतु पाठ्यक्रम सहगामी क्रियाओं का आयोजन किया जाता है –

(1) विद्यार्थी के व्यक्तित्व का सर्वांगीण विकास करना।

(2) विद्यार्थी को अवकाश के समय का सृजनात्मक ढंग से सदुपयोग करने हेतु प्रशिक्षित करना।

(3) सामूहिक सभाओं का आयोजन एवं उन्हें प्रतिभागिता हेतु तैयार करना।

(4) विद्यार्थी को स्वमूल्यांकन करने का अवसर प्रदान करना।

(5) सामूहिक कार्यक्रमों में व्यक्तिगत उत्तरदायित्व एवं समूह में पहलकदमी करने का अवसर प्रदान करना।

(6) जनतांत्रिक नेतृत्व का विकास करना।

(7) विद्यार्थियों को सामूहिक अनुभव (अर्थात् सामूहिक–सम्बन्ध तथा सामूहिक निर्णय) प्रदान करना तथा विद्यार्थियों में सहयोग, सह–अस्तित्व तथा सहानुभूति जैसे गुणों का विकास करना।

(8) विद्यालय एवं समाज के बीच मुधर सम्बन्ध स्थापित करना।

(9) विद्यार्थियों में स्वशासन का विकास करना।

(10) विद्यार्थियों में राष्ट्रीय एकता का विकास करना।

(11) विद्यार्थियों के आदर्शों एवं मूल्यों को व्यावहारिक स्वरूप प्रदान करना।

(12) विद्यार्थियों का मनोरंजन करना।

पाठ्यक्रम सहगामी क्रियाओं का आयोजन – किसी भी विद्यालय को अनेक प्रकार की पाठ्यक्रम सहगामी क्रियाओं का आयोजन करना पड़ता है। विद्यालय हर प्रकार की क्रियाओं का आयोजन कर सके यह सम्भव नहीं होता है क्योंकि प्रत्येक विद्यालय के भौतिक एवं मानवीय संसाधन अलग–अलग होते हैं। अतः पाठ्यक्रम सहगामी क्रियाओं का आयोजन करते समय निम्नलिखित बिन्दुओं को ध्यान में रखना चाहिए –

(1) पाठ्यक्रम सहगामी क्रियाओं का चयन विद्यालय के उद्देश्यों को ध्यान में रखकर किया जाना चाहिए।

(2) इन क्रियाओं का चयन इस प्रकार किया जाना चाहिए कि इसमें विद्यालय के अधिकांश विद्यार्थी भाग ले सकें और सभी की क्षमताओं का विकास हो सके।

(3) इन क्रियाओं का चयन करते समय यह भी ध्यान रखा जाना चाहिए कि ऐसी क्रियाएं ली जायें जिनको सम्पन्न करने हेतु विद्यालय के सीमित संसाधन पर्याप्त हों।

(4) इन क्रियाओं का चयन करते समय विद्यार्थी के विभिन्न पक्षों जैसे सामाजिक, नैतिक, प्रजातांत्रिक, सौन्दर्य इत्यादि का विकास हो सके। अतः क्रियाएं ऐसी होनी चाहिए जिससे शैक्षिक उद्देश्यों की प्राप्ति हो सके और शैक्षिक कार्यक्रमों की व्यावहारिकता एवं पूरकता मिल सके।

(5) विद्यार्थी के मानसिक एवं शारीरिक स्तर का ध्यान रखा जाना अत्यन्त आवश्यक है। अतः प्राथमिक, उच्च प्राथमिक एवं माध्यमिक विद्यालय के कार्यक्रम प्रायः भिन्न होते हैं क्योंकि इन तीनों विद्यालयों में विद्यार्थियों का मानसिक एवं शारीरिक स्तर पूर्णतया भिन्न होता है। साथ ही प्राथमिक स्तर पर विद्यार्थी को मनोवैज्ञानिक आवश्यकताएं भी माध्यमिक विद्यालय के विद्यार्थियों से भिन्न होती हैं। अतः क्रियाओं का आयोजन करते समय शिक्षकों को ध्यान रखना चाहिए कि अनावश्यक रूप से विद्यार्थियों को उनकी शारीरिक क्षमता से बाहर का कार्य करने को बाध्य न किया जाये।

(6) विद्यालय में ऐसी पाठ्यक्रम सहगामी क्रियाओं का आयोजन किया जाए जो विद्यालय तथा अभिभावकों की आर्थिक सीमाओं तक निहित हो। अभिभावकों से बार-बार आर्थिक सहयोग लेने से वे विद्यालय के प्रति नकारात्मक दृष्टिकोण विकसित कर लेते हैं।

(7) पाठ्यक्रम सहगामी क्रियाओं का चयन सभी शिक्षकों के परामर्श से होना चाहिए।

(8) किसी पाठ्यक्रम सहगामी क्रिया को प्रारम्भ करने से पूर्व प्रधानाध्यापक से अनुमति लेनी चाहिए और प्रधानाध्यापक के साथ बैठकर पूरे कार्यक्रम के नियमों एवं निर्देशों का निर्माण करना चाहिए।

(9) जब कार्यक्रमों की सूची बन कर तैयार हो जाती है, इसके बाद यह निश्चित किया जाता है कि कार्यक्रमों को कब और कहां करना है। साथ ही यह भी निश्चित किया जाता है कि इनका आयोजन समय-तालिका के योजना के अंतर्गत ही किया जायेगा या अलग से पूरे दिन में सम्पन्न किया जायेगा। अगर इसे समय तालिक के बीच ही आयोजित करना है तो इसके लिए किस प्रकार समय की व्यवस्था की जायेगी।

(10) कार्यक्रम की योजना बनाते समय मौसम, वातावरण, अवकाश इत्यादि के विषय में पहले सोच लेना चाहिए।

(11) सत्र के अन्त में होने वाले कार्यक्रमों को या वार्षिक कार्यक्रमों विद्यालय के बादर के समय में (सांय काल में) रखा जाना चाहिए और इसमें सभी अभिभावकों को उपस्थित

होना चाहिए।

(12) जहाँ तक सम्भव हो पाठ्यक्रम सहगामी क्रियाओं का आयोजन का स्थान विद्यालय, प्रांगण या विद्यालय के खेल का मैदान ही होना चाहिए जिससे विद्यार्थियों, अतिथियों एवं अभिभावकों को आने-जाने में असुविधा न हो।

(13) प्रत्येक कार्यक्रम के आयोजन हेतु एक शिक्षक को प्रभारी बनाया जाना चाहिए, जिसका यह कर्तव्य होता है कि वह कार्यक्रम के उद्देश्यों एवं विभिन्न पक्ष के बारे में पूर्ण जानकारी रखे। इसके अतिरिक्त उसे पिछले प्रतिलेखों के आधार पर इस प्रकार के कार्यक्रमों में सुधार करने का प्रयास भी करना चाहिए।

(14) सत्र भर के पूरे कार्यक्रमों का आयोजन इस प्रकार किया जाना चाहिए कि पूरे वर्ष कोई न कोई कार्यक्रम चलता रहे। ऐसा नहीं होना चाहिए कि सारे कार्यक्रमों का आयोजन दो-तीन महीने के अन्दर कर दिया जाये। इससे शैक्षिक कार्यक्रमों में बाधा उत्पन्न होती है और विद्यालय की व्यस्तता भी बढ़ जाती है। इससे पूरे विद्यालय में एक प्रकार की अव्यवस्था फैल जाती है।

(15) खेल के कार्यक्रम जिन्हें मैदान की आवश्यकता पड़ती है का आयोजन मध्यावकाश के बाद रखा जाना चाहिए। ऐसे कार्यक्रम को शनिवार को या माह के अन्तिम दिन भी मध्यावकाश के बाद रखा जा सकता है।

(16) विद्यालय के विभिन्न कार्यक्रमों में केवल विद्यालय के विद्यार्थियों को ही भाग लेना चाहिए। बाहर के विद्यार्थियों को अनुमति नहीं दी जानी चाहिए।

(17) विभिन्न कार्यक्रमों का आयोजन विद्यार्थियों के द्वारा किया जाना चाहिए। शिक्षक को एक मार्गदर्शक या परामर्शदाता की तरह कार्य करना चाहिए।

(18) विद्यालय के प्रधानाध्यापक को यह अधिकार होना चाहिए कि अगर वह किसी कार्यक्रम को विद्यालय के लिए अहितकर समझता है तो वह उसे समाप्त कर सके।

(19) प्रत्येक प्रभारी शिक्षक को विद्यार्थियों के प्रति सहानुभूतिपूर्ण एवं मित्रवत् व्यवहार करना चाहिए तथा विद्यार्थियों को समुचित प्रोत्साहन प्रदान करना चाहिए। शिक्षक को यह नहीं भूलना चाहिए कि वह इस समूह में विद्यालय के प्रधान अध्यापक का प्रतिनिधित्व करता है। अतः उसका प्रत्येक निर्णय ऐसा होना चाहिए जो विद्यार्थी एवं संस्था के हित में हो।

(20) अच्छे कार्य करने वाले तथा कोई स्थान प्राप्त करने वाले विद्यार्थियों को पुरस्कार एवं प्रमाणपत्र दिये जाने चाहिए। इससे विद्यार्थियों का उत्साहवर्धन होता है और विद्यार्थी अच्छे कार्यों की ओर बढ़ते हैं।

(21) पाठ्यक्रम-सहगामी क्रियाओं में जो कुछ भी खर्च आता है उसका विधिवत् निरीक्षण होना चाहिए। इससे एक तो कुल खर्च का पता लगता है और दूसरी ओर आगामी नियोजन में भी सहायता मिलती हे।

पाठ्यक्रम–सहगामी क्रियाओं के आयोजन में कुछ समस्याएँ – पाठ्यक्रम सहगामी क्रियाओं के संगठन में आमतौर पर निम्न कठिनाइयों आती हैं।

(1) पाठ्यक्रम सहगामी क्रियाओं के मार्ग में सबसे बड़ी कठिनाई प्रधानाचार्य और विद्यालय प्रबन्धकों का दृष्टिकोण है। आज भी अधिकतर विद्यालय प्रबंधक एवं प्रधानाचार्य इन क्रियाओं को बेकार ही समझते हैं और उनका प्रमुख ध्येय अच्छे परीक्षा फलों तक ही सीमित रहता है। प्रधानाचार्य एवं प्रबन्धकों के इस दृष्टिकोण के कारण इन क्रियाओं के लिए पर्याप्त धन उपलब्ध नहीं हो पाता जिससे इनके संगठन में बहुत कठिनाइयां आती हैं।

(2) खेल के मैदानों का अभाव भी पाठ्यक्रम सहगामी क्रियाओं के आयोजन के मार्ग में बहुत बड़ी बाधा है। अधिकतर विद्यालयों के पास खेल–कूद के मैदानों के अभाव होने के कारण पाठ्यक्रम सहगामी क्रियायें सम्पन्न नहीं हो पाती।

(3) खेल–कूद के उपकरणों का अभाव भी इस इन क्रियाओं के संगठन में कठिनाई उत्पन्न करता है। अधिकतर विद्यालयों की दशा इतनी खराब है कि उनमें खेल–कूद सम्बन्धी उपकरणों का नितान्त अभाव है। ऐसे में खेल–कूद सम्बन्धी सहगामी क्रियाओं के संगठन की आशा नहीं की जा सकती।

(4) अधिकतर विद्यालयों में शिक्षक अपने परीक्षाफल को ध्यान में रखते हुए ही शिक्षण कार्य को संपन्न करते हैं और छात्रों में इन क्रियाओं के प्रति प्रेरणा तथा उत्साह उत्पन्न नहीं करते।

(5) अधिकतर विद्यालयों में पाठ्यक्रम सहगामी क्रियाओं को विद्यालय समय–सारणी में कोई स्थान नहीं दिया जाता। और यदि कुछ विद्यालयों की समय सारणी में इन क्रियाओं के लिए समय दिया भी जाता है तो विज्ञान व गणित के अध्यापक इस समय को अपने शिक्षण कार्य में इस्तेमाल कर लेते हैं।

(6) कुशल संचालकों का अभाव भी पाठ्यक्रम सहगामी क्रियाओं में बहुत बड़ी बाधा है। विद्यालयों में ऐसे अध्यापकों की पर्याप्त कमी है जो इन क्रियाओं के महत्व को समझते हैं और इनमें रूचि लेते हैं।

यही कुछ प्रमुख बाधायें हैं जिनकी वजह से अधिकतर विद्यालयों में पाठ्यक्रम सहगामी क्रियाओं का संगठन ठीक प्रकार से नहीं हो पा रहा है। इनका सही रूप से संचालन एवं संगठन करने के लिए प्रधानाध्यापकों एवं प्रबन्धकों की मनोवृत्ति में परिवर्तन आवश्यक है। इसके साथ–साथ छात्रों की आदतों में बदलाव लाना होगा। तभी इन बाधाओं को दूर किया जा सकेगा और पाठ्यक्रम सहगामी क्रियाओं का लाभ विद्यालय, छात्रों और समाज को मिल सकेगा।

प्रश्न 7. शारीरिक शिक्षा कार्यकलापों का आयोजन किस प्रकार किया जाना चाहिए? इनके उद्देश्य व सिद्धान्तों का विवरण दीजिए।

उत्तर – शारीरिक शिक्षा कार्यकलापों में कक्षा के भीतर और बाहर खेले जाने वाले खेलकूद शामिल होते हैं जैसे सामूहिक अभ्यास, परेड, ए.सी.सी., एन.सी.सी. आदि। कमरे मे खेले जाने वाले खेलों में शतरंज, टेबल टेनिस, चिड़ी छक्का आदि शामिल है। जबकि खुले मैदान में खेली जाने वाली क्रीडाओं मे कबड्डी, क्रिकेट, फुटबाल, वॉलीबाल, हाकी आदि शामिल हों।

खेलकूद, शारीरिक विकास में अहम् भूमिका निभाते हैं जैसे मांसपेशियां विकसित करना, हृदय और फेफड़ों को मजबूत बनाना, शरीर में खून के दौरे को सही रखना और इन सभी क्रियाओं को समुचित ढंग से कार्य करने से, मानसिक स्वस्थता बढ़ जाती है।

विद्यालय में खेलकूद आदि का आयोजन इस प्रकार करना चाहिये –

(1) पूरे वर्ष के कार्यकलापों का ब्यौरा पहले से तैयार होना चाहिए और सत्रवार चार्ट भी भली–भांति तैयार करने चाहिए।

(2) उपलब्ध संसाधनों के आधार पर खेलकूदों का चयन किया जाना चाहिए।

(3) खेल का चयन करते समय, मौसम को भी ध्यान में रखना चाहिए। जैसे बाहर खेले जाने वाले खेल बरसात या गर्मी के मौसम में आयोजित नहीं किए जा सकते।

(4) कार्यकलाप नीरस नहीं होने चाहिए।

(5) खेलकूद विभिन्न प्रकार के होने चाहिए।

(6) खेलकूद आवश्यकता और उपलब्ध सुविधाओं, उपकरणों और वित्त को ध्यान में रखकर नियोजित किए जाने चाहिए।

(7) खेल के दौरान नियमों और विनियमों का पालन अवश्य करना चाहिए।

(8) अध्यापकों को खेलकूद समिति में उपयुक्त प्रतिनिधित्व दिया जाना चाहिए।

(9) अंतर–विद्यालय प्रतियोगिताओं के लिए, अध्यापकों को अपने विद्यार्थियों को पर्याप्त प्रशिक्षण देना चाहिए। उन्हें अपने विद्यार्थियों की प्रतिभा का उल्लेख करना चाहिए और जहां सुधार की आवश्यकता हो, वहाँ विद्यार्थियों को इस बारे में बताना चाहिए।

(10) इस बात पर जोर देना आवश्यक है कि विद्यालय में खेलकूद के लिए उपयुक्त सुविधाएँ प्रदान करने का मुख्य उत्तरदायित्व मुख्याध्यापक का होता है और उन्हें यह भी सुनिश्चित करना चाहिए कि प्रत्येक विद्यार्थी एक या अधिक खेल या शारीरिक कार्यकलाप का चयन करे और उसमें भाग लें।

(11) विद्यालय में शारीरिक कार्यकलापों को कार्यान्वित करने के लिए खेलकूद अनुदेशक का प्रबन्ध होना चाहिए।

शारीरिक कार्यकलापों के उद्देश्य – शारीरिक शिक्षा कार्यकलापों के उद्देश्य इस प्रकार हैं:–

(1) छात्र शारीरिक विकास की प्राप्ति कर सकेंगे।

(2) मनोक्रियात्मक विकास की प्राप्ति कर सकेंगे।

(3) अनुशासन विकसित कर सकेंगे।

(4) अपने में टीम भावना पैदा कर सकेंगे।

(5) नेतृत्व के गुण विकसित कर सकेंगे।

(6) सामाजिक गुणों का विकास करेंगे।

कार्यकलापों के आयोजन पर आधारित सिद्धांत – शारीरिक कार्यकलापों का आयोजन करते समय निम्न सिद्धांतों को ध्यान में रखना आवश्यक है:

(1) खेलकूदों का चुनाव इस प्रकार से करें कि विद्यार्थियों की आयु, योग्यताओं और रुचियों के आधार पर उन्हें खेलने का मौका मिल सके।

(2) लड़के और लड़कियों की आवश्यकताओं को ध्यान में रखते हुए खेलकूदों का आयोजन किया जाना चाहिए।

(3) विद्यार्थियों को विभिन्न समूहों में विभाजित करना चाहिए।

(4) खेलकूदों में भाग लेने के लिए विद्यार्थियों को व्यापक रूप से प्रोत्साहित करना चाहिए।

(5) पूरे सप्ताह के तीन या चार पीरियड खेलकूदों के लिए होने चाहिए।

(6) विद्यालय खुलने से पहले और बंद होने के बाद भी विद्यार्थियों को खेलने के अवसर दिए जाने चाहिए।

(7) खेलकूद से संबद्ध कार्यकलापों की योजना भली–भांति तैयार की जानी चाहिए।

(8) अध्यापकों को खेलकूद आदि के नियमों विनियमों के प्रति विद्यार्थियों को जागरूक करना चाहिए।

(9) खेलकूदों के लिए खेल के मैदान के अतिरिक्त ओजस्वी, शक्तिशाली, तेज खेल अध्यापकों का होना भी समान रूप से महत्वपूर्ण है।

प्रश्न 8. समय–तालिका/समय सारिणी से आप क्या समझते हैं? इसका महत्व बताइए।   **[June-06, Q2] [Dec-06, Q3(vii)]**

उत्तर – समय–तालिका योजना का एक महत्वपूर्ण पक्ष है। संस्था के उद्देश्यों को प्राप्त करने के लिए, संस्था के प्रशासकों एवं कार्यकर्ताओं द्वारा अनेक योजनाएं बनायी जाती हैं। इसी प्रकार विद्यालय में भी शैक्षिक उद्देश्यों को प्राप्त करने के लिए कई योजनाएं बनाई जाती हैं जिनमें से समय–तालिकि एक प्रमुख योजना है। समय–तालिका से यह विदित होता है कि एक विद्यालय की विभिन्न कक्षाओं में भिन्न–भिन्न विषयों को किन अध्यापकों द्वारा कब पढ़ाया जा रहा है। समय–तालिका वह रूप–रेखा है जिसके आधार पर विद्यालय का काम आगे बढ़ता है।

रागय-तालिका विद्यालय की समस्त क्रियाओं के लिए समय एवं मानव शक्ति का विवरण प्रस्तुत करती है और समस्त विद्यालय क्रिया–कलापों का मूलाधार होती है।

इस प्रकार समय तालिका विद्यालय के समस्त क्रिया–कलापों का मूलाधार होती है और निम्नलिखित सूचनाओं के बारे में बताती है।

(1) विद्यालय प्रारम्भ होने, मध्यावकाश तथा विद्यालय के समापन का समय,

(2) पाठ्यक्रम विषय एवं पाठ्यक्रम सहगामी क्रियाएं

(3) विभिन्न विषयों के अध्यापक,

(4) प्रत्येक शिक्षक का कुल कार्यभार

(5) प्रत्येक गतिविधि को दिया गया समय

समय तालिका का महत्व –

(1) प्रधानाचार्य के लिए सहायक – प्रधानाचार्य के लिए समय सारणी का विशेष महत्व है। प्रधानाचार्य को विद्यालय की संपूर्ण प्रशासनिक व्यवस्था का संचालन करना होता है। उसे विद्यालय की हर गतिविधि का पता होना चाहिए। समय सारणी ही वह जरिया है जिसके माध्यम से वह अपनी प्रशासनिक गतिविधियों को सम्पन करता है। समय समय पर उसे कक्षाओं में जाकर अथवा शिक्षकों के पास जाकर घटनाओं का पता लगाने की आवश्यकता नहीं पड़ती। समय सारणी के द्वारा ही वह यह पता लगा लेता है कि अमुक कक्षा में क्या हो रहा है अथवा अमुक शिक्षक इस समय कहां उपलब्ध होगा। इसी प्रकार विद्यालय प्रशासन से सम्बन्धित ऐसी अनेक गतिविधियां हैं जिन्हें समय सारणी के माध्यम से ही प्रधानाचार्य द्वारा संपन्न किया जाता है।

(2) कार्यकुशलता में वृद्धि – समय सारणी छात्रों एवं शिक्षकों की कार्यकुशलता में वृद्धि करती है। उनमें समय पर कार्य करने की आदत डालती है साथ ही साथ थोड़ा–थोड़ा करके उन्हें अपने पाठ्यविषयों को सम्पूर्ण करने की ओर अग्रसर करती है। अध्यापक भी अपना कार्य समयानुसार करने की आदत डालते हैं जिससे शिक्षण का कार्य सरल तथा सुगम बनता है।

(3) नैतिक मूल्य – हमारे जीवन के अनेक नैतिक मूल्यों को विकसित करने में समय सारणी का महत्वपूर्ण योगदान है। अपने काम को समय पर पूरा करना, काम को नियमित ढंग से करना आदि नैतिक मूल्य ही हैं। समय सारणी इन नैतिक मूल्यों को बढ़ावा देती है।

(4) नैतिक मूल्य – हमारे जीवन के अनेक नैतिक मूल्यों को विकसित करने में समय

सारणी का महत्वपूर्ण योगदान है। अपने काम को समय पर पूरा करना, काम को नियमित ढंग से करना आदि नैतिक मूल्य ही है। समय सारणी इन नैतिक मूल्यों को बढावा देती है।

(5) समय का अधिक से अधिक उपयोग – किसी भी कार्य को नियोजित तथा व्यवस्थित ढंग से करने में समय का सदुपयोग होता है और कार्य कम समय में सम्पन्न हो जाता है। यदि किसी कार्य को संगठित ढंग से और नियमानुसार नहीं किया गया तो इस कार्य के गलत हो जाने और अधिक समय लगने की संभावनायें प्रबल होगी। समय सारणी हमें विषय प्रधान करती है और कार्यों को निश्चित क्रम व समय में पूरा करने की प्रेरणा देती है और आदत डालती है।

(6) प्रत्येक विषय को महत्व – समय सारणी में पाठ्यविषयों में से प्रत्येक विषय के शिक्षण का समय निर्धारित कर दिये जाने से प्रत्येक विषय को महत्व मिलता है तथा छात्र प्रत्येक विषय को समान दृष्टि से देखते हुए अपनी शिक्षा में संलग्न रहते हैं। यदि समय का विभाजन ठीक प्रकार से नहीं किया जाएगा तो संभव है कि छात्र किसी एक विषय में तो होशियार हो जाएं किन्तु अन्य विषयों में पिछड़ सकते हैं।

(7) अध्ययन के प्रति उत्साह – समय सारणी छात्रों में अध्ययन के प्रति उत्साह उत्पन्न करती है। समय सारणी बनाते समय इस बात का विशेष रूप से ध्यान रखा जाता है कि विषयों का चुनाव इस प्रकार से किया जाए कि छात्रों को अधिक से अधिक अध्ययन करने पर भी कम से कम थकान का अनुभव हो। इसी बात को ध्यान में रखते हुए बीच–बीच में कुछ घण्टों को रिक्त रखकर छात्रों को विश्राम देने का प्रयास किया जाता है।

(8) अनुशासन– समय सारणी छात्रों को अनुशासित करने में महत्वपूर्ण भूमिका निभाती है। समय सारणी का निर्माण इस प्रकार से किया जाता है कि छात्रों का समय नष्ट न हो। उन्हें अधिक से अधिक समय अध्ययन हेतु मिले। समय सारणी के माध्यम से छात्रों को व्यस्त रखने का प्रयास किया जाता है। इस व्यस्तता के कारण छात्रों को शैतानी करने का अवसर ही नहीं मिलता जिससे विद्यालय में अनुशासन बना रहता है।

(9) शिक्षकों में सही कार्य विभाजन – शिक्षकों में कार्य विभाजन की दृष्टि से भी समय सारणी महत्वपूर्ण है। शिक्षा बोर्ड के अनुसार प्रत्येक अध्यापक को कुछ निश्चित घण्टों का प्रति सप्ताह शिक्षण कार्य करना होता है। यह समय सारणी ही है जिसके माध्यम से इन साप्ताहिक शिक्षण घण्टी का विभाजन किया जा सकता है।

उपरोक्त विवरण रो रपष्ट है कि समय सारणी विद्यालय के कार्यों को सुनियोजित करती है, शिक्षकों एवं छात्रों को समय का सदुपयोग करने में सहायता करती है और प्रधानाचार्य को प्रशासनिक व्यवस्था का संचालन करने में मदद करती है। श्रीमती एस.पी. सुखिया ने समय सारणी की उपयोगिता एवं आवश्यकता पर प्रकाश डालते हुए लिखा है कि ''विद्यालय के उद्देश्यों की प्राप्ति के लिए विद्यालय के समस्त तत्वों को भौतिक एवं मानवीय कार्यरूप में परिणित करने के लिए समय सारणी या प्रतिदिन के कार्यक्रम की योजना परम आवश्यक है जिससे समस्त उद्देश्यों की प्राप्ति के लिए सुव्यवस्थित रूप से कार्य किया जा सके। समय सारणी का निर्माण बालकों तथा शिक्षकों दोनों के दृष्टिकोण से आवश्यक है।'' यह समय सारणी ही है जिससे विद्यालय के कार्यों में निश्चितता आती है। विद्यालय के प्रत्येक कार्यक्रम और क्रियाशीलता में वृद्धि होती है। अध्यापकों, छात्रों, प्रधानाचार्यों और अन्य कर्मचारियों के समय और श्रम की बचत होती है। प्रधानाचार्य को अध्यापकों का निरीक्षण करने में सहायता मिलती है।

प्रश्न 9. समय सारिणी के विभिन्न प्रकारों का उल्लेख करते हुए समय सारिणी के सिद्धान्तों का वर्णन करो।   **[June-06, Q2]**

अथवा

समय सारिणी/समय तालिका बनाते समय किन बातों का ध्यान रखना आवश्यक होता है?   **[June-07, Q2]**

उत्तर – समय–सारणी के विभिन्न प्रकार निम्नलिखित हैं –

(1) मुख्य समय–सारणी – यह समय–सारणी, विद्यालय कार्यक्रम का सम्पूर्ण, सही तथा व्यवस्थित चित्र प्रस्तुत करती है। इसमें शिक्षकों व कक्षाओं की समय सारिणी का समग्र रूप रहता है। इसका उपयोग विद्यालय के प्रधानाचार्य द्वारा किया जाता है।

(2) कक्षा समय–सारणी – यह एक कक्षा के एक दिन की गतिविधियों का कार्यक्रम होती है। यह बतलाती है कि प्रत्येक कक्षा में कौन–सा शिक्षक कौन–सा विषय, कब पढाएगा? प्रत्येक कक्षा अपनी समय–सारणी का अनुसरण करती है।

समय–सारणी के प्रकार

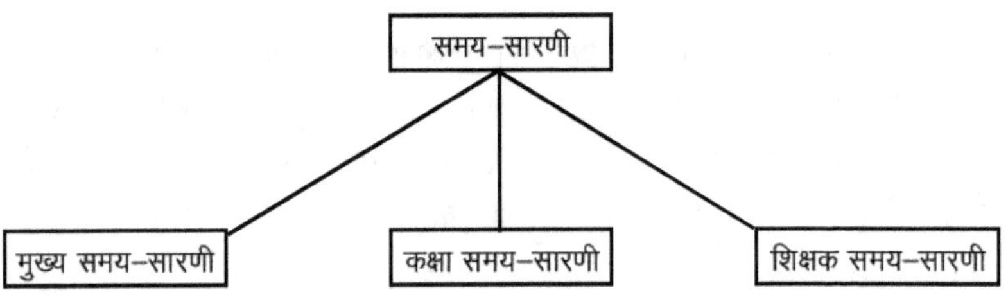

स्कूल की समय–सारणी बनाते समय निम्नलिखित सिद्धातों का ध्यान में रखा जाना आवश्यक है:–

(1) विद्यालय का प्रकार – विद्यालय की समय–सारणी बनाते समय इस बात का आवश्य ध्यान रखा जाना चाहिए कि विद्यालय का प्रकार क्या हैं और विद्यालय की आवश्यकताएँ क्या हैं। विद्यालय भिन्न–भिन्न प्रकार के हो सकते हैं; जैसे कन्या या बाल या सह–शिक्षा, ग्रामीण या शहरी, बाल या उच्चतर माध्यमिक। विद्यालय के प्रकार के आधार पर ही उसकी आवश्यकताएँ निर्धारित की जा सकती हैं।

(2) विभागीय नियम – साधारणतया राजकीय शिक्षा विभाग विद्यालय के सत्र की अवधि व प्रारम्भ होने की दिनांक तय करता है। विद्यालय की समय–सारणी बनाते समय इस बात का ध्यान रखा जाना चाहिए कि विद्यालय की समय–सारणी और राजकीय नियमों में तालमेल हो।

(3) उपलब्ध समय – समय सारणी बनाते समय उपलब्ध समय को भी ध्यान में रखना जरूरी है।

(4) न्याय का सिद्धान्त – समय–सारणी बनाते समय निम्नलिखित बातों का ध्यान रखना जरूरी है–

(क) प्रत्येक शिक्षक को उसकी योग्यता/विशेषज्ञता के विषय ही दिए जाने चाहिए।

(ख) प्रत्येक शिक्षक को दो से अधिक विभागों में न पढ़ाना पड़े।

(ग) प्रत्येक शिक्षक पर कार्य का समान उत्तरदायित्व हो।

(5) विषयानुसार महत्व – प्रत्येक विषय को उसकी कठिनाई/विशेषता के अनुसार ही महत्व दिया जाना चाहिए। जैसे गणित को इसलिए अधिक महत्व नहीं दिया जाए कि वह महत्वपूर्ण है, बल्कि इसलिए कि गणित अपेक्षाकृत कठिन विषय है।

(6) बोझिलता का तत्व – बोझिलता शारीरिक भी हो सकती है और मानसिक भी। यह शिक्षकों या छात्रों दोनों में ही हो सकती है। अतः समय सारणी इस प्रकार बनाई जानी चाहिए वह शिक्षक–छात्र दोनों को बोझिल न लगे।

(7) विविधता का तत्व – समय–सारणी इस प्रकार बनाई जानी चाहिए कि छात्रों को हर कालांश मे विविधता का अहसास हो। इसमें एकसारता कम होती है और बोझिलता भी नहीं आती।

(8) शिक्षकों के लिए रिक्त समय – शिक्षकों में बोझिलता कम करने के लिए तथा उनकी गुणवत्ता व ऊर्जा बनाए रखने के लिए उन्हें रिक्त समय दिया जाना चाहिए।

(9) खेल व मनोरंजन का सिद्धांत – स्कूली कार्यक्रम को बोझिलता कम करने व उसे मनोरंजक बनाने के लिए स्कूली समय–सारणी में खेल व मनोरंजन का पीरियड भी होना चाहिए।

(10) संसाधनों का अधिकतम उपयोग – समय–सारणी बनाते समय इस बात का ख्याल रखा जाना चाहिए कि विद्यालय के सभी संसाधनों जैसे शिक्षक, कक्षा, खेलकूद का मैदान, पुस्तकालय का उचित व अधिकतम इस्तेमाल हो।

(11) लचीलेपन का सिद्धांत – समय–सारणी बनाते समय एकदम कठोरता से काम नहीं लेना चाहिए, बल्कि अपेक्षित बदलावों के लिए उसमें थोड़ा लचीलापन भी होना चाहिए।

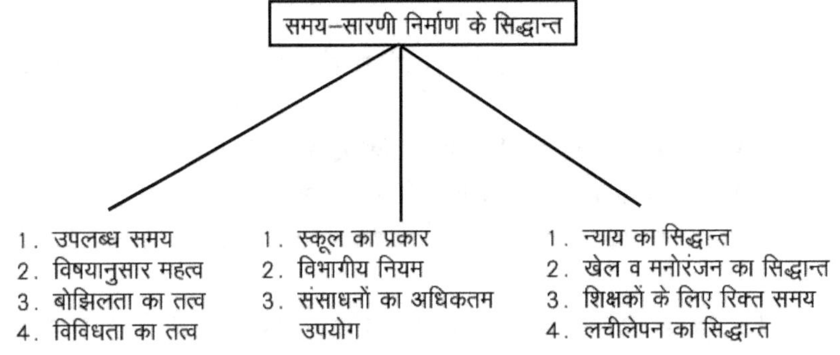

प्रश्न 10. विद्यालय में परीक्षा संचालन किस प्रकार किया जाना चाहिए? इस दौरान अध्यापक की क्या भूमिका होती है?

उत्तर – किसी विद्यालय में परीक्षाओं के आयोजन के लिए निम्नलिखित बातों को ध्यान में रखा जाना आवश्यक है–

(1) सर्वप्रथम परीक्षाओं की तिथि निश्चित करके उसकी सूचना मौखिक व सूचनापट्ट के जरिए छात्रों व शिक्षकों को दी जानी चाहिए।

(2) सूचना जारी करने के पश्चात् शिक्षकों को परीक्षापत्र तैयार करने के लिए कहना चाहिए।

(3) परीक्षापत्र भली–भांति छपे हुए या टाइप/साक्लोस्टाइल किए हुए होने चाहिए।

(4) परीक्षापत्र तैयार होने के बाद उन्हें कक्षा/बैठने के स्थान के अनुसार मण्डलों में बांट देना चाहिए।

(5) कक्षा में छात्रों के बैठने का स्थान पूर्व-निर्धारित होना चाहिए तथा उनके रोल नंबर निर्धारित डेस्कों पर लिखे होने चाहिए।

(6) हर कक्षा को एक क्रमांक दिया जाना चाहिए।

(7) कक्षा का क्रमांक तथा रोल नम्बर भी सूचनापट्ट पर लिखे होने चाहिए।

(8) परीक्षा शुरू होने से 15 मिनट पूर्व सभी परीक्षापत्र, उत्तर-पुस्तिका व अन्य सामान कक्षाओं में पहुंच जाना चाहिए।

(9) परीक्षा से पांच मिनट पूर्व सभी छात्रों को अपना स्थान ग्रहण कर लेना चाहिए।

(10) नियम समय पर परीक्षापत्र व उत्तर-पुस्तिका बंट जानी चाहिए।

(11) परीक्षा शुरू होने के 5 मिनट के भीतर परीक्षापत्र की गलतियों में सुधार हो जाना चाहिए।

(12) परीक्षा निरीक्षक को परीक्षा काल के दौरान पूर्ण रूप से सतर्क रहना चाहिए।

(13) प्रत्येक उत्तर-पुस्तिका पर परीक्षा निरीक्षक के हस्ताक्षर होने चाहिए।

(14) परीक्षार्थियों की उपस्थिति भली-भांति दर्ज की जानी चाहिए।

(15) परीक्षार्थियों को दी गई अतिरिक्त उत्तर-पुस्तिकाओं का रिकॉर्ड रखा जाना चाहिए।

(16) परीक्षा समाप्त होने के 10 मिनट पूर्व छात्रों को चेतावनी दे देनी चाहिए तथा उनसे अतिरिक्त उत्तर पुस्तिका मुख्य उत्तर-पुस्तिका के साथ नत्थी कर देने को कहना चाहिए।

(17) परीक्षा समाप्ति के बाद उत्तर-पुस्तिकाएं कमरा क्रमांक के हिसाब से एकत्रित की जानी चाहिए।

(18) उत्तर-पुस्तिकाएं विषय अध्यापकों के पास भेज देनी चाहिए।

(19) अनुपस्थित छात्रों का रिकॉर्ड रखा जाना चाहिए तथा बीमार होने की दशा में उनके मेडिकल सर्टिफिकेट मांगा जाना चाहिए।

प्रश्न 11. अध्यापक-अभिभावक संघ पर टिप्पणी करो।   [Dec-05, Q2]

उत्तर – अभिभावक-अध्यापक संघ – अभिभावक अपने बच्चों को शिक्षा प्राप्त करने तथा अपने बच्चों को सभ्य बनाने के लिए विद्यालय भेजते हैं। विद्यालय बच्चों को शिक्षित बनाता है। अभिभावक और अध्यापक दोनों बच्चों की प्रगति चाहते हैं और दोनों पक्ष इसके लिए एक-दूसरे को जवाबदेह भी है। लेकिन देखा गया है कि अनपढ़ और अशिक्षित अभिभावक शिक्षा के महत्व को नहीं समझते। इसलिए वे अपने बच्चों को अच्छा शैक्षिक परिवेश प्रदान नहीं करते। ग्रामीण क्षेत्रों में, केवल नाममात्र बच्चे ही प्राथमिक शिक्षा को पूरा कर पाते

हैं और अधिकांश बच्चे विद्यालय से अक्सर अनुपस्थित रहते हैं। माता–पिता कृषि और इससे संबद्ध कार्यकलापों में व्यस्त रहते हैं। वे विद्यालय से संपर्क बनाए नहीं रखते। दूसरी ओर, शिक्षित माता–पिता अक्सर व्यावसायिक कार्यों में व्यस्त रहते हैं। हो सकता है कि विद्यालय से संपर्क बनाए रखने के लिए उन्हें समय ही न मिले। ऐसी स्थिति में बच्चों की संवृद्धि और विकास को सुनिश्चित करने का दायित्व विद्यालय का बन जाता है। ऐसी स्थिति में अभिभावक–अध्यापक संघ एक आवश्यकता हो जाता है। इसके माध्यम से अभिभावक अपने बच्चों की प्रगति को जान पाते हैं और विद्यालय की आवश्यकताएं और आदर्शों को भी समझ पाते हैं और विद्यालय के कुछ कार्यकलापों में अपना सहयोग भी दे पाते हैं। अतः स्कूल जीवन के सामाजिक पहलू को विकसित करने में यह संघ सहायक होता है।

अभिभावक–अध्यापक संघ की स्थापना और उद्देश्य – अध्यापक द्वारा केवल घर के दौरे पर्याप्त नहीं है। अभिभावकों को भी बच्चों की शिक्षा में रूचि लेनी चाहिए। उन्हें बच्चों की शैक्षिक और निजी समस्याओं का भली–भांति पता होना चाहिए और अध्यापकों की सहायता से उनको इन्हें दूर करने का प्रयास भी करना चाहिए।

अभिभावक–अध्यापक संघ गठन करने में निम्नलिखित कदम उठाने चाहिए :
(1) विद्यालय में अभिभावकों को आमंत्रित कीजिए।
(2) उन्हें पी.टी.ए. के उद्देश्यों से अवगत कराइए।
(3) उन्हें पी.टी.ए. कार्यकलापों की संक्षिप्त जानकारी दीजिए।
(4) पी.टी.ए. की सदस्यता स्वैच्छिक बनाइए।
(5) सभी अभिभावकों को निमंत्रित करना चाहिए।
(6) अध्यापकों को पी.टी.ए. सभाओं के संचालन का उत्तरदायित्व लेना आवश्यक है।
(7) कार्यकलापों में अधिकाधिक अभिभावकों को शामिल करने का प्रयास कीजिए।

अभिभावक–अध्यापक संघ अनेक तरीकों में अध्यापकों और अभिभावकों को सहायता देता है। इनमें कुछ निम्नलिखित हैं :
(1) यदि दोनों पक्ष एक–दूसरे को समझने की चेष्टा करें तो इससे अभिभावकों और अध्यापकों के बीच संबंध सुधरेंगे।
(2) दोनों पक्ष एक–दूसरे को सम्मान देने और एक–दूसरे पर विश्वास करने का प्रयास करते हैं।
(3) एक–दूसरे को दोष देने के बजाय, दोनों पक्षों में सकारात्मक दृष्टिकोण होना चाहिए।
(4) पी.टी.ए. द्वारा विद्यार्थी अनुशासनहीनता का हल निकालता है।

(5) अभिभावक अपने बच्चों की आदतों, छिपी प्रतिभाओं और प्रगति से अवगत होते हैं।

(6) यह स्कूल निष्पादन को बेहतर बनाता है।

(7) यह संसाधनों की बर्बादी और गतिहीनता को कम करने में मदद करता है।

(8) दोनों पक्ष बच्चों के प्रति अपने उत्तरदायित्व को समझने लगते हैं।

(9) यह बच्चों के व्यक्तित्व के विकास में सहायक है।

(10) यह सिद्ध करता है कि विद्यालय, समाज का एक लघुरूप है।

हमने अभिभावक–अध्यापक संघ के महत्व की चर्चा की है। अब, हम अभिभावक–अध्यापक संघ की उद्देश्यों की जानकारी प्राप्त करेंगे।

अभिभावक–अध्यापक संघ के उद्देश्य – अभिभावक–अध्यापक संघ के उद्देश्य निम्नलिखित हैं :

(1) स्कूल और घर के बीच घनिष्ठ संबंध स्थापित करना – आज के समय में अभिभावक और अध्यापक एक–दूसरे के संपर्क में नहीं आते। अभिभावक भी अध्यापकों के प्रति–अनभिज्ञ रहते हैं। इसलिए कभी–कभार या किसी विशेष मौके पर उन्हें आपस में मिलना चाहिए।

(2) घर और समुदाय में बच्चों के कल्याण के बढ़ावा देना – अभिभावक अपने व्यावसायिक कार्यों में व्यस्त रहते हैं। उन्हें स्कूल जाने और बच्चे की प्रगति में रूचि लेने के लिए समय नहीं मिलता है। वर्ष में एक बार उन्हें विद्यालय में आमंत्रित किया जाता है जिससे उन्हें अपने बच्चों के निष्पादन और समस्याओं का पता चलता है। उन्हें बच्चे के व्यवहार का भी पता चलता है। बच्चे को प्रशिक्षित करने में अभिभावकों और अध्यापकों को समझदारी से एक–दूसरे को सहयोग देना चाहिए।

प्रश्न 12.एक विद्यालय में कितने प्रकार के अभिलेख होते हैं? इनकी आवश्यकता क्यों होती है?

उत्तर – हर संस्था को ऐसे कई अभिलेखों की सुरक्षा करनी पड़ती है जिनसे उस संस्था के उद्देश्यों की जानकारी मिलती है। इनसे उसकी उत्पत्ति, विकास और दर्शन का भी ज्ञान होता है। आजकल विद्यालयों के बढ़ते हुए दायित्वों के कारण, विद्यालयी अभिलेखों की संख्या में भी बढ़ोतरी हुई है। राज्य सरकारों ने प्रत्येक माध्यमिक विद्यालय द्वारा कुछ निश्चित अभिलेखों का रखना अनिवार्य कर दिया है।

विद्यालयी अभिलेखों के प्रकार – विद्यालयों द्वारा अनेक प्रकार के विद्यालय अभिलेखों को रखा जाता है। फिर भी कुछ अभिलेख ऐसे हैं जो प्रायः हर विद्यालय द्वारा रखे जाते हैं। इन मुख्य विद्यालय अभिलेखों का संक्षिप्त विवरण हम नीचे की पंक्तियों में प्रस्तुत कर रहे हैं।

(1) छात्र उपस्थिति रजिस्टर – अध्यापकों द्वारा छात्रों की उपस्थिति रजिस्टर को रखा जाता है। इस रजिस्टर में छात्रों की कक्षा में उपस्थिति को दर्ज किया जाता है। अध्यापक को प्रतिदिन छात्रों की उपस्थिति को दर्ज करना होता है और माह में एक बार इसका लेखा–जोखा तैयार करना होता है। अध्यापकों को रजिस्टर में छात्रों के नाम के सम्मुख तिथि अनुसार P, A तथा L लिखना होता है। P उपस्थिति, A अनुपस्थिति और L अवकाश की ओर संकेत करते हैं। जिन छात्रों की उपस्थिति कम होती है उन्हें सचेत किया जाता है।

(2) अध्यापक एवं कर्मचारी उपस्थिति रजिस्टर – अध्यापकों तथा कर्मचारियों की उपस्थिति का विवरण रखने के लिए अलग–अलग रजिस्टरों की व्यवस्था की जाती है। यह रजिस्टर प्रधानाचार्य के नियंत्रण में होते हैं और इसमें अध्यापकों की उपस्थिति, अनुपस्थिति, अवकाश और देर से आने का विवरण दर्ज किया जाता है।

(3) दाखिल खारिज रजिस्टर – प्रत्येक विद्यालय में दाखिल खारिज रजिस्टर का रखा जाना आवश्यक है। यही वह रजिस्टर है जिसमें छात्रों के विद्यालय में प्रवेश और विद्यालय छोड़ने की संपूर्ण जानकारी का विवरण उपलब्ध होता है। इस रजिस्टर में छात्र के प्रवेश की तिथि, प्रवेश का क्रमांक, छात्र की जन्म तिथि व पता, जिस कक्षा में प्रवेश लिया है, जिस कक्षा में विद्यालय छोड़ा है, विद्यालय छोड़ने की तिथि और विद्यालय में प्रवेश पाने से पहले के विद्यालय का नाम दर्ज किया जाता है।

(4) स्टॉक रजिस्टर – विद्यालय प्रशासन को सुचारू रूप से चलाने तथा विद्यालय की साज सज्जा एवं सफाई आदि की व्यवस्था के लिए अनेक वस्तुओं की आवश्यकता होती है। इन सब वस्तुओं का हिसाब किताब एक रजिस्टर में रखा जाता है। यही रजिस्टर स्टॉक रजिस्टर के नाम से जाना जाता है। इसमें वस्तु खरीदने की तिथि, खरीदने का स्थान, मात्रा, दर, कुल मूल्य आदि का विवरण दर्ज किया जाता है। इसे साथ ही साथ वस्तु को खर्च करते समय भी उसका विवरण रजिस्टर में दर्ज कर उस वस्तु की बाकी मात्रा को दर्ज किया जाता है।

(5) कैश बुक – जिस रजिस्टर में विद्यालय के रूपये पैसे का संपूर्ण हिसाब किताब रखा जाता है उसे कैश बुक कहते हैं। कैश बुक में दो खाते होते हैं – एक खाते में आने वाले

रूपयों को दर्ज किया जाता है और दूसरे में खर्च किये जाने वाले रूपयों का हिसाब किताब रखा जाता है। इसमें रूपया प्राप्त करने की तिथि, रूपया कहां से प्राप्त किया गया, कितना रूपया प्राप्त किया गया, किस रसीद संख्या से प्राप्त किया गया आदि का विवरण दर्ज किया जाता है। रूपया खर्च करते समय भी खर्च की गयी राशि किसलिए खर्च की गयी, किस वाउचर संख्या से खर्च की गयी आदि का विवरण दर्ज किया जाता है।

(6) लॉग बुक – लॉग बुक वह रजिस्टर है जिससे विद्यालय के इतिहास का पता चलता है। इस रजिस्टर में विद्यालय के विकास क्रम को स्पष्ट रूप से दर्ज किया जाता है। विद्यालयों की विशेष कठिनाइयों, विद्यालय के कार्य घण्टे, विद्यालय के निरीक्षण से सम्बन्धित कार्यवाहियों, विद्यालय के उपकरणों एवं समय–समय पर निरीक्षण हेतु विद्यालय में आये व्यक्तियों की संपूर्ण जानकारी इस रजिस्टर में क्रमानुसार व तिथि अनुसार दर्ज की जाती है। यह विद्यालय की स्थायी रिकॉर्ड होता है। डॉ. सिद्दालिंगाया ने लॉग बुक के विषय में लिखा है ''लॉग बुक घटनाओं का अभिलेख है। इस प्रकार यह स्कूल के इतिहास की सामग्री प्रदान करता है। यह स्कूल की डायरी है, उचित अवसर पर प्रधानाध्यापक को इसमें आवश्यक बातें लिखनी चाहिए। यह स्कूल का स्थायी रिकार्ड है।

(7) स्कूल कैलेन्डर – विद्यालय के स्कूल कैलेन्डर से वर्ष भर में होने वाली विद्यालय की गति विधियों की जानकारी होती है। स्कूल कैलेन्डर विद्यालय सत्र के प्रारंभ होने से पूर्व ही तैयार कर लिया जाता है। इसमें अवकाश, मासिक, अर्द्धवार्षिक, वार्षिक परीक्षाओं की तिथियां, प्रवेश तिथि, विद्यालय चुनाव, विद्यालय के वार्षिक समारोह, अभिभावक सम्मेलन आदि की संभावित तिथियां तय कर ली जाती हैं। स्कूल कैलेन्डर में आकस्मिक परिस्थितियों के कारण फेरबदल भी किया जा सकता है।

(8) सेवा पुस्तिका – सेवा पुस्तिका किसी भी विद्यालय का बहुत ही महत्वपूर्ण अभिलेख है। इस पुस्तक में अध्यापकों एवं कार्यालय के अन्य कर्मचारियों के कार्यों की संपूर्ण जानकारी दर्ज की जाती है। प्रत्येक कर्मचारी और शिक्षक की पृथक–पृथक सेवा पुस्तिका तैयारी की जाती है। इस पुस्तिका में कार्यालय के कर्मचारियों तथा शिक्षकों का नाम, शैक्षिक योग्यता, निवास, राष्ट्रीयता, पिता/पति का नाम, स्थायी पता, जन्मतिथि, हाई स्कूल रोल नम्बर/वर्ष, पहचान हेतु निशान, लम्बाई, बायें हाथ के अंगूठे व उंगली के निशान, कर्मचारियों के हस्ताक्षर, मुख्याध्यापक के हस्ताक्षर आदि दर्ज किये जाते हैं। इसके अतिरिक्त अन्य पृष्ठों पर नौकरी का नाम, रिक्त या किसी के स्थान पर, रिक्त नियुक्ति वेतन, स्थायी या अस्थायी, वेतन में सम्मिलित अन्य भत्ते, नियुक्ति की तिथि, मुख्याध्यापक के हस्ताक्षर, वेतन प्राप्तकर्ता के हस्ताक्षर, नियुक्ति की समाप्ति की तिथि, नामांकन, सेवा मुक्ति के कारण, कार्यकर्ता को दी

गयी ताड़ना या दण्ड या पुरस्कार तथा प्रतिवर्ष की प्रगति का लेखा जोखा रखा जाता है।

(9) शुल्क एकत्रित करने का रजिस्टर – आमतौर पर यह रजिस्टर पृथक रूप से नहीं बनाया जाता बल्कि उपस्थिति रजिस्टर में ही विद्यार्थी के नाम के सम्मुख एक कॉलम में फीस का विवरण भर दिया जाता है। फीस एकत्रित करने का कार्य या तो कार्यालय द्वारा किया जाता है अथवा कक्षा अध्यापक द्वारा किया जाता है। कक्षा अध्यापक को रजिस्टर में विवरण भर देने के पश्चात् फीस को कार्यालय में जमा कराना होता है। कक्षा अध्यापक को चाहिए कि वह कार्यालय में फीस जमा कराने के साथ ही सम्बन्धित क्लर्क से हस्ताक्षर कर लें। शुल्क एकत्र करने के रजिस्टर की जांच भी प्रधानाचार्य समय–समय पर करते रहते हैं।

(10) विद्यार्थी फण्ड रजिस्टर – फीस के अतिरिक्त कुछ अन्य फण्ड भी छात्रों से फीस के साथ लिये जाते हैं। इस फण्ड के रूप में लिये गये पैसा का हिसाब–किताब भी अलग से रखे जाने की व्यवस्था है। इस धनराशि को भी अलग रजिस्टर में दर्ज किया जाता है और समय–समय पर छात्रों को इसके उपयोग के बारे में सूचित किया जाता है।

(11) वेतन भुगतान रजिस्टर – अध्यापकों तथा अन्य कर्मचारियों को प्रतिमाह दिये गये वेतन का हिसाब किताब रखने के लिए भी एक रजिस्टर रखा जाता है। इस रजिस्टर में मूल वेतन, महंगाई भत्ता, मकान का किराया व अन्य विवरण दर्ज रहते हैं। इस रजिस्टर में भविष्य निधि, आय कर और अन्य ऋणों की कटौती का विवरण भी दर्ज किया जाता है। अध्यापक या कर्मचारी को वेतन देते समय इस रजिस्टर पर हस्ताक्षर करा लिये जाते हैं।

इन सब प्रमुख विद्यालय अभिलेखों के अतिरिक्त विभिन्न प्रकार के अन्य अभिलेख भी विद्यालयों में रखे जाते हैं। उनमें से कुछ प्रमुख अभिलेख हैं – दर्शकों की विवरण पुस्तिका, शिक्षा अधिकारियों के आदेशों से सम्बन्धित रजिस्टर, अवकाश रजिस्टर, पाठ्यक्रम सहगामी क्रियाओं का रजिस्टर, दान रजिस्टर, विद्यालय सम्पत्ति रजिस्टर, पुस्तकालय रजिस्टर, छात्रावास रजिस्टर, भविष्य निधि रजिस्टर, नोटिस रजिस्टर, परीक्षा रजिस्टर, दण्ड रजिस्टर, शिक्षक डायरी, स्थानान्तरण रजिस्टर, चपरासी पुस्तिका आदि।

विद्यालय अभिलेखों की आवश्यकता :– विद्यालय एक सामाजिक संस्था है जो अभिभावकों, प्रबंध–समिति, शिक्षा–विभाग, समुदाय एवं विद्यार्थियों के प्रति उत्तरदायी है। अतः यह आवश्यक है कि विद्यालय में सभी प्रकार के अभिलेखों का उचित रखरखाव किया जाए।

(1) हर विद्यालय के लिए यह आवश्यक है कि वह अपने हर विद्यार्थी का ठीक और पूरा विवरण तैयार करे और समय–समय पर इस पर आधारित विद्यार्थी की प्रगति का ब्यौरा

उनके अभिभावकों को भेजें। कुछ तथ्य तथा आंकड़े इस वास्ते भी अनिवार्य है कि इनके आधार पर ही विद्यालय का सरकार से अनुदान राशि मिलती है।

(2) शिक्षा विभाग को विद्यालय की पूरी स्थिति की जानकारी भेजने के लिए भी अभिलेखों की आवश्यकता होती है। यह विवरण वास्तविक तथ्यों और आँकड़ों पर आधारित होना चाहिए। इन तथ्यों को भविष्य की योजना बनाने तथा बजट तैयार करने के लिए भी उपयोग में लाया जाता है।

(3) विद्यालय में प्रत्येक विद्यार्थी का कम्प्यूटर अभिलेख रखा जाना चाहिए। इससे विद्यार्थी की प्रगति का तो ज्ञान होगा ही, शैक्षिक कार्यक्रम के गुण-दोषों का भी पता चल सकेगा। यदि कम्प्यूटर की सुविधा उपलब्ध न हो तो अभिलेख हस्तलिखित भी हो सकते हैं इस काम के लिए अध्यापकगण एवं प्रशासनिक कर्मचारी की सहायता ली जा सकती है।

(4) शैक्षिक प्रगति और किसी क्षेत्र की विशेष आवश्यकताओं को आंकने के लिए भी विद्यालयी अभिलेख हमारी सहायता करते हैं।

(5) इन अभिलेखों के आधार पर ही विद्यार्थियों की प्रगति आदि की सूचना उनके अभिभावकों को भेजी जाती है। इन सूचनाओं के आधार पर ही अभिभावकों के साथ समुचित संवाद स्थापित हो सकता है। ये शिक्षा के उद्देश्यों को प्राप्त करने और परिवार व समुदाय का सहयोग लेने के लिए उपयुक्त माध्यम है।

(6) इनके साथ-साथ विद्यार्थियों के सम्पूर्ण विकास का दायित्व भी विद्यालय पर है। अतः प्रत्येक छात्र या छात्रा के नियमित विकास और अभिवृद्धि का अभिलेख रखना नितांत आवश्यक है।

प्रश्न 13. स्कूल डायरी/विद्यालय दैनन्दिनी क्या होती है? इसके महत्व पर प्रकाश डालिए।

उत्तर – विद्यालय दैनन्दिनी विद्यालय का दर्पण होती है। इस पर विद्यालय का प्रतीक चिह्न तथा आदर्शवाक्य छपा होता है। इसमें स्कूल के वर्षभर के कार्यक्रम लिखे रहते हैं। स्कूल डायरी का आकार-प्रकार इस तरह होता है –

(1) यह एक प्लास्टिक कवर के भीतर होती है।

(2) कवरपृष्ठ पर केन्द्र में या ऊपर की ओर स्कूल का नाम और प्रतीक-चिन्ह छपा होता है।

(3) नीचे की ओर छात्र का नाम, पता, कक्षा इत्यादि के लिए स्थान होता है।

(4) डायरी के भीतर प्रथम पृष्ठ पर छात्र की व्यक्तिगत जानकारी होती है, जैसे कि नाम, पता, विद्यालय में पढ़ने वाले अन्य भाई/बहन का नाम, जन्म तिथि, आयु, लिंग, राष्ट्रीयता, रक्त – वर्ग इत्यादि।

(5) दूसरे पृष्ठ पर विद्यालय के ट्रस्ट व पदाधिकारियों के नाम इत्यादि लिखे रहते हैं।

(6) तीसरे पृष्ठ पर विभिन्न प्रकार की प्रार्थनाएँ लिखी होती हैं।

(7) प्रार्थनाओं के बाद स्कूल के अनुशासन सम्बन्धी नियम व चेतावनियां तथा नियमों को तोड़ने पर होने वाली जुर्माने सम्बन्धी जानकारी लिखी होती है।

(8) डायरी में स्कूल में वर्षभर में होने वाली छुट्टियों का ब्यौरा भी रहता है।

(9) डायरी के हर पृष्ठ पर कोई सूक्ति या लोकोक्ति लिखी होती है।

(10) डायरी के एक हिस्से में छात्रों का परीक्षा फल का रिकार्ड रखने के लिए स्थान होता है।

(11) डायरी में शिकायत/चेतावनी सम्बन्धी स्थान भी होता है, जिसमें शिक्षक छात्र के अनुशासन भंग करने/वर्दी ढंग से न पहनने, गृहकार्य न करने या कुछ और गलत काम करने की शिकायत लिखकर बच्चों के अभिभावक के पास पढ़ने और हस्ताक्षर करने के लिए भेज देते हैं।

(12) डायरी के अन्त में एक कॉलम में बच्चे के द्वारा भाग ली गई गतिविधियों के बारे में लिखा रहता है।

स्कूल डायरी स्कूल की गतिविधियों का महत्वपूर्ण व अभिन्न अंग होती हैं। यह छात्रों, शिक्षकों, प्रधानाचार्य एवं स्कूल प्रबन्धन सभी के लिए सहायक होती हैं। सर्वप्रथम, डायरी में ट्रस्ट के सभी सदस्यों व स्कूल के अन्य पदाधिकारियों के पते व टेलीफोन नम्बर रहते हैं, जिससे जरूरत पड़ने पर वे एक–दूसरे से सम्पर्क स्थापित कर सकते हैं। दूसरे, छात्रों के अभिभावक डायरी की मदद से स्कूल में होने वाली गतिविधियों, छात्रों के गृहकार्य तथा स्कूल से आने वाली शिकायतों के बारे में जान सकते हैं। डायरी शिक्षक के लिए भी काफी महत्वपूर्ण होती है। शिक्षक छात्रों को अपना गृहकार्य डायरी में लिखने को कह सकते हैं। बच्चे की प्रगति का रिकॉर्ड डायरी में लिखते हैं। डायरी के माध्यम से ही वे छात्र के अभिभावक को अपना संदेश या छात्र की शिकायत भेज सकते हैं। छात्र डायरी में अपना गृहकार्य देखकर कार्यों की प्राथमिकता तय कर सकते हैं। उन्हें डायरी व्यवस्थित करना आता है। डायरी से उन्हें विद्यालय के नियमों व अनुशासन का पता चलता है। साथ ही यह भी पता चलता है कि नियम तोड़ने पर उन्हें क्या जुर्माना/सजा हो सकती है। संक्षेप में, कहा जाए तो स्कूल डायरी स्कूल व स्कूल के बाहर भी कुछ लोगों के लिए अत्यन्त महत्वपूर्ण है।

प्रश्न 14. पुस्तकालय का महत्व बताते हुए इसके प्रबंधन कार्य पर प्रकाश डालिए।   **[June-05, Q3(vii)]**

उत्तर – पुस्तकालय का महत्व – पुस्तकें व्यक्ति की मित्र तथा ज्ञान का भंडार होती है। ये हमें प्रसन्नता प्रदान करती है और नित नई ऊँचाईयों की ओर अग्रसर करती है। वर्तमान समय में विद्यालयों में अच्छी पुस्तकालय सेवा की उपलब्धता कोई विवादित विषय नहीं है।

सभी बुद्धिमान व्यक्ति जो शिक्षा के उद्देश्यों, अधिगम व अनुदेशात्मक प्रक्रिया पाठ्यचर्या तथा वर्तमान विद्यालयी क्रियाकलापों से परिचित हैं, वे शैक्षणिक प्रक्रिया में गुणात्मक सुधार लाने के लिए उत्तम पुस्तकालय सेवा के महत्व को अति आवश्यक समझते हैं। प्रभावी पुस्तकालय सेवा से वंचित विद्यालयों की तुलना में अच्छे पुस्तकालय वाले विद्यालयों के शैक्षणिक कार्य भी अधिक अच्छे होते हैं।

आज के शिक्षा के बदले हुए स्वरूप में पुस्तकालय का महत्व और अधिक बढ़ गया है। पुस्तकालय में स्वयं अध्ययन करना विद्यालयी शिक्षा का एक प्रमुख अंग बन गया है। इस प्रकार आधुनिक शिक्षण–विधियों में जहां समस्या–समाधान, परियोजना पर्यवेक्षण, दत्तकार्य आदि विधियों पर बल दिया जाता है, वहाँ पुस्तकालय का होना अनिवार्य है। भारतीय शिक्षा आयोग (1964–66) के अनुसार पुस्तकों के संग्रह मात्र को भले ही वे अच्छी पुस्तकें क्यों न हों, हम पुस्तकालय नहीं कह सकते। पुस्तकालय को बौद्धिक जीवन का केन्द्र बिन्दु होना चाहिए, जो संदर्भ व अध्ययन हेतु अथवा वैयक्तिक इच्छानुसार स्वाध्याय के लिए हर समय उपलब्ध हो। यह जगह शांत, सुसज्जित एवं आरामदेह होनी चाहिए ताकि अध्ययन के प्रति रूचि जागृत करने में सहायक हो सके।

विद्यालय के पुस्तकालय के प्रबंधन में निम्नलिखित कारक महत्वपूर्ण भूमिका निभाते हैं–

(1) स्थान – एक पुस्तकालय किसी संस्था की आत्मा होती है। इसलिए इसके स्थान,, प्रबन्धन व उपकरण पर विशेष ध्यान दिया जाना चाहिए। यह विद्यालय के एकान्त व शान्त कोने में होना चाहिए तथा वहाँ किसी प्रकार का शोर–शराबा व दखल नहीं होना चाहिए। पुस्तकालय के हाल में पर्याप्त रोशनी, हवा का आगमन होना चाहिए तथा बैठने का स्थान भी खुला होना चाहिए।

(2) उपकरण – पुस्तकालय में बड़ी संख्या में सादी मे आरामदायक कुर्सियां होनी चाहिए। इसमें पुस्तकों की संख्या के अनुसार पर्याप्त संख्या में अल्मारियाँ भी होनी चाहिए तथा उनमें पुस्तकें तरीके से रखी होनी चाहिए।

(3) पुस्तकों का चयन – पुस्तकों का चयन विद्यालय के स्तर व छात्रों की आवश्यकता के अनुसार होना चाहिए। पुस्तकों का संग्रह छात्रों को आकर्षित करने वाला होना चाहिए। अच्छे लेखकों की पुस्तकों को ही पुस्तकालय में रखा जाना चाहिए।

(4) संगठन – पुस्तकों को अल्मारियों में विषय के अनुसार रखा जाना चाहिए, ताकि

उन्हें ढूंढने में आसानी हो। पुस्तकों के अलावा कुछ सन्दर्भ सूची भी अलग से रखी जानी चाहिए, ताकि शिक्षकों व छात्रों को मनोवांछित सामग्री आसानी से उपलब्ध हो सके।

(5) नियमावली – पुस्तकालय के खुलने–बन्द होने के समय/पुस्तकों के विनियम और अनुशासन सम्बन्धी एक नियमावली होनी चाहिए, जिसका कठोरता से पालन किया जाना चाहिए।

प्रश्न 15. एक विद्यालय में प्रयोगशाला का क्या महत्व है? छात्रों को प्रयोगशाला में किस प्रकार की सावधानियाँ बरतनी चाहिए।

उत्तर – प्रयोगशाला में विज्ञान के सैद्धांतिक ज्ञान को वास्तविक रूप में प्रयोग करके सीखने का अवसर मिलता है इसका उद्देश्य विज्ञान–शिक्षण को प्रभावी बनाना एवं विद्यार्थियों की विज्ञान में रूचि विकसित करना है। हर विद्यालय में एक सुसज्जित विज्ञान प्रयोगशाला का होना अत्यंत आवश्यक है।

प्रयोगशाला का महत्व –

(1) विद्यार्थी जिन बातों को उद्देश्यपूर्ण क्रियाओं के द्वारा सीखते हैं वे उनके मस्तिष्क में स्थाई रूप से जम जाती है।

(2) प्रयोगात्मक कार्य के अभाव में छात्र का ज्ञान अपूर्ण और सतही रहता है।

(3) यहाँ बालकों में वैज्ञानिक ढंग से काम करने की आदत पड़ती है और वैज्ञानिक दृष्टिकोण का विकास होता है।

(4) यहाँ बालक निरीक्षण, आँकड़ा–संग्रह एवं विश्लेषण जैसी क्रियाओं और उपकरणों का उचित प्रयोग आदि कार्य सीख जाता है।

(5) प्रयोगशाला में सामूहिक रूप से कार्य करने से बच्चों में सामाजिकता, सहयोग की भावना, साधन–सम्पन्नता, आत्म निर्भरता और नेतृत्व आदि गुणों का विकास होता है।

(6) वहाँ छात्र विभिन्न उपकरणों व उपस्करणों के संचालन तथा आवश्यकता पड़ने पर उनका मरम्मत–कार्य भी सीखते हैं।

विद्यार्थियों के लिए निर्देश –

(1) छात्रों को उपकरण सावधानी से संभाल कर प्रयोग में लाने चाहिए।

(2) रसायनों का उपयोग हो जाने के उपरांत, उनके स्थानापन्न रसायनों को अपने उचित स्थान पर रख देना चाहिए।

(3) बालकों के अपने बस्ते प्रयोगशाला के बाहर ही छोड़ देने चाहिए।

(4) हाँ, विद्यार्थियों को पत्रिकाएँ, प्रयोगात्मक संबंधी किताबें और निरीक्षण परिणाम

लिखने वाली कापियाँ प्रयोगशाला में साथ रखनी चाहिए।

(5) विभिन्न रसायनों को मिला कर नहीं रखना चाहिए।

(6) सांद्र अम्ल जैसे खतरनाक रसायनों को पिपेट में मुंह द्वारा नहीं खींचना चाहिए।

(7) सूक्ष्मदर्शी को प्रयोग करने के बाद साफ करके रखना चाहिए।

(8) मेज को साफ रखें। काम के बाद स्टूल अपने स्थान पर सरका दें।

(9) प्रयोग के बाद शीशे को भी साफ करके रखना चाहिए।

(10) कूड़ा कूड़ेदान में ही डालना चाहिए।

(11) बेकार बची सामग्री को चिलमची में नहीं डालना चाहिए।

(12) किसी बात के समझ न आने पर अध्यापक से पूछ लेना चाहिए। अटकल, अन्दाजे, या दूसरे की नकल करके काम न निपटाएं।

(13) किसी सामग्री का उपयोग कर लेने के उपरांत उसे वापिस उसकी शैल्फ या अलमारी में ही रखें।

(14) डिब्बे या शीशी आदि पर लगे अंकन से छेड़छाड़ न करें।

(15) आग लगने की स्थिति में अग्नि–शमन यंत्र का उपयोग करें।

(16) गैस, पानी व बिजली का अपव्यय न करें।

17) अपना कार्य पूरा करके, प्रेक्षण तथा प्रयोगात्मक कापी में अध्यापक के हस्ताक्षर कराए और फिर प्रयोगशाला छोड़ें।

खेल के समय खेलें,

काम के समय काम करें।

प्रयोगशाला में यह कथन सर्वोत्तम मानें।

प्रश्न 16. विद्यालय के बजट का क्या अर्थ है तथा यह कितने प्रकार का होता है? इसकी आवश्यकता पर प्रकाश डालो।[June-06, Q3(viii)] [June-07, Q3(vi)]

उत्तर – बजट व्यय संबंधी एक योजना है जो आय का हमारे उद्देश्यों के अनुरूप, उपभोग के विभिन्न मुद्दें जैसे बचत तथा निवेश के बीच वितरण को दर्शाती हैं। बजट निम्नलिखित प्रकार का होता है :–

(1) **चालू बजट** – विद्यालय में वर्ष भर में जो धन प्राप्त होता है और जो व्यय होता है। विद्यालय में प्रतिवर्ष अनेक क्रियाएं आयोजित की जाती है इनके आयोजनों पर कुछ खर्च होता है और कुछ आय भी हो सकता है। विद्यालय को सरकार से भी हर वर्ष अनुदान मिलता है। विद्यालय अपनी अनुमानित आय–व्यय की वार्षिक योजना बनाते हैं जिसे चालू बजट कहते हैं।

(2) **दीर्घकालीन बजट** – यह बजट विद्यालय के लम्बी अवधि के लक्ष्यों की प्राप्ति

हेतु बनाई गई योजना होती है। यह एक वर्ष रो अधिक की, प्रायः पांच या दस–वर्षीय योजना होती है तथा इसमें सम्भावित आय व सम्भावित व्यय के विभिन्न मुद्दों का चित्रांकन होता है।

(3) विद्यालयी कार्यक्रम संबंधी बजट – विद्यालय विशिष्ट कार्यक्रम या उद्देश्य के लिए बजट बनाते हैं जिसे कार्यक्रम बजट कहते हैं। विद्यालय में एक वर्ष में कई ऐसी आवश्यकतायें हो सकती हैं।

(4) परम्परागत बजट – परम्परागत बजट उद्देश्य प्राप्ति पर बल नहीं देता, बल्कि आय के सृजन तथा विभिन्न शीर्षों के अंतर्गत व्यय की योजना पर ध्यान देता है। इस प्रकार के बजट पिछले वर्षों के बजट के अनुरूप ही बनाए जाते हैं और वर्तमान वर्ष के बजट के लिए आय तथा व्यय लगभग पहले के समान ही रहते हैं।

विद्यालय बजट निम्नलिखित कारणों से आवश्यक होता है :–

(i) इससे प्रधानाचार्य को प्राप्त धन की उचित व कुशलता पूर्वक खर्च करने में दिशा–निर्देश मिलते हैं।

(ii) यह विद्यालय के प्रधानाचार्य को आवश्यक धन राशि जुटाने की चेतावनी देता है।

(iii) इसके द्वारा विद्यालय की प्रगति का मूल्यांकन कर सकते हैं।

(iv) यह देखना कि धन का कुप्रबंधन न हो।

प्रश्न 17. विद्यालय के बजट की तैयारी व निर्माण प्रक्रिया का उल्लेख करो।

उत्तर – विद्यालयी बजट वार्षिक या बहुवर्षीय हो सकता है। बजट किसी विशिष्ट प्रयोजन से संबंधित हो सकता है। बजट चाहे किसी भी प्रकार का हो, वह विद्यालय के आय–व्यय का व्यापक व सटीक अनुमान प्रस्तुत करता है।

विद्यालय की आय के निम्न साधन या मद हो सकते हैं।

(अ) छात्र–शुल्क

(ब) सरकारी अनुदान

(स) दान व उपहार

(द) अभिभावक शिक्षक संघ की सहायता राशि

(इ) प्रायोजित राशि

(फ) छात्र–क्रियाएँ

व्यय के मद निम्न प्रकार के हो सकते हैं :

(अ) अध्यापक व सहायक कर्मचारियों के वेतन

(ब) परीक्षाएँ

(स) निर्माण एवं मरम्मत

(द) उपकरणों की खरीद व रख–रखाव

(इ) सहायक शिक्षण–सामग्री

(फ) लेखन सामग्री

(क) संरचनात्मक ढांचा

(ख) पुस्तकालय

(ग) स्वास्थ्य जांच

(घ) विज्ञापन

(च) अतिरिक्त पाठ्य सहगामी क्रियाएँ

(छ) फुटकर या विविध (कर, बिजली, टेलीफोन आदि)

बजट निर्माण के सोपान – बजट बनाना एक जटिल प्रक्रिया है। यह व्यक्ति विशेष तथा सारे समूह के प्रयत्न से तैयार किया जाता है। विद्यालय का बजट तैयार करने में प्रशासनिक अधिकारी और अध्यापकों आदि को निम्न सोपानों का अनुसरण करना चाहिए:–

(1) विद्यालय के शैक्षिक कार्यक्रमों के उद्देश्य निश्चित करें और वर्तमान कार्यक्रमों के उद्देश्यों की जांच करें।

(2) अल्पावधि तथा लंबी अवधि के उद्देश्यों को निश्चित करें।

(3) कार्यक्रमों और उद्देश्यों की प्राथमिकताएं तय करें।

(4) शैक्षिक कार्यक्रमों की विस्तृत योजनाएं बनाए।

(5) कार्यक्रमों को क्रियान्वित करने हेतु योजना बनाएं।

(6) कार्यक्रम पर होने वाले व्यय, आय और लाभ का ब्यौरा तैयार करें।

(7) कार्यक्रम के मूल्यांकन के लिए योजना बनाएँ।

उपरोक्त सात सोपानों के अनुसार, बजट तैयार करके विद्यालय की कार्यकारिणी समिति अथवा सरकार की स्वीकृति हेतु प्रस्तुत किया जा सकता है। बजट स्वीकृत होने पर ही, वह क्रियान्वयन हेतु तैयार होगा। बजट की सफलता उसके कुशल प्रबंध पर काफी निर्भर है। अतः समय समय पर उसकी समीक्षा करते रहना चाहिए।

प्रश्न 18. विद्यालय के अन्य क्रियाकलाप कौन से होते हैं?

उत्तर – विद्यालय मुख्यतः पाठ्यक्रम सम्बन्धी क्रियाकलाप ही करता है। परन्तु बच्चों की सर्वांगीण उन्नति के लिए वह कुछ अन्य क्रियाकलाप भी करता है। ताकि विद्यार्थियों की

विशेष योग्यताओं और रूचियों को प्रोत्साहन मिल सके। ये क्रियाकलाप सहायक या अन्य क्रियाकलाप कहलाते हैं।

सहायक क्रियाकलाप – स्कूली पाठ्यक्रम को सहयोग करने वाले कार्य 'सहायक क्रियाकलाप' कहलाते हैं। सहायक क्रियाकलापों का आयोजन स्कूल प्रशासन द्वारा समय–समय पर छात्रों की विशेष योग्यताओं को उभारने के लिए किया जाता है। अक्सर सहायक क्रियाकलापों की योजना सत्र के प्रारंभ में ही बना ली जाती है। सहायक क्रियाकलापों के प्रमुख उदाहरण इस प्रकार है :

(1) निबन्ध प्रतियोगिता

(2) वाद–विवाद प्रतियोगिता

(3) चित्रकला प्रतियोगिता

(4) शैक्षणिक यात्रा कार्यक्रम

(5) कविता लेखन प्रतियोगिता तथा

(6) विज्ञान मेला इत्यादि।

अन्य क्रियाकलाप – ये वे क्रियाकलाप होते हैं, जिनका स्कूल के पाठ्यक्रम से कोई सम्बन्ध नहीं होता, परंतु ये छात्रों में नैतिक, मानसिक व सामाजिक उन्नति के लिए आयोजित की जाती है। इनका मुख्य उद्देश्य छात्रों का स्वास्थ्यवर्द्धक मनोरंजन करना होता है। अन्य क्रियाकलापों के उदाहरण इस प्रकार हैं –

(1) पिकनिक

(2) सफाई अभियान

(3) राहत कार्यों के लिए चन्दा उगाहना

(4) मनोरंजक व सांस्कृतिक कार्यक्रम

(5) वार्षिकोत्सव तथा

(6) विदाई समारोह इत्यादि।

ये कार्यक्रम वर्षभर आयोजित किए जाते हैं। इन्हें भली प्रकार कार्यरूप देने के लिए इनका नियोजन अत्यन्त आवश्यक है।

प्रश्न 19. विद्यालय की परिवहन सेवाओं पर टिप्पणी करो।

उत्तर – परिवहन एक सेवा है जो छात्रों और अध्यापकों की सुविधा हेतु विद्यालय अपने या अन्य किसी स्रोत से प्रदान करता है। यह सुविधा दैनिक होती है परन्तु कभी–कभी आवश्यकतानुसार आवसरिक (प्रासंगिक) भी है। दैनिक सेवा छात्रों एवं अध्यापकों के प्रतिदिन विद्यालय आने जाने के काम आती है। परन्तु जब इसका उपयोग शैक्षिक–भ्रमण, पिकनिक या ऐसे कार्यों के लिए किया जाता है तो यह आवसरिक (प्रासंगिक) सेवा कही जाती है। देश में

बहुत से विद्यालयों के पास अपने वाहन और कर्मचारी हैं इनको आवश्यकतानुसार उपयोग में लाया जाता है। यह सेवा छात्रों तथा अध्यापकों के लिए हमेशा निःशुल्क नहीं होती तथा इसके लिए मासिक रूप से कुछ निर्धारित राशि उनसे ली जाती है। कुछ विशेष अवसरों पर प्रासंगिक सेवा हेतु अलग से भी शुल्क लेते हैं। परन्तु कुछ प्रासंगिक अवसरों जैसे खेल अध्ययन –भ्रमण तथा प्रदर्शिनी आदि पर जिनमें विद्यालय का प्रतिनिधित्व हो, इस सेवा का उपयोग करें तो शुल्क नहीं लिया जाता। परिवहन शुल्क विद्यालय समिति या प्रबंधन समिति तय करती है। कुछ विद्यालय निजी संस्थाओं को किराया देकर यह सुविधा ले लेते हैं। जब विद्यालय इसकी जिम्मेदारी लेता है तो वह किसी निजी परिवहन संस्था से अनुबंध भी कर सकता है। अनुबंध इसलिए किया जाता है कि सेवाएँ नियमित रहें और भविष्य में किसी अनावश्यक परेशानी से बचा जा सके।

प्रश्न पत्र

ई.एस.-335 : अध्यापक तथा विद्यालय
जून, 2002

नोट : (i) सभी चारों प्रश्न हल करने हैं।

     (ii) प्रत्येक प्रश्न की भारिता समान है।

1. निम्नलिखित का उत्तर लगभग 600 शब्दों में दीजिए:

'नेतृत्व' शब्द को परिभाषित कीजिए। विद्यालय में एक अध्यापक की नेतृत्व भूमिका की विवेचना कीजिए।

अथवा

'संगठनात्मक परिवेश' को परिभाषित कीजिए। उपयुक्त उदाहरण देते हुए उन विभिन्न प्रकार के संगठनात्मक परिवेशों की विवेचना कीजिए जो विद्यालयी व्यवस्था में पाए जाते हैं।

2. निम्नलिखित का उत्तर लगभग 600 शब्दों में दीजिए:

एक विद्यालयी अध्यापक से कौन–कौन सी व्यावसायिक (वृत्तिक) सक्षमताएँ अपेक्षित हैं? स्पष्ट करें कि एक अध्यापक किस भाँति इन सक्षमताओं को अपने अंदर विकसित कर सकता है।

अथवा

अध्यापकों के निष्पादन के मूल्यांकन की क्या आवश्यकता है? क्या अध्यापकों के निष्पादन का मूल्यांकन उनके विद्यार्थियों द्वारा करवाया जा सकता है? अपने उत्तर का औचित्य सिद्ध करे।

3. निम्नलिखित में से किन्हीं पाँच का उत्तर दें। प्रत्येक उत्तर 120 शब्दों के लगभग का हो:

    (i) स्थानीय स्तर पर शिक्षा के प्रबंधन की संक्षिप्त विवेचना करें।

    (ii) विद्यालयी शिक्षा के संदर्भ में केंद्रीय सरकार के क्या दायित्व हैं?

    (iii) विद्यालय की शिक्षा की एक औपचारिक प्रणाली के रूप में विवेचना करें।

    (iv) भारत में समाज के कमजोर वर्गों की शिक्षा के लिए संवैधानिक प्रावधान कौन–कौन से हैं?

    (v) विद्यालय समष्टि क्या होती है? विद्यालय समष्टि के विभिन्न कार्यकलाप कौन से होते हैं?

(vi) विद्यालय में उपलब्ध मानव संसाधनों की संक्षिप्त रूप में विवेचना करें।

(vii) संप्रेषण क्या होता है? संप्रेषण में आने वाली बाधाओं को हटाने के उपाय बताएँ।

(viii) दस वर्षीय स्कूलन के विशिष्ट लक्षणों की विवेचना करें।

4. निम्नलिखित का उत्तर लगभग 600 शब्दों में दें:

कुछ पाठ्य–सहगामी क्रियाओं की सूची बनाएँ जो उस विद्यालय में संगठित किए जा रहे थे जिसका आपने दौरा किया। आप इन कार्यकलापों का प्रयोग विद्यार्थियों में अच्छी नागरिकता विकसित करने में कैसे कर सकते हो?

नोट : (i) सभी चारों प्रश्न हल करने हैं।
(ii) प्रत्येक प्रश्न की भारिता समान है।

1. निम्नलिखित का उत्तर लगभग 600 शब्दों में दें:

उन विशिष्ट सक्षमताओं पर विवेचन कीजिए जो एक अध्यापक से एक संसाधक, एक उपबोधक तथा समुदाय में एक सहभागी की भूमिका निभाने के लिए अपेक्षित हैं।

अथवा

एक प्रभावी विद्यालय अध्यापक बनने के लिए आवश्यक विभिन्न वैयक्तिक गुणों की विवेचना कीजिए।

2. निम्नलिखित का उत्तर लगभग 600 शब्दों में दीजिए:

विद्यालय तथा इसके निकटस्थ समुदाय के मध्य क्या संबंध होता है? इस संबंध से विद्यालय के शैक्षणिक व्यवहार किस भाँति प्रभावित होते हैं?

अथवा

किसी विद्यालय के 'भौतिक बुनियादी ढाँचे' से आप क्या समझते हैं? उपयुक्त उदाहरणों द्वारा यह स्पष्ट करें कि यह किसी विद्यालय में शैक्षिक क्रियाकलापों के सफल कार्यान्वयन को किस भाँति प्रभावित करता है।

3. निम्नलिखित में से किन्हीं पाँच के संक्षिप्त उत्तर लिखें। प्रत्येक उत्तर लगभग 120 शब्दों में हो:

(i) 'विद्यालय नेतृत्व' को परिभाषित करें। विद्यालय नेतृत्व की विभिन्न शैलियों पर परिचर्चा करें।

(ii) 'समकक्ष मूल्यांकन' क्या होता है? यह मूल्यांकन एक अध्यापक की अध्यापन सक्षमता के विकास में कैसे सहायता करता है?

(iii) किसी अध्यापक के व्यावसायिक लक्षणों की संक्षिप्त रूप में विवेचना करें।

(iv) विद्यालय शिक्षा के संदर्भ में राज्य सरकार के विभिन्न दायित्वों को सूचीबद्ध करें।

(v) अधिगम संसाधन केंद्र किसे कहते हैं? अध्यापकों के व्यावसायिक विकास के

लिए इसके उपयोगों की विवेचना करें।

(vi) स्कूल–कैलेंडर क्या होता है? विद्यालय के कार्य संचालन में यह कैसे सहायक होता है?

(vii) विद्यालय रिकॉर्ड्स संपोषित करने की आवश्यकता पर परिचर्चा करें।

(viii) विद्यालय में विद्यमान विद्यार्थियों में कौनसी विभिन्न संस्थाएँ या समितियाँ होती हैं? विद्यालय को प्रभावी रूप से चलाने में ये किस भाँति योगदान देती हैं?

4. निम्नलिखित का उत्तर लगभग 600 शब्दों में दीजिए:

अपने विद्यालय की प्रभाविता के संवर्धन के लिए आप क्या–क्या उपाय करेंगे? इन उपायों को समाविष्ट करते हुए एक कार्य–योजना तैयार करें।

नोट : (i) सभी चारों प्रश्न हल करने हैं।

(ii) प्रत्येक प्रश्न की भारिता समान है।

1. निम्नलिखित का उत्तर लगभग 600 शब्दों में दें:

एक प्रभावी अध्यापक की व्यवसायिक सक्षमताओं की विवेचना करें। वर्णन करें कि इन सक्षमताओं का विकास कैसे किया जा सकता है।

अथवा

'अध्यापक के निष्पादन मूल्यांकन' को परिभाषित करें। इस प्रकार के मूल्यांकन के मुख्य उद्देश्यों पर परिचर्चा करें।

2. निम्नलिखित का उत्तर लगभग 600 शब्दों में दें:

'निर्णयन' क्या होता है? उन विभिन्न क्षेत्रों का विवेचन करें जहाँ एक विद्यालय अध्यापक को निर्णय लेने पड़ते हैं।

अथवा

'विद्यालय नेतृत्व' को परिभाषित करें। एक अध्यापक तथा मुख्याध्यापक की नेतृत्व भूमिकाओं के मध्य भेद करें।

3. निम्नलिखित में से कोई पाँच प्रश्न करें। प्रत्येक प्रश्न का उत्तर लगभग 120 शब्दों में हो:

(i) शिक्षा की विभिन्न प्रणालियों का संक्षिप्त विवेचन करें।

(ii) विद्यालय और इसके निकटस्थ समुदाय के मध्य संबंध का विवेचन करें।

(iii) विद्यालयी शिक्षा के संदर्भ में केंद्रीय सरकार के दायित्व कौन–कौन से हैं?

(iv) विद्यालय पद्धति में वर्तमान अनुक्रमों के विभिन्न प्रतिरूपों का वर्णन करें।

(v) विद्यालय प्रणाली में संप्रेषण या संचार प्रक्रिया के संवर्धन के लिए किए जाने वाले उपायों की विवेचना करें।

(vi) विद्यालय में सह–पाठ्यचारी क्रियाओं की व्यवस्था करने में एक अध्यापक की भूमिका का विवेचना करें।

(vii) विद्यालय–दैनिकी क्या होती है? इसे प्रयोग करने वाले विभिन्न व्यक्ति इससे कैसे लाभान्वित होते हैं?

(viii) उदाहरण देकर सह–पाठ्यचारी तथा पाठ्येतर क्रियाकलापों के मध्य अंतर स्पष्ट करें।

4. निम्नलिखित का उत्तर लगभग 600 शब्दों में दें:

'परीक्षाओं का प्रबंधन' एक विद्यालय अध्यापक की एक महत्त्वपूर्ण भूमिका होती है। वार्षिक परीक्षा संचालन के लिए एक विस्तृत कार्य–योजना तैयार करें।

ई.एस.–335 : अध्यापक तथा विद्यालय
दिसम्बर, 2003

नोट : (i) सभी चारों प्रश्न हल करने हैं।

(ii) प्रत्येक प्रश्न की भारिता समान है।

1. निम्नलिखित का उत्तर लगभग 600 शब्दों में दें:

पाठ्य–सामग्री क्रियाकलाप से क्या अभिप्राय है? बच्चों के समग्र विकास के लिए इसकी आवश्यकता तथा महत्त्व की विवेचना करें।

अथवा

विद्यालय समय–सारणी का क्या महत्त्व है? समय–सारणी निर्माण के सिद्धांतों की विवेचना करें।

2. निम्नलिखित का उत्तर लगभग 600 शब्दों में दें:

समाजीकरण प्रक्रिया की प्रकृति की व्याख्या करें। विवेचना करें कि किस भाँति विभिन्न शैक्षिक एजेंसियाँ समाजीकरण प्रक्रिया को सहायता पहुँचाती हैं।

अथवा

विद्यालय–प्रणाली में सत्ता की संरचना क्या होती है? हमारी विद्यालय प्रणाली में प्रचलित सत्ता संरचना के विभिन्न प्रतिरूपों की विवेचना करें।

3. निम्नलिखित में से किन्हीं पाँच का संक्षिप्त उत्तर दें। प्रत्येक प्रश्न का उत्तर लगभग 120 शब्दों में हो:

(i) क्या अध्यापन एक संवृत्ति है? अपने उत्तर के औचित्य को सिद्ध करें।

(ii) 'अध्यापक स्वयं एक शैक्षणिक (अनुदेशी) निवेश के रूप में अनुदेश की गुणवत्ता को निर्धारित करता है।' इस कथन की व्याख्या करें।

(iii) अध्यापकों की सेवाकालीन व सेवा–पूर्व शिक्षा में भेद स्पष्ट करें।

(iv) अध्यापक–मूल्यांकन के विभिन्न रूप कौन–कौन से हैं? इनमें से किसको वरीयता देते हैं तथा क्यों?

(v) उन अध्यापन कौशलों की संक्षिप्त विवेचना करें जिनका उपयोग आप सामान्यतः कक्षा अध्यापन में करते हैं।

(vi) संगठनात्मक व्यवहार क्या होता है? विद्यालय के प्रभावी संचालन में इसके महत्त्व की विवेचना करें।

(vii) संक्षिप्त रूप से अध्यापक की नेतृत्व संबंधी भूमिका की संक्षिप्त विवेचना करें।

(viii) स्कूल बजट से आपका क्या अभिप्राय है? इसके तैयार करने में निहित सोपानों की संक्षिप्त विवेचना करें।

4. निम्नलिखित का उत्तर लगभग 600 शब्दों में दें:

विद्यालय के प्रधानाचार्य के रूप में आप देखते हैं कि प्रतिदिन विद्यार्थियों में अनुपस्थिति प्रवृत्ति बढ़ती जा रही है। इसको काबू करने के लिए आप क्या–क्या उपाय करेंगे? विवेचना करें।

ई.एस.–335 : अध्यापक तथा विद्यालय
दिसम्बर, 2004

नोट : (i) सभी **चारों** प्रश्न हल करने हैं।
(ii) प्रत्येक प्रश्न की भारिता समान है।

1. निम्नलिखित का उत्तर लगभग 600 शब्दों में दें।

एक अध्यापक में प्रबन्धक, प्रतिभागी, कार्यसंसाधक तथा उपबोधक की भूमिका निर्वहण के लिए आवश्यक विशिष्ट योग्यताएँ कौन–सी हैं? उपयुक्त उदाहरणों से अपने उत्तर कह पुष्टि कीजिए।

अथवा

"अध्यापकों के निर्णय-निर्वहण में स्वायत्तता का अध्यापक के मनोबल (morale) पर बहुत प्रभाव होता है जो कि उत्तम शिक्षा की कुंजी है।" उपरोक्त कथन का विस्तार करते हुए अध्यापक द्वारा विद्यालय में प्रत्येक अवस्था पर लिए गए निर्णयों के महत्त्वपूर्ण क्रियात्मक क्षेत्रों की चर्चा कीजिए।

2. निम्नलिखित का उत्तर लगभग 600 शब्दों में दें।

अध्यापक शिक्षा की विभिन्न उत्तरोत्तर स्तरें (consecutive stages) कौन–सी हैं? चर्चा कीजिए।

अथवा

'क्रियात्मक अनुसंधान' से आप क्या समझते हैं? विद्यालयी स्तर पर तात्कालिक समस्याओं के समाधान में सम्मिलित क्रियात्मक अनुसंधानकर्ता के रूप में अध्यापक की भूमिका की चर्चा कीजिए।

3. निम्नलिखित में से किन्हीं पाँच प्रश्नों का संक्षिप्त उत्तर दें। प्रत्येक प्रश्न का उत्तर लगभग 120 शब्दों में दें:

(i) पड़ोसी विद्यालयों के उद्देश्यों की व्याख्या करें।

(ii) मूल्यांकन किसे कहते हैं? स्वयं एवं समकक्षी मूल्यांकन से आप क्या समझते हैं?

(iii) संगोष्ठी एवं कार्यशाला के अन्तर को स्पष्ट कीजिए। विद्यालय स्तर पर इन क्रियाकलापों के महत्त्व पर संक्षेप में विवेचना करें।

(iv) संवृत्तिक (professional) रूप से अध्यापक स्वयं का उन्नयन किस प्रकार कर

सकता है? व्याख्या करें।

(v) विद्यालयी अभिलेखों के विभिन्न प्रकार कौन–कौन से हैं? इन अभिलेखों की आवश्यकता की संक्षेप में चर्चा करें।

(vi) नेतृत्व की विभिन्न विधाओं (styles) की विवेचना करें।

(vii) संगठनात्मक मूल्यांकन के उद्देश्यों की चर्चा करें।

(viii) विद्यालयी शिक्षा में स्थानीय निकायों के कार्यों की व्याख्या करें।

4. निम्नलिखित प्रश्न का उत्तर लगभग 600 शब्दों में दें।

संचयी अभिलेख प्रपत्र से आप क्या समझते हैं? इस प्रपत्र से सम्बन्धित सभी विषयों को ध्यान में रखकर एक संचयी अभिलेख प्रपत्र के खाके (blueprint) का निर्माण करें।

नोट : (i) सभी चारों प्रश्न हल करने हैं।
(ii) प्रत्येक प्रश्न की भारिता समान है।

1. निम्नलिखित का उत्तर लगभग 600 शब्दों में दें।

विद्यालय एवं समुदाय के सम्बन्ध की व्याख्या कीजिए। विद्यालय के प्रभावी कार्य निर्वहण में माता–पिता एवं समुदाय की भूमिका को उपयुक्त उदाहरणों के साथ स्पष्ट कीजिए।

Refer to Chapter-1, Q.No.-4

अथवा

'प्रबन्धन प्रक्रियाओं' से आपका क्या अभिप्राय है? विद्यालय की विभिन्न प्रबंधन प्रक्रियाओं की व्याख्या कीजिए।

Refer to Dec-06, Q.No.-2

2. निम्नलिखित का उत्तर लगभग 600 शब्दों में दें।

'भौतिक अधिसंरचना' से आपका क्या अभिप्राय है? विद्यालय के कार्यक्रमों एवं क्रियाकलापों के सफलतापूर्वक सम्पादन में भौतिक अधिसंरचना का क्या महत्त्व है? चर्चा करें।

उत्तर– भौतिक अधिसंरचना का अर्थ: 'भौतिक अधिसंरचना' प्रक्रिया के अन्तर्गत उन सहायक तत्वों की सूची बनाई जाती है जो किसी वस्तु के निर्माण से पहले आवश्यक होते हैं अर्थात् भौतिक अधिसंरचना से तात्पर्य किसी वस्तु की रचना से है।

विद्यालय के कार्यक्रमों एवं क्रियाकलापों के सफलतापूर्वक सम्पादन में भौतिक अधिसंरचना का महत्व इसलिए है क्योंकि विद्यालय की जब अधिसंरचना हुई तब विद्यालय की संरचना करने से पहले, छात्रों को कैसे ठीक से पढ़ाया जा सकता है तथा कमरा कितना बड़ा होना चाहिए या स्थान होना चाहिए, जिसमें कार्यक्रम एवं क्रियाकलापों को उचित तरीके से सम्पादित किया जा सके। भवनानुसार, कक्षा–कक्ष होने के साथ–साथ पुस्तकालय, लैब, कम्प्यूटर कक्ष, कार्यशाला, विद्यालय का दफ्तर कक्ष, सांस्कृतिक प्रोग्राम कक्ष इत्यादि का विशेष रूप से ध्यान रखते हुए विद्यालय की अधिसंरचना की जाती है, साथ ही खेल का मैदान, कैन्टीन आदि अन्य तरह की सुविधाओं को अपनाया जाता है। वर्तमान समय की

आवश्यकताओं को पूरा करने के लिए विद्यालयों में आधुनिकतम उपकरणों तथा कक्षों जैसे कि ऑडिटोरियम तथा जिम्नेजियम का होना आवश्यक होता है जिससे बच्चों का पूर्णरूपेण ध्यान रखा जा सके, क्योंकि बच्चे अलग–अलग सामुदायिक क्षेत्रों से आए होते हैं, इसलिए विद्यालय का वातावरण भी ऐसा होना चाहिए जो सभी छात्रों के अनुकूल हो।

कक्षा–कक्ष के आधार पर ही बच्चों के हिसाब से फर्नीचर की व्यवस्था होनी चाहिए क्योंकि पहली कक्षा के बच्चे हों या 10+2 के, उन्हें उसी माहौल में ढालना पड़ता है। साथ ही बच्चों को पढ़ते समय बैठने में किसी भी तरह की परेशानी नहीं होनी चाहिए, क्योंकि उनका अधिकतर समय विद्यालय में ही बीतता है। साथ ही स्वच्छ वातावरण, हवादार कमरे तथा अन्य सुविधाओं का ध्यान रखना चाहिए। कक्ष भी कई तरह के होते हैं जैसे पढ़ने का कक्ष, कम्प्यूटर कक्ष, पुस्तकालय कक्ष, प्रयोगशाला कक्ष, संगीत कक्ष इत्यादि अन्य प्रकार के सभी कक्षों को उसी आधार पर बनाया जाए तथा सभी कक्षों का वातावरण स्वच्छ एवं हवादार होना चाहिए, जिससे कभी बिजली न होने पर भी बच्चों की पढ़ाई में कोई बाधा न आए। विद्यार्थियों के सम्पूर्ण विकास के लिए पाठ्यचर्या से हटकर कार्यक्रम एवं अन्य क्रियाकलापों का भी नियोजन करना चाहिए। इससे बच्चों का नैतिक और मानसिक विकास होता है।

अथवा

केन्द्रीय सरकार द्वारा विद्यालयी शिक्षा के सहायतार्थ निर्मित विभिन्न संगठनों का उल्लेख करें तथा उनमें से किन्हीं तीन संगठनों के कार्यों की चर्चा करें।

उत्तर– केन्द्रीय सरकार ने विद्यालय स्तर पर शिक्षा के नीति निर्माण और प्रबंधन में सहायता करने के लिए कई मंच (फोरम) बनाए हैं। केन्द्रीय माध्यमिक शिक्षा बोर्ड, केन्द्रीय विद्यालय संगठन और NCERT इत्यादि।

केन्द्रीय विद्यालय संगठन (KVS): भारत सरकार के स्वायत्त निकास केन्द्रीय विद्यालय संगठन की स्थापना 15 दिसंबर, 1965 में हुई थी। केन्द्रीय विद्यालय संगठन के मुख्य क्षेत्र हैं:

1. शिक्षा का एक सामान्य कार्यक्रम प्रदान करने के उद्देश्य से केन्द सरकार के स्थानान्तरणीय कर्मचारियों, (जिनमें रक्षा और अर्द्ध सैनिक कार्मिक भी शामिल हैं) के बच्चों की शैक्षिक आवश्यकताओं का ध्यान रखना।

2. विद्यालयी शिक्षा के क्षेत्र में उत्कृष्टता को बढ़ाना और उसकी गति निर्धारित करना।

3. केन्द्रीय माध्यमिक शिक्षा बोर्ड और राष्ट्रीय शैक्षिक अनुसंधान और प्रशिक्षण परिषद् जैसे अन्य निकायों के सहयोग से शिक्षा में प्रयोग और नवाचार का प्रवर्तन और संवर्धन।

4. बच्चों में राष्ट्रीय एकता की भावना का विकास और 'भारतीयता' की भावना उत्पन्न करना।

Now Refer : Chapter-3, Q.No.-8 and June 2006 Q.No.-3(i)

3. निम्नलिखित में से किन्हीं पाँच प्रश्नों का संक्षिप्त उत्तर दें। प्रत्येक प्रश्न का उत्तर लगभग 120 शब्दों में दें।

(i) "विद्यालयी जीवन के सभी पक्षों में संप्रेषण महत्त्वपूर्ण भूमिका निभाता है।" इस कथन की विवेचना करें।

Refer to Chapter-1, Q.No.-20

(ii) विद्यालय प्रणाली के अधिक्रम (hierarchies) के विभिन्न प्रकारों के कार्यों की संक्षेप में व्याख्या करें।

Refer to Dec-06, Q.No.-3(iii)

(iii) 'वृत्ति' (Profession) की अवधारणा क्या है? अध्यापन वृत्ति की विभिन्न विशिष्टताएँ कौन सी हैं?

उत्तर— किसी ऐसे व्यवसाय को जिसके लिए किसी विशिष्ट अध्ययन और प्रशिक्षण की आवश्यकता होती है तथा जिसका प्रयोजन किसी निश्चित शुल्क अथवा पारिश्रमिक के बदले सामान्यतः कौशलपूर्ण सेवा और मार्गदर्शन प्रदान करना होता है, वृत्ति कहा जाता है। वृत्ति एक आह्वान है और इसका आशय है ज्ञान भंडार और विभिन्न कौशलों का अर्जन करना तथा मानवता की सेवा में उनका प्रयोग करना। किसी वृत्ति द्वारा प्रदत्त सेवा प्रत्यक्ष हो सकती है, जैसे अध्यापक और चिकित्सक द्वारा प्रदत्त सेवा अथवा अप्रत्यक्ष हो सकती है, जैसे अध्यापक–प्रशिक्षक अर्थात् अध्यापकों के अध्यापक द्वारा प्रदत्त सेवा। इसके अतिरिक्त, यह सेवा जनसंख्या के किसी सीमित क्षेत्र को प्रदान की जा सकती है अथवा सीमित कालावधि के लिए अथवा जीवन की किसी अवस्था विशेष के लिए।

अध्यापन वृत्ति के कार्य की विशेषताएँ निम्नलिखित हैं:

(1) अध्यापन वृत्ति अनिवार्यतः एक बौद्धिक संक्रिया समाविष्ट होती है।

(2) यह वृत्ति विज्ञान से सामग्री लेती है।

(3) अध्यापन वृत्ति अनगढ़ सामग्री को एक व्यवहारिक और सुनिश्चित स्वरूप प्रदान करती है।

(4) इस वृत्ति की प्रविधि शैक्षिक रूप से संप्रेषणीय होती है।

(5) अध्यापन वृत्ति की प्रवृत्ति स्व–संगठनोन्मुख होती है।

(6) यह वृत्ति मूलतः समाज सेवा करती है।

(7) अध्यापन वृत्ति के लिए लंबी अवधि के अध्ययन और प्रशिक्षण की आवश्यकता होती है।

(8) इसमें उच्च कोटि की स्वायत्तता होती है।

(9) यह सुव्यवस्थित ज्ञान–भंडार पर आधारित होती है।

(10) इसकी एक सामान्य आचार संहिता होती है।

(11) इसमें सेवा के साथ–साथ स्व–विकास भी होता है।

(iv) विद्यालय में निर्णयन प्रक्रिया में अध्यापक की भूमिका की संक्षेप में व्याख्या कीजिए।

Refer to Chapter-3, Q.No.-2

(v) क्रियात्मक अनुसंधान किसे कहते हैं? यह कक्षा में अध्यापक के लिए किस प्रकार सहायक है?

Refer to June-07, Q.No.-3(vii)

(vi) विद्यालय–समय–सारणी के कार्यों एवं महत्त्व की व्याख्या कीजिए।

Refer to Dec-06, Q.No.-3(vii)

(vii) विद्यालयी पुस्तकालय के महत्त्व की संक्षेप में चर्चा करें।

Refer to Chapter-4, Q.No.-14

(viii) आप किन पाठ्य–सहगामी क्रियाकलापों को अपने विद्यालय में आयोजित करना चाहेंगे और क्यों?

Refer to Chapter-4, Q.No.-6

4. निम्नलिखित प्रश्न का उत्तर लगभग 600 शब्दों में दें।

विद्यालयी बजट का अर्थ एवं उद्देश्य क्या है? विद्यालयी बजट निर्माण में प्रयुक्त सोपानों का अनुसरण करते हुए एक विद्यालयी बजट बनाइए।

Refer to Chapter-4 Q.No.-16

नोट : (i) सभी **चारों** प्रश्न हल करने हैं।
(ii) प्रत्येक प्रश्न की भारिता समान है।

1. निम्नलिखित प्रश्न का उत्तर लगभग 600 शब्दों में दें।

'संप्रेषण' शब्द से आपका क्या अभिप्राय है? संप्रेषण प्रक्रिया के मुख्य चरण कौन से हैं? विवेचना कीजिए कि संप्रेषण अवरोधी कारक किस प्रकार प्रभावी संप्रेषण प्रक्रिया को भंजित करते हैं।

Refer to Chapter-1 Q.No.-20 and June-05, Q.No.-1

अथवा

समूह निर्णयन तकनीकें कौन–सी हैं? अपने विद्यालय में नियमित रूप से विलंब से आने वाले विद्यार्थियों की समस्याओं से जूझने के लिए अपनाई जाने वाली उपयुक्त समूह निर्णयन तकनीकों की विवेचना करें।

उत्तर– First Refer : Chapter-3 Q.No.-13

विद्यालय में अनेक विद्यार्थियों को नियनिलमत रूप से देर से आने की आदत–सी पड़ जाती है या किसी कारण उन्हें अधिकतर देर हो ही जाती है। इसके लिए हमें सामूहिक निर्णयन तकनीक प्रयोग नहीं करनी चाहिए, क्योंकि यह तकनीक लेने की मात्रात्मक प्रक्रिया है गुणात्मक नहीं। इसलिए अपने विद्यालय के निर्णय के आधार पर ही कोई फैसला लेना चाहिए, जिसकी वजह से कोई परेशानी नहीं होगी, न ही अध्यापक को और न ही देर से आने वाले बच्चों को। विद्यालय द्वारा लिए गए निर्णय से ही पहले समझाना चाहिए। अभिभावकों को उनके देर से आने की सूचना देनी चाहिए। सब–कुछ पता करने के बाद ही किसी तरह का निर्णय लेना चाहिए। अध्यापक को यह जानने का प्रयास करना चाहिए कि विद्यार्थियों का हर रोज देर से आने का क्या कारण है? विद्यार्थियों के देर से आने का कारण जानने के पश्चात् उस समस्या का हल ढूँढ कर विद्यार्थी को समझाकर या उसे सजा देकर छोड़ देना चाहिए। इससे बच्चे का मानसिक और शारीरिक दोनों प्रकार का विकास होता है।

2. निम्नलिखित प्रश्न का उत्तर लगभग 600 शब्दों में दें।

व्याख्या करें कि किस भांति अध्यापकों, प्राचार्यों और विद्यार्थियों की नेतृत्व भूमिका विद्यालय–प्रबंधन परिवेश को सुधार सकती है।

Refer to Chapter-3, Q.No.-4, 8 and 9

अथवा

अभिभावक–अध्यापक संघ के महत्त्व और उद्देश्यों की व्याख्या करें। उन कार्यकलापों की विवेचना करें जो अभिभावक–अध्यापक संघ द्वारा आयोजित की जानी चाहिए।

Refer to Chapter-4, Q.No.-10

3. निम्नलिखित में से किन्हीं चार प्रश्नों का उत्तर दें। प्रत्येक प्रश्न का उत्तर लगभग 120 शब्दों में दें।

(i) एन.सी.ई.आर.टी. तथा एन.सी.टी.ई. के प्रकार्यों की व्याख्या कीजिए।

उत्तर— First Refer : Chapter-1, Q.No.-8

राष्ट्रीय अध्यापक शिक्षा परिषद् (NCTE): राष्ट्रीय अध्यापक शिक्षा परिषद् केन्द्र सरकार का सांविधिक निकाय है। इसकी स्थापना सन् 1995 में संसद द्वारा विधेयक पारित करने के बाद हुई। एक कार्यकारिणी समिति और क्षेत्रीय समिति राष्ट्रीय अध्यापक शिक्षा परिषद् के लिए कार्य करती है। राष्ट्रीय अध्यापक शिक्षा परिषद् के मुख्य प्रकार्य हैं:

1. अध्यापक शिक्षा के समन्वित विकास का समर्थन करना

2. प्राथमिक और सैकेण्डरी स्तरों पर अध्यापक शिक्षा कार्यक्रम के स्तरों का निर्धारण और अनुरक्षण करना

3. अध्यापक शिक्षा संस्थानों की स्थापना का नियमन करना

4. अध्यापकों की सतत् शिक्षा पर बल देना

5. अध्यापकों की माँग और पूर्ति के बीच खाई को पाटना

6. अध्यापक शिक्षा संबंधी विषयों–यथा प्राथमिकताओं, नीतियों, योजनाओं और कार्यक्रमों में केन्द्र सरकार, राज्य सरकारों, विश्वविद्यालय अनुदान आयोग और विश्वविद्यालयों को सलाह देना।

(ii) स्पष्ट करें कि शिक्षा किस भांति एक समाजीकरण प्रक्रिया है।

Refer to Chapter-1, Q.No.-1

(iii) विद्यार्थियों को भारत में सामान्य शिक्षा किस स्तर तक दी जाती है और क्यों?

उत्तर— First Refer : Chapter-1 Q.No.-7

भारत में विद्यार्थियों को सामान्य शिक्षा अन्य विषयों के रूप में लेनी चाहिए, जिससे बच्चों को समझ में आ जाए। विद्यार्थियों को अन्य क्रियाकलापों अथवा जब विद्यार्थियों का कक्षा में पढ़ने का मन कर रहा हो, तभी अध्यापक को पढ़ाई का तरीका बदल देना चाहिए। उन्हें देश

की गतिविधियों एवं विदेशों की गतिविधियों से भी अवगत कराते रहना चाहिए, जिससे विद्यार्थियों को सामान्य शिक्षा में किसी तरह से परेशानी न हो। सामान्य भाषा को बोझिल बनाकर नहीं, वरन् इसके लिए अलग–अलग तरीकों से ज्ञान देना चाहिए, जिससे विद्यार्थियों को अन्य प्रतियोगिता में किसी तरह की कोई परेशानी न हो। अतः इस प्रक्रिया को अपनाने के पश्चात् बालक का मानसिक और शारीरिक विकास होगा। अर्थात वह अपना सर्वांगीण विकास कर पाएगा।

(iv) एक अध्यापक की भूमिका को एक अनुदेश प्रबंधक के रूप में व्याख्यायित करें।

Refer to Dec-07, Q.No.-3(viii)

(v) समुदाय की उन यथार्थताओं की विवेचना करें जिन्हें विद्यालय द्वारा अधिगम अनुभूतियों में रूपांतरित किया जा सकता है।

Refer to June-05, Q.No.-1

(vi) अध्यापकों के अध्येता मूल्यांकन के लाभ तथा दोषों की व्याख्या करें।

Refer to June-06, Q.No.-3(vi)

(vii) उदाहरण देकर विद्यालय परिवेश के विभिन्न प्रकारों की व्याख्या करें।

Refer to Chapter-3, Q.No.-11

(viii) चार प्रकार के स्कूल बजट को स्पष्ट करें।

Refer to Chapter-4, Q.No.-16

4. निम्नलिखित प्रश्न का उत्तर लगभग 600 शब्दों में दें।

एक अध्यापक के रूप में आपसे कक्षा में या कक्षा के बाहर विभिन्न प्रकार के पाठ्यसहगामी क्रियाकलाप आयोजित करना अपेक्षित है। आप उन कुछ क्रियाकलापों की पहचान करें जिन्हें अपने विद्यालय/कक्षा में आयोजित किया हो। इन्हें आयोजित करने में जिन विभिन्न कौशलों का उपयोग किया गया उनकी व्याख्या करें तथा इन कार्यकलापों को पाठ्यसहगामी क्रियाकलापों की विभिन्न श्रेणियों में बाँटें।

उत्तर– अच्छी शिक्षा देने के अलावा, अध्यापक को विद्यालय के अनेक कार्यकलापों में भी भाग लेना पड़ता है, जैसे कि विद्यालय के प्रशासनिक कार्यों की देखभाल करना, विद्यालय की प्रबंधन व्यवस्था में सहयोग देना, विद्यार्थियों का निर्देशन करना और उन्हें

परामर्श देना इत्यादि।

विद्यालय में पढ़ाई के साथ-साथ पाठ्य सहगामी क्रियाकलापों का आयोजन जरूरी है, जिससे कक्षा एवं कक्षा के बाहर एक नया रोमांच सा महसूस होता है, जिसकी वजह से विद्यार्थियों का स्वास्थ्यवर्धक मनोरंजन होता है। साथ ही यह पता भी चलता है कि उनकी रुचि किस चीज में ज्यादा है। उसमें उन्हें प्रोत्साहन देना अध्यापक का काम है। अध्यापकों को कक्षा एवं कक्षा से बाहर भी विद्यार्थियों का उत्साह बढ़ाना चाहिए जिससे वे अन्य प्रतियोगिताओं में भाग ले सकें।

एक अध्यापक के रूप में कला, संगीत, वाद-विवाद इत्यादि प्रतियोगिताओं में बच्चों को विद्यालय या कक्षा में थोड़ा-सा समय निकालकर उन्हें समझाना या उनकी पूरी मदद करनी चाहिए। यदि विद्यालय के बाहर भी किसी तरह की प्रतियोगिता हो रही है, जिसमें विद्यार्थी भाग लेना चाहते हैं तो अध्यापक को उसमें मदद करनी चाहिए। विद्यालय के बाहर जाने के लिए प्रधानाचार्य एवं अभिभावक की अनुमति बहुत जरूरी है, क्योंकि प्रधानाचार्य ही प्रतियोगिता में भाग लेने की अनुमति देते हैं अथवा जहाँ प्रतियोगिता होती है, वहाँ से बातचीत करके ही इन प्रतियोगिताओं में शामिल हो सकता है। अभिभावक कभी-कभी अपने बच्चों को बाहर भेजना पसन्द नहीं करते और बच्चा उनमें भाग लेना चाहता है। अतः अध्यापक अभिभावकों से भी बात करता है और उन्हें सही या गलत के बारे में समझाते हैं। इस तरह से अध्यापक को पढ़ाने के साथ-साथ अन्य क्रियाकलापों के लिए काफी प्रयास करने होते हैं और वे करते भी हैं, जिससे विद्यार्थी अन्य प्रतियोगिताओं में शामिल हो सकें। विद्यालय मुख्यतः पाठ्यक्रम सम्बन्धी क्रियाकलाप कराते हैं। परन्तु बच्चों की सर्वांगीण उन्नति के लिए कुछ अन्य क्रियाकलाप भी हैं। ये क्रियाकलाप **सहायक व अन्य क्रियाकलाप** कहलाते हैं।

सहायक क्रियाकलापः स्कूली पाठ्यक्रम को सहयोग करने वाले कार्य 'सहायक क्रियाकलाप' कहलाते हैं। इन्हें विद्यालय प्रशासन द्वारा समय-समय पर छात्रों की विशेष योग्यताओं को उभारने के लिए आयोजित किया जाता है। अक्सर सहायक क्रियाकलापों की योजना सत्र के प्रारम्भ में ही बना ली जाती है। सहायक क्रियाकलापों के प्रमुख उदाहरण इस प्रकार हैं:

1. कविता लेखन प्रतियोगिता तथा विज्ञान मेला, आदि
2. निबन्ध प्रतियोगिता
3. वाद-विवाद प्रतियोगिता
4. चित्रकला प्रतियोगिता
5. शैक्षणिक यात्रा कार्यक्रम आदि

अन्य क्रियाकलापः ये वे क्रियाकलाप होते हैं, जिनका स्कूल के पाठ्यक्रम से कोई सम्बन्ध नहीं होता, परन्तु ये छात्रों के नैतिक, मानसिक व सामाजिक उन्नति के लिए आयोजित किए जाते हैं। इनका मुख्य उद्देश्य छात्रों का स्वास्थ्यवर्द्धक मनोरंजन होता है। अन्य

क्रियाकलापों के उदाहरण इस प्रकार हैं:

1. सफाई अभियान

2. राहत कार्यों के लिए चन्दा उगाहना

3. पिकनिक

4. वार्षिकोत्सव तथा विदाई समारोह, आदि

5. मनोरंजक व सांस्कृतिक कार्यक्रम

अध्यापक द्वारा सहायक क्रियाकलापों के साथ अन्य क्रियाकलापों का भी आयोजन किया जाना चाहिए। अध्यापक को विद्यार्थियों को प्रेरित करना चाहिए कि वह समय–समय पर आयोजित प्रतियोगिताओं में भाग ले। इससे विद्यार्थी अपना सर्वांगीण विकास कर पाएगा।

ई.एस.–335 : अध्यापक तथा विद्यालय
जून, 2006

1. निम्नलिखित प्रश्न का उत्तर लगभग 600 शब्दों में दीजिए।

"सभी प्रशासक 'प्रशासन' नहीं करते हैं, सभी कर्मचारी 'कार्य' नहीं करते हैं, सभी अध्यापक 'अध्यापन' नहीं करते हैं, और सभी विद्यार्थी 'पढ़ते' नहीं हैं – कम–से–कम एक जैसे तो नहीं।" विद्यालय को एक सामाजिक व्यवस्था मानते हुए इस कथन की विवेचना करें।

Refer to Chapter-1, Q.No.-17

अथवा

निर्णयन से क्या अभिप्राय है? निर्णयन प्रक्रिया में कौन से चरण सम्मिलित हैं? आपके विद्यालय के विद्यार्थियों द्वारा लिए गए कुछ निर्णयों का जिक्र करें।

Refer to Chapter-3, Q.No.-2&5

2. निम्नलिखित प्रश्न का उत्तर लगभग 600 शब्दों में दीजिए।

इस बात का औचित्य कैसे सिद्ध करेंगे कि प्रधानाचार्य विद्यालय प्रबंधन का नेता होता है? वह विद्यालय में किस–किस प्रकार के दायित्व निभाता है? इन अवस्थाओं में प्रधानाचार्य के विभिन्न कार्यकलापों को सूचीबद्ध कीजिए।

Refer to Chapter-3, Q.No.-8

अथवा

विभिन्न प्रकार की समय–सारणियों की विवेचना कीजिए। एक समय–सारणी बनाते समय आप किन सिद्धांतों को ध्यान में रखेंगे? इन कुछ सिद्धांतों का उपयोग करते हुए अपने विद्यालय की नवीं कक्षा की समय–सारणी तैयार कीजिए।

Refer to Chapter-4, Q.No.-8&9

3. निम्नलिखित में से किन्हीं पाँच प्रश्नों का उत्तर दें। प्रत्येक प्रश्न का उत्तर लगभग 120 शब्दों में दें:

(i) केंद्रीय सलाहकार शिक्षा बोर्ड (CABE) तथा केंद्रीय माध्यमिक शिक्षा बोर्ड (CBSE) के प्रकार्य क्या–क्या हैं?

उत्तर – केन्द्रीय शिक्षा सलाहकार बोर्ड (CABE)

केन्द्रीय शिक्षा सलाहकार बोर्ड सरकार के शिक्षा संबंधी सलाहकार निकायों में से सर्वाधिक महत्त्वपूर्ण और प्राचीनतम निकाय है। इसकी स्थापना सन् 1920 में हुई थी। सन् 1923 में यह विघटित हो गया और सन् 1935 में पुनः चालू किया गया। मानव संसाधन विकास मंत्रालय के संघ मंत्री इस बोर्ड के अध्यक्ष हैं और इनकी सदस्यता में राज्य सरकारों, भारत सरकार, संसद सदस्य और देश के विभिन्न भागों से गणमान्य शिक्षाविद् शामिल हैं। केन्द्रीय शिक्षा सलाहकार बोर्ड के प्रकार्य हैं:

(क) ऐसे शैक्षिक विषयों पर सलाह देना जिन्हें भारत सरकार अथवा राज्यों द्वारा निर्दिष्ट किया गया हो,

(ख) गत वर्ष की उपलब्धियों का आकलन करना और आगामी वर्ष के लिए शैक्षिक कार्यक्रमों की संस्तुति करना।

(ग) सूचना की माँग करना और अपनी सिफारिशों के साथ भारत सरकार तथा राज्य सरकारों को भेजना, तथा

केन्द्रीय माध्यमिक शिक्षा बोर्ड (CBSE) – इस बोर्ड की स्थापना सन् 1929 में अजमेर मे हुई थी। सन् 1962 में भारत सरकार द्वारा इसका पुनर्गठन किया गया। केन्द्रीय माध्यमिक शिक्षा बोर्ड के प्रकार्य हैं:

(क) माध्यमिक शिक्षा के लिए पाठ्य विवरण निर्धारण।

(ख) माध्यमिक विद्यालयों के लिए परीक्षाओं का संचालन।

(ग) माध्यमिक तथा उच्चतर माध्यमिक विद्यालयों का संबद्धीकरण।

(घ) माध्यमिक तथा उच्चतर माध्यमिक विद्यालयों के लिए पाठ्यचर्या और पाठ्य सामग्री का विकास।

(ii) "समाज के युवाओं का समाजीकरण करने के लिए विद्यालय एक औपचारिक व्यवस्था है।" व्याख्या करें।

Refer to Chapter-1, Q.No.-3

(iii) "अध्यापन एक जटिल प्रक्रिया है।" विवेचना करें।

उत्तर – अध्यापन निम्नलिखित कारणों से एक जटिल प्रक्रिया है:

(1) अध्यापन के दौरान अध्यापक को कक्षा परिवेश तथा उपयुक्त कार्य योजना का सतत् विश्लेषण और मूल्यांकन करते रहना होता है ताकि वह अध्येताओं की निरंतर परिवर्तित होने वाली अभिरुचियों और बोधगति को ध्यान में रखते हुए उनमें वांछित परिवर्तन ला सके।

(2) इसके लिए अधिगम क्रियाकलापों के सुविचारित संगठन की अपेक्षा होती है।

(3) इसके लिए समझ–बूझ कर बनाए गए उत्प्रेरक और प्रोत्साहक अधिगम–परिवेश

की आवश्यकता होती है।

(4) इनके अतिरिक्त, उपलब्ध सुविधाएँ भी अलग–अलग विद्यालयों में अलग–अलग होती हैं। विद्यालय के अधिगम–वातावरण को सहज और सुकर बनाने में इन सुविधाओं की महत्त्वपूर्ण भूमिका होती है।

(iv) अधिगम के एक सुसाध्यकर्ता के रूप में अध्यापक की भूमिका की व्याख्या करें।

उत्तर – सुसाध्य का अर्थ है संवर्धन करना, आगे बढ़ने में सहायता करना, सरल बनाना। अत: शिक्षण के संदर्भ में अध्यापक की भूमिका है – अधिगम का संवर्धन करना, अधिगम द्वारा अधिकाधिक विकास में विद्यार्थियों की सहायता करना, अंत:क्रिया के लिए ऐसा प्रेरक परिवेश प्रदान करना, जिससे अधिगम तथा आगे विकास हो। अधिगम को सुसाध्य करने वाले के रूप में अध्यापक की इस भूमिका में विद्यार्थी की अंत:क्रिया करने तथा आगे बढ़ने की भूमिका पर बल दिया जाता है और अध्यापक निर्देशक और कार्यसंसाधक के रूप में पीछे रहता है।

जब अध्यापक उस परिवेश का एक भाग है जिसमें विद्यार्थी सीख रहे हैं या वह शिक्षण–प्रक्रिया में भाग ले रहा है, तब वह एक शैक्षणिक निवेश है। किन्तु जब वह सुसंगत शैक्षणिक घटकों के साथ विद्यार्थियों की अंत:क्रिया के माध्यम से उनमें अधिगम घटित होने के लिए उनका मार्गदर्शन कर रहा है, तो वह अधिगम को सुसाध्य बना रहा है। स्थिति–युग्मों का वर्णन निम्नलिखित है:

(क) (i) घरों के आसपास स्वच्छता बनाए रखने के बारे में अध्यापक एक भाषण देता है।

(ii) अध्यापक गंदे परिवेश और मनुष्य के जीवन पर उनके नकारात्मक प्रभाव को दर्शाने वाली समाचार–पत्रों की कतरनें/स्लाइड/वीडियो फिल्म दिखाता है और विद्यार्थियों के प्रेक्षणों को आधार बनाकर चर्चा आरंभ कराता है, जो अंतत: घरों के आसपास को स्वच्छ रखने के महत्त्व को उजागर करती है।

(ख) (i) अध्यापक धूप की तीव्रता मे अंतर होने पर फूल में होने वाले रंग–परिवर्तन की घटना पर व्याख्यान देता है।

(ii) अध्यापक धूप की तीव्रता में अंतर के कारण गुलाब में रंग–परिवर्तन की घटना पर विद्यार्थियों को परियोजना–कार्य करने के लिए निर्देशन प्रदान करता है। अध्यापक उन्हें रंग–परिवर्तन के बारे में कुछ नहीं बताता है; वह उन्हें केवल यह बताता है कि दिन और रात में विभिन्न समयों पर प्राकृतिक स्थिति में पौधे में क्या प्रेक्षण करना है और अपने प्रेक्षणों का किस प्रकार अभिलेखन करना है। बाद में वह उनके प्रेक्षणों पर चर्चा करता है और अंतत: फूल

के रंग पर धूप के प्रभाव की घटना के संबंध में निष्कर्ष प्राप्त करवा लेता है।

स्थिति 'क' और 'ख' में दोनों पहली अवस्थाओं में अधिगम, अध्यापक के स्पष्टीकरण पर आधारित है अथवा इनमें अध्यापक–केन्द्रित विधि अपनाई गई है, जिसमें शिक्षार्थियों की भूमिका नगण्य है। दूसरे शब्दों में, अध्यापक शिक्षण निवेश की भूमिका निभाता है। किंतु स्थिति 'क' और 'ख' में दोनों की दूसरी अवस्थाओं (ii) में दृश्य साधनों और विचार विमर्श के लिए रूप से अभिकल्पित परिवेश में विद्यार्थियों की अंतःक्रिया द्वारा अधिगम घटित हुआ है (जैसा कि स्थिति क (ii) में अथवा प्राकृतिक स्थिति प्रेक्षण और अभिलेखन के आधार पर विचार विमर्श द्वारा अधिगम घटित हुआ है (जैसा कि स्थिति ख (ii) में। घटनाएँ विद्यार्थी–केन्द्रित हैं, जिसमें विद्यार्थियों के प्रेक्षण, बोध, अभिलेखन अथवा विचार विमर्श पर बल दिया गया है। अध्यापक ने प्रक्रिया में समाहित अधिगम को सुसाध्य बनाने के लिए अपेक्षित चरणों में मात्र निर्देशन किया है। अतः अधिगम–प्रवर्तन की भिन्न–भिन्न विधियाँ है। कुछ विद्यार्थी–केन्द्रित होती हैं, जैसे – पुस्तकालय–कार्य, परियोजना–कार्य, प्रयोग, गृह कार्य आदि जिनमें प्रमुख बल इस बात पर होता है कि मुद्रित सामग्री, प्राकृतिक वास्तविकताओं आदि जैसे विभिन्न परिवेशीय घटकों के साथ अंतःक्रिया करने के लिए विद्यार्थी अपने द्वारा अपनाए जाने वाले चरणों की किस प्रकार व्यवस्था करते हैं। ऐसी सभी विधियों में अध्यापक अधिगम अनुक्रमों के आयोजन में विद्यार्थियों का मार्गदर्शन करता है और इस प्रकार उनके अधिगम को सुकर बनाता है। दूसरे शब्दों में विद्यार्थी–केन्द्रित सभी विधियों में अध्यापक एक कार्य संसाधक होता है परन्तु भाग लेने वाला नहीं होता है। अन्य कुछ उदाहरण निम्नलिखित है:

1. विद्यार्थियों को कहा जाता है कि वे गमले में बीज बोएँ और प्रकाश के अभाव, कृत्रिम प्रकाश और सूर्य के पूरे प्रकाश वाली विभिन्न प्रकाश स्थितियों में प्रेक्षण करके विभिन्न चरणों में विकास में अंतर को लेखबद्ध करें और अध्यापक के साथ चर्चा करें।

2. जॉन डीवी के दर्शन के बारे में संक्षिप्त जानकारी देने के बाद अध्यापक विद्यालय के पुस्तकालय में उपलब्ध संदर्भ ग्रन्थों की सूची बनाता है और विद्यार्थियों को उस प्रकरण पर निबंध लिखने के लिए कहता है। कार्य के दौरान, विद्यार्थी दत्त कार्य में अध्यापक का मार्गदर्शन प्राप्त करने के लिए उससे मिलते हैं।

3. विद्यार्थियों को पत्तों को अलग–अलग बनावट के नमूने इकट्ठे करने, संरक्षित करने और उनके आरेख बनाने के लिए कहा जाता है और तत्पश्चात् अध्यापक के मार्ग दर्शन में उन पर चर्चा की जाती है।

(v) कथन की व्याख्या करें "समाज एक तंत्र है और विद्यालय सामाजिक तंत्र का एक उपतंत्र है"।

Refer to Chapter-1, Q.No.-1

(vi) यदि अध्यापकों के कार्यों का मूल्यांकन उनके विद्यार्थी करने लग जाएँ तो किस–किस प्रकार की चिंताएँ अध्यापकों के मन में आने लगेंगी? संक्षेप में उल्लेख कीजिए।

उत्तर – अध्यापक के रूप में आप यह शीघ्र समझ जाएँगे कि उपयोगी जानकारी देने में अच्छी स्थिति में होने के बावजूद, अध्यापकों की गुणवत्ता पर निर्णय करने के संबंध में विद्यार्थियों की कुछ निश्चित सीमाएँ हैं:

विद्यालय स्तर पर विद्यार्थी अभी इतने परिपक्व नहीं हो जाते हैं; अतः वयस्कों के निर्णय से उनके निर्णय में अंतर हो सकता है। विद्यार्थी विषयवस्तु के विशेषज्ञ नहीं होते हैं, इसलिए हो सकता है कि वे कक्षा में पढ़ाई गई विषयवस्तु की गुणवत्ता और प्रस्तुति पर निर्णय करने में समर्थ न हों।

यदि अध्यापक विद्यार्थी संबंधों में किसी प्रकार की कटुता है, तो मान निर्धारण में समस्याएँ आ सकती हैं। उदाहरणार्थ, यदि कोई अध्यापक अपने विद्यार्थियों के साथ सख्ती से बर्ताव करता है, तो हो सकता है ऐसे विद्यार्थियों द्वारा दिया गया विवरण अध्यापक के निष्पादन का सही–सही चित्र प्रस्तुत न करे। विद्यार्थी मूल्यांकन में एक अन्य समस्या यह है कि कुछ अध्यापकों के लिए उच्च कोटि का मान निर्धारण करने की प्रवृत्ति हो जाए। इसकी संभावना तब हो सकती है, जब अध्यापक के व्यवहार का कोई एक पक्ष अन्य पक्षों में विद्यार्थी के मान निर्धारण को प्रभावित कर जाता है। संभावना हो सकती है कि इस प्रक्रिया में विद्यार्थियों के दीर्घकालीन हितों की कहीं उपेक्षा हो जाए। अध्यापकों के मन में एक सामान्य आशंका यह रहती है कि विद्यार्थी बाहरी कारकों से सहज प्रभावित भी हो जाते हैं।

उपर्युक्त विवेचन के आधार पर हमने पाया कि यद्यपि विद्यार्थियों से प्राप्त विवरण अथवा मूल्यांकन की कुछ सीमाएँ हैं, तथापि किसी भी हालत में उनके लाभों को नकारा नहीं जा सकता। विद्यालय में विद्यार्थियों द्वारा प्रदत्त विवरणों के योजनाबद्ध और इस पद्धति का अभ्यास कराने से समय के साथ–साथ, उनके द्वारा किया गया मूल्यांकन अधिक वस्तुनिष्ठ और सार्थक होता जाता है।

(vii) मुक्त परिवेश और स्वायत्त परिवेश में अंतर स्पष्ट करें।
Refer to Chapter-3, Q.No.-11

(viii) विद्यालय बजट तैयार करने में कौन–कौन से चरण सम्मिलित हैं?
Refer to Chapter-4, Q.No.-16

4. एक अध्यापक के रूप में अपने विद्यालय में आपने स्कूल प्रबंधन सम्बन्धित समस्याओं का अवलोकन किया होगा। बताएँ कि इन समस्याओं का पता आपको

कैसे–कैसे लगा तथा स्पष्ट करें कि इन समस्याओं से जूझने के लिए आपने क्या–क्या उपाय किए अथवा उनके सुझाव दिए। लगभग 600 शब्दों का एक प्रतिवेदन तैयार करें।

उत्तर – अध्यापक अपनी उपाय कुशलता और स्वतः प्रवर्तिता के आधार पर अध्येताओं की आवश्यकता के अनुरूप कार्यविधि में परिवर्तन लाने का निश्चय करना है। इन स्थितियों में अध्यापक एक प्रबंधक या निर्णयकर्त्ता के रूप में कार्य करता है। अध्यापक प्रतिदिन अपने कार्य को पूर्ण रूप से नियोजित करता है। उसे कक्षा में जाने से पहले अपने कार्य, जैसे–किसी कक्षा में क्या पढ़ाना है या क्या करना है, अपनी पूरी योजना के आधार पर वह कक्षा में जाते हैं क्योंकि अपनी समय–सारणी के योजनानुसार ही वह कक्षा में छात्रों का मार्गदर्शन करते हैं। इसके अलावा विद्यालय के अन्य क्रियाकलापों का आयोजन भी करते हैं, जिससे छात्रों को सही तरीके से प्रबन्धन करना आ जाए। अध्यापक के न आने से विद्यालय या संस्थान सही तरीके से कोई काम नहीं कर सकते, क्योंकि अध्यापक को ही पता रहता है कि उसे आज कक्षा में क्या पढ़ाना या समझाना है। वह उसी तरीके से कार्य को नियमानुसार करते हैं।

विद्यालय में सभी कर्मचारी या अध्यापक आदि को कार्य दिए जाते हैं, जिससे सभी लोग अपने–अपने कार्य को पूर्ण रूप से करते हैं क्योंकि वह उस कार्य के लिए पूर्ण रूप से जिम्मेदार होते हैं तथा उन कर्मचारियों के आपसी सम्बन्धों को विकसित तथा मजबूत किया जाता है। निर्देशन प्रबन्धन की मुख्य प्रक्रिया है, जिसके अभाव में अन्य प्रक्रियाएँ सफल नहीं हो सकतीं। अध्यापक से आज्ञा द्वारा अथवा दिशा–निर्देशन के द्वारा किसी कार्य को पूरा करवाना होता है। विद्यालय में सीमित समय में कार्य करना होता है। चाहे प्रधानाचार्य, अध्यापक या कर्मचारी इत्यादि कोई भी हो, समय की रूपरेखा सभी के लिए है। सबसे महत्त्वपूर्ण प्रक्रिया अध्यापक की होती है, जिसे विद्यार्थियों को सही मार्गदर्शन दिखाना होता है तथा उत्तम चरित्र का निर्माण करना होता है। विद्यालय में प्रबन्धन प्रक्रिया का होना या लागू करना स्वाभाविक है, जिसके आधार पर सभी कर्मचारी अपने–अपने कार्य को अपना–अपना कर्त्तव्य समझकर करते हैं, क्योंकि कुछ समय का भी अभाव होता है। निश्चित समय में सभी कर्मचारी कार्य खत्म करते हैं।

अध्यापक का कार्य छात्रों को पढ़ाना होता है, लेकिन कुछ अन्य कार्य भी उन्हें करने होते हैं, जो प्रबन्धन प्रक्रिया को प्रोत्साहित करते हैं। विद्यालय में सांस्कृतिक अथवा शैक्षणिक गतिविधियों में भी प्रबन्धक के रूप में अध्यापक कार्य करते हैं। एक अध्यापक को कम समय में छात्रों को विषय से सम्बन्धित जानकारी देनी होती है, जिसमें उसे यह भी देखना होता है कि जो उसने पढ़ाया वह सभी छात्रों के समझ में आया है अथवा नहीं। समय–सारणी द्वारा ही उसे अपना कार्य करना होता है, तथा छात्रों की किसी भी तरह की समस्या का भी निबटारा करना होता है। क्योंकि छात्र एवं अध्यापक एक–दूसरे के पूरक हैं। एक–दूसरे के बिना दोनों अधूरे

हैं या यह कह लो दोनों को ही एक दूसरे की जरूरत है। इसलिए अध्यापक को छात्रों की रुचि तथा क्षमता के अनुसार संसाधनों का नियोजन करना होता है।

विद्यार्थियों का पूरी तरह से पढ़ाई से ही व्यक्तित्व नहीं निखरता। व्यक्तित्व निखारने के लिए अध्यापकों को कुछ अन्य तरह की गतिविधियों का आयोजन करना होता है, जैसे–वाद–विवाद प्रतियोगिता, सांस्कृतिक कार्यक्रम, भाषण प्रतियोगिता, प्रश्नोत्तरी, शैक्षणिक गतिविधियाँ, खेल–कूद इत्यादि में हिस्सा लेना। इससे विद्यार्थी का मानसिक और शारीरिक विकास होता हैं।

नोट : (i) सभी **चारों** प्रश्न हल करने हैं।

(ii) प्रत्येक प्रश्न की भारिता समान है।

1. निम्नलिखित प्रश्न का उत्तर लगभग 600 शब्दों में दीजिए।

अध्यापकों के व्यावसायिक विकास का अर्थ स्पष्ट कीजिए। अध्यापकों के सतत व्यावसायिक विकास के लिए सेवारत प्रशिक्षण प्रदान करने के महत्त्व एवं तरीकों की चर्चा कीजिए।

Refer to Chapter-2, Q.No.-7&13

अथवा

"अध्यापक अनुदेशात्मक निवेश एवं अध्यापन–अधिगम प्रक्रिया का प्रबंधक अर्थात् दोनों है।" स्पष्ट कीजिए।

Refer to Chapter-2, Q.No.-4

2. निम्नलिखित प्रश्न का उत्तर लगभग 600 शब्दों में दीजिए।

विद्यालय में प्रबंध प्रक्रियाएँ क्या हैं? इन प्रक्रियाओं में से प्रत्येक में अध्यापक की भूमिका की चर्चा कीजिए।

Refer to Chapter-3, Q.No.-1&4

अथवा

अध्यापकों के निष्पादन मूल्यांकन का अर्थ एवं उसकी आवश्यकता की व्याख्या कीजिए। अध्यापक निष्पादन का मूल्यांकन करने के विविध साधनों की चर्चा कीजिए।

Refer to Chapter-2, Q.No.-15&16

3. निम्नलिखित में से किन्हीं पाँच प्रश्नों के उत्तर दीजिए। प्रत्येक उत्तर लगभग 120 शब्दों में दीजिए:

(i) शिक्षा के विविध तरीकों (modes) की चर्चा सोदाहरण कीजिए।

Refer to Chapter-1, Q.No.-2

(ii) स्कूल शिक्षा में माध्यमिक शिक्षा बोर्ड की भूमिका की व्याख्या कीजिए।

उत्तर – केन्द्रीय माध्यमिक शिक्षा बोर्ड (CBSE)

इस बोर्ड की स्थापना सन् 1929 में अजमेर में हुई थी। सन् 1962 में भारत सरकार द्वारा इसका पुनर्गठन किया गया। केन्द्रीय माध्यमिक शिक्षा बोर्ड के प्रकार्य हैं:

(क) माध्यमिक शिक्षा के लिए पाठयविवरण निर्धारण।

(ख) माध्यमिक तथा उच्चतर माध्यमिक विद्यालयों के लिए पाठयचर्या और पाठय सामग्री का विकास।

(ग) माध्यमिक तथा उच्चतर माध्यमिक विद्यालयों का संबद्धीकरण।

(घ) माध्यमिक विद्यालयों के लिए परीक्षाओं का संचालन।

(iii) स्कूल शिक्षा के विविध किस्म के सोपानक्रम (hierarchies) कौन से हैं? आप किन्हें प्राथमिकता देंगे और क्यों?

Refer to Chapter-1, Q.No.-12

(iv) अंतः–वैयक्तिक अंतः क्रिया क्या है? स्कूल व्यवस्था की प्रगति के लिए यह कैसे सहायक है?

उत्तर – प्रत्येक विद्यालय में अनेक व्यक्ति होते हैं जो मिलजुल कर कार्य करते हैं। वे परस्पर तथा विद्यालय से सरोकार रखने वाले अन्य व्यक्तियों से अंतःक्रिया करते हैं। ये अंतःक्रियाएँ विद्यालय में चलने वाली अधिगम प्रक्रिया को स्वरूप प्रदान करती है। अंतर्वैयक्तिक अंतःक्रिया का स्वस्थ प्रतिमान विद्यालय व्यवस्था की प्रगति को बढ़ावा देता है। दूसरे शब्दों में, स्वस्थ अंतर्वैयक्तिक अंतःक्रिया विद्यालय व्यवस्था में उत्कृष्ट संगठनात्मक व्यवहार के लिए अनिवार्य है। इसलिए, अंतर्वैयक्तिक अंतःक्रियाओं का अध्ययन आवश्यक है।

अंतर्वैयक्तिक अंतःक्रिया को संगठन में समान स्तर के व्यक्तियों और विभिन्न स्तरों के व्यक्तियों के बीच चल रही अंतःक्रिया के रूप में परिभाषित किया जा सकता है। यह परिभाषा दो प्रकार के अंतःक्रिया प्रतिमानों को प्रस्तुत करती है। ये क्षैतिज और ऊर्ध्वारोही प्रतिमान हैं। क्षैतिज अंतःक्रिया संगठन में समान स्तर के व्यक्तियों में और ऊर्ध्वारोही अंतःक्रिया भिन्न स्तर के व्यक्तियों में होती है। ये दोनों प्रकार के अंतःक्रिया प्रतिमान संगठन में स्वस्थ अंतर्वैयक्तिक संबंध कायम रखने में सहायक होते हैं।

जब व्यक्ति अंतःक्रिया करते हैं, तब ऐसा सामाजिक व्यवहार होता है जिसमें एक व्यक्ति दूसरे के प्रति अनुक्रिया करता है। व्यक्तियों के बीच इन सामाजिक व्यवहारों को व्यवहार–विश्लेषण कहते हैं। व्यवहार विश्लेषण का प्रयोजन इस बात की बेहतर समझ प्रदान करना है कि व्यक्ति एक दूसरे से कैसे जुड़ते हैं ताकि वे उन्नत संप्रेषण और मानवीय संबंध विकसित कर सकें।

व्यक्ति एक दूसरे से तीन मनोवैज्ञानिक स्थितियों में से किसी एक में अंतःक्रिया करते हैं जो 'अहं' (Ego) अवस्था के रूप में जानी जाती है। ये अहं अवस्थाएँ अभिभावक, वयस्क

और बाल अवस्थाएँ कहलाती हैं और व्यक्ति इन तीनों स्थितियों में से किसी भी एक में परिचालित हो सकता है। किसी व्यक्ति की अभिभावक अहं अवस्था अपने अभिभावकों, अध्यापकों और धर्म प्रचारकों से प्रभावित होती है। अभिभावक अहं अवस्था ऐसे कथनों से प्रतिबिंबित होती है जैसे "यह सही है", "यह गलत है" आदि।

वयस्क अहं अवस्था तार्किक, परिगणनात्मक, तथ्यात्मक और असंवेगात्मक व्यवहार को व्यक्त करती है। यह तथ्यों को खोजकर निर्णयों को प्रोन्नत कर सुधारने, प्रदत्तों का सारणीपन आदि संभावनाओं का आकलन करने और तथ्यपरक परिचर्चाएँ करने के रूप में उभरकर आती हैं। बाल अहं अवस्था बाल्यकाल के अनुभवों के अनुक्रियास्वरूप विकसित संवेगों में लक्षित होती है। यह स्वाभाविक (स्वतःस्फूर्त), आश्रित, सर्जनात्मक या विद्रोहात्मक हो सकती है। बच्चे की ही तरह बाल अहं अवस्था दूसरों से प्रशंसा चाहती है और तात्कालिक प्रतिफल को महत्त्व देती है।

व्यवहार और कार्यव्यवहार के प्रकार : व्यवहार हो सकते हैं – 1. पूरक अथवा 2. अपूरक हो सकते हैं। व्यवहार पूरक तब होते हैं जब प्रेषक और प्रापक की अहं अवस्थाएँ प्रारंभिक व्यवहार में अनुक्रिया में मात्र प्रतिवर्तित हो जाती हैं। जब अहं अवस्थाओं के बीच प्रतिमान आरेखित किया जाता है, तब रेखाएँ समानान्तर होती हैं। जिसमें प्रधानाचार्य (पर्यवेक्षक) अध्यापक (कर्मचारी) से ऐसे बात करता है जैसे एक अभिभावक बच्चे से करता है और अध्यापक इस प्रकार अनुक्रिया करता है जैसे बच्चा अभिभावक से। यदि प्रधानाचार्य अभिभावक– बालक प्रतिमान में व्यवहार प्रारंभ करता है, तो अध्यापक बाल अवस्था से अनुक्रिया करने लगता है और प्रधानाचार्य का व्यवहार इस प्रतिमान से प्रभावित हो जाता है, जिससे अंतर्वैयक्तिक और समूह पर प्रभाव उत्पन्न करने में कमी हो सकती है। अपूरक व्यवहार तब होता है जब उद्दीपन अनुक्रिया रेखाएँ समानान्तर नहीं होती हैं इस उदाहरण में, प्रधानाचार्य (पर्यवेक्षक) अध्यापक (कर्मचारी) के साथ वयस्क वयस्क–आधार पर व्यवहार करने का प्रयास करता है परंतु अध्यापक बालक–अभिभावक आधार पर उत्तर देता है। महत्त्वपूर्ण बिंदु यह है कि जब अतिक्रमणीय विपरीत व्यवहार होता है तब संप्रेषण अवरुद्ध हो जाता है और संतोषजनक व्यवहार नहीं हो पाता।

व्यक्ति किसी भी पूरक व्यवहार से संप्रेषण बनाए रख सकते हैं पर कार्यस्थल पर सर्वाधिक प्रभावी व्यवहार वयस्क–वयस्क आधार पर हो सकता है।

प्रधानाचार्य (पर्यवेक्षक)	अध्यापक (कर्मचारी)	प्रधानाचार्य (पर्यवेक्षक)	अध्यापक (कर्मचारी)
अभिभावक	अभिभावक	अभिभावक	अभिभावक
वयस्क	वयस्क	वयस्क	वयस्क
बालक	बालक	बालक	बालक
पूरक व्यवहार		विपरीत व्यवहार	

उद्दीपन   अनुक्रिया

व्यवहार विश्लेषण में पूरक और विपरीत व्यवहार

व्यवहार विश्लेषण का उपयोग करने वाले संगठनों के अनुसार व्यवहार विश्लेषण साधारण रूप में सफल हुआ है। व्यवहार विश्लेषण में प्रशिक्षण अध्यापकों को अपने व्यक्तित्व को समझने में नवीन अंतर्दृष्टि प्रदान कर सकता है और उनकी यह समझने में उनकी सहायता कर सकता है कि लोगों की किसी अनुक्रिया के पीछे कभी–कभी क्या कारण होता है। उन्नत अंतर्वैयक्तिक संप्रेषण सबसे बड़ा लाभ है। अध्यापक (कर्मचारी) यह समझ सकते हैं कि प्रतिच्छेदी संप्रेषण कब होता है? फिर पूरक संप्रेषण पुनः प्रारंभ करने के लिए क्या कदम उठा सकते हैं, विशेषकर वयस्क–वयस्क प्रतिमान में। इसके परिणामस्वरूप अंतर्वैयक्तिक व्यवहारों में सामान्य तौर पर सुधार होता है।

(v) विद्यालय के प्रधानाचार्य के प्रशासनिक एवं अनुदेशात्मक नेतृत्व के बीच के अंतर को स्पष्ट कीजिए।

Refer to Chaper-3, Q.No.-8

(vi) संगठनात्मक परिवेश (climate) क्या है? संगठनात्मक परिवेश के आयामों की चर्चा कीजिए।

Refer to Chapter-3, Q.No.-10&11

(vii) स्कूल समय–सारणी (टाइम–टेबल) के अर्थ एवं महत्त्व को स्पष्ट कीजिए।
Refer to Chapter-4, Q.No.-8

(viii) विद्यालय पाठ्यचर्या में पाठ्य–सामग्री (co-curricular) क्रियाओं के महत्त्व की चर्चा कीजिए।
Refer to Chapter-4, Q.No.-5

4. निम्नलिखित प्रश्न का उत्तर लगभग 600 शब्दों में दीजिए।

अध्यापक के रूप में आपको अपनी कक्षा के सभी विद्यार्थियों के लिए संचयी अभिलेख (रिकॉर्ड) कार्ड बनाकर रखना है। अपने विद्यालय की नवीं कक्षा के एक विद्यार्थी के लिए विस्तृत संचयी अभिलेख (रिकॉर्ड) कार्ड तैयार कीजिए।

उत्तर – संचयी कार्ड का उद्देश्य विद्यार्थियों की आलोचना करना नहीं बल्कि विद्यार्थियों की प्रगति पर ध्यान केन्द्रित करना है। यह विद्यार्थियों के प्रवेश से लेकर स्कूली शिक्षा समाप्ति के काल तक रखा जाता है तथा विद्यार्थियों की गतिविधियों पर प्रत्येक महीने, सत्र और वर्ष के

अन्त में संचयी अभिलेख कार्ड संभालकर रखा जाता है तथा इसको दृष्टिकोण रूप से देखा जाता है। संचयी अभिलेख कार्ड एक विद्यार्थी के स्कूली जीवन का लेखा–जोखा होता है। यह विद्यार्थियों के स्कूली जीवन के आरम्भ से लेकर अन्त तक की सभी प्रकार की प्रगति को दिखाता है इसलिए विद्यालय में संचयी अभिलेख कार्ड अवश्य बनाना चाहिए यह किसी भी विद्यार्थी के बारे में जानकारी प्राप्त करने में सहायता प्रदान करता है।

संचयी अभिलेख कार्ड

(1) व्यक्तिगत जानकारी

(क) पूरा नाम.....................लिंग.....................जन्म तिथि.................

जन्म स्थान.....................स्थायी पता.....................

माता/पिता/अभिभावक का नाम.....................

राष्ट्रीयता.....................मातृभाषा.................

सामाजिक–आर्थिक स्तर.....................

(ख) पिछले विद्यालय सम्बन्धी जानकारी

विद्यालय का नाम व स्थान	दाखिले का वर्ष	कक्षा	छोड़ने का कारण	बदलने का कारण	विशेष टिप्पणी

(2) सामाजिक–आर्थिक जानकारी

पिता : शैक्षणिक योग्यता.....................व्यवसाय.................

माता : शैक्षणिक योग्यता.....................व्यवसाय.................

परिवार की औसत आय.....................भाई–बहनों में छात्र की स्थिति...........

(3) शैक्षिक उपलब्धियाँ

कक्षा	वर्ष	कक्षा	वर्ष	विषय	कक्षा	वर्ष	कक्षा	वर्ष
				उपस्थिति ← (%) →				
कुल योग %	स्थिति	%	स्थिति		%	स्थिति	%	स्थिति
				1.				
				2.				
				3.				

(4) शारीरिक स्थिति

वर्ष	कक्षा	कद	वजन	सीना	दृष्टि	फेफड़े	सामान्य स्वास्थ्य	बीमारी/अयोग्यता	टिप्पणी

(5) सहायक गतिविधियों में भागीदारी

1.	खेल–कूद	7.	हस्तकला
2.	कैम्पिंग	8.	चित्रकला
3.	टूर	9.	सामाजिक गतिविधियाँ
4.	एन.सी.सी./स्काउट्स	10.	वाद–विवाद प्रतियोगिता
5.	सांस्कृतिक गतिविधियाँ	11.	साहित्यिक गतिविधियाँ
6.	संगीत	12.	अन्य गतिविधियाँ

(6) व्यक्तित्व के गुण

धैर्य	
उद्यमशीलता	आत्मविश्वास
नियमितता	भावनात्मक स्थिरता
अंतःदृष्टि	समूह–भावना
तालमेल	नेतृत्व
उत्तरदायित्व की भावना	अन्य

(7) मनोवृत्ति परीक्षा

परीक्षा का नाम	दी गई परीक्षा	प्राप्त अंक	%	मानक ज्ञान परीक्षा

शिक्षक की टिप्पणी :

____

____

दिनांक.   ....   प्रधानाचार्य के हस्ताक्षर

Feedback is the breakfast of Champions.

Ken Blanchard

You can Help other students.
"Inform any error or mistake in this book."

We and Universe
will reward you for Your Kind act.

Email at : feedback@gullybaba.com
or
WhatsApp on 9350849407

नोट : (i) सभी चारों प्रश्न हल करने हैं।
(ii) प्रत्येक प्रश्न की भारिता समान है।

1. निम्नलिखित प्रश्न का उत्तर लगभग 600 शब्दों में दीजिए।

स्पष्ट कीजिए कि विद्यालय किस प्रकार एक औपचारिक सामाजिक संगठन है। विद्यालय संगठन के विविध सदस्यों की भूमिकाओं एवं उत्तरदायित्वों की चर्चा कीजिए।

Refer to Chapter-1, Q.No.-14

& Refer to June-06, Q.No.-3(ii)

अथवा

व्यवसाय के रूप में अध्यापन की पुष्टि कीजिए। प्रभावी बनने के लिए अध्यापक की अपेक्षित व्यावसायिक क्षमताओं की जाँच कीजिए।

Refer to Chapter-2, Q.No.-1

& Refer to Dec-06, Q.No.-1

2. निम्नलिखित प्रश्न का उत्तर लगभग 600 शब्दों में दीजिए।

विद्यालयी प्रभाविता के अर्थ एवं आयामों को स्पष्ट कीजिए। विद्यालयी प्रभाविता किस प्रकार विद्यालयी वातावरण को प्रभावित करती है?

उत्तर – **First Refer :** Chapter-3, Q.No.-12

विद्यालयी प्रभावित का अर्थ– विद्यालयी प्रभाविता उस सीमा को कहते हैं जहाँ तक विद्यालय कार्यक्रम के निर्धारित लक्ष्य और उद्देश्य सम्पन्न हो जाते हैं। विद्यालयी प्रभाविता का अन्वेषण प्रधानाचार्य तथा उसके कर्मचारी वर्ग द्वारा छात्रों तथा विद्यायल के प्रति वचनबद्धता से प्रारम्भ होता है। विद्यालयी प्रभावित की अवधारणा के अनेक घटक हैं –प्रशासनिक कार्य, नेतृत्व व्यवहार, अध्यापक का मनोबल, विश्वास का स्तर, संस्कृति व परिवेश, अभिभावकों का सहयोग, समुदाय का समर्थन, अध्यापकों की कार्य–कुशलता व प्रतिबद्धता, अध्यापकों की निष्ठा एवं संतुष्टि तथा छात्रों की शैक्षिक निष्पादिता।

विद्यालयी प्रभाविता के आयाम– विद्यालयी प्रभाविता के दो बुनियादी आयाम हैं–

1. यांत्रिक क्रियाएँ व 2. अभिव्यंजक क्रियाएँ।

1. यांत्रिक क्रियाएँ – यांत्रिक क्रियाएँ छात्रों के सामाजिक एवं भावनात्मक विकास से संबद्ध उपलब्धियों का विकास, अध्यापकों की संतुष्टि, साधनों का कुशलतम उपयोग, नए आविष्कार, अनुकूलनशीलता, उद्देश्यों की उपलब्धि आदि संगठनात्मक लाने में सहायता करती हैं। ये क्रियाएँ उद्देश्य निर्धारण तथा प्रत्युत्तर के लिए आवश्यक साधनों की गतिशील बनाने जैसी बाह्य माँगों से समायोजन करने में विद्यालय की सहायता करती हैं।

2. अभिव्यंजक क्रियाएँ – अभिव्यंजक क्रियाएँ संगठनात्मक दृष्टि से उपयोगी होती हैं। इन क्रियाओं द्वारा संगठन के सदस्य सामाजिक संबद्धता का विकास करते हैं तथा संगठनात्मक संस्कृति का निर्माण करते हैं। ये क्रियाएँ अध्यापकों एवं छात्रों की प्रतिबद्धता व मनोबल को उजागर करने में सहायक होती हैं।

विद्यालयी प्रभाविता का विद्यालयी वातावरण पर प्रभाव – विद्यायली परिवेश का अध्ययन विद्यालय के मूल्यांकन के लिए आधर प्रदान करता है। विद्यालयी वातावरण प्रधानाचार्य की अध्यापकों से अन्तःक्रिया व अध्यापकों के परस्पर एवं प्रधानाचार्य से व्यवाहारिक तरीकों का परिणामी प्रभाव होता है। विद्यायली प्रभाविता विद्यालयी वातावरण के संदर्भ में वर्णित की जा सकती है। विद्यालयों के वर्गीकरण की तीन प्रकार की पद्धतियाँ–सर्वाधिक प्रभावकारी, प्रभावकारी व कम प्रभावकारी हो सकती है। सर्वाधिक प्रभावकारी हो सकती है। सर्वाधिक प्रभावकारी विद्यालयों में मुक्ता वातावरण ज्यादा नहीं होगा। अगर बंधित विद्यायली वातावरण के परिप्रेक्ष्य में देखें तो यह मुक्त विद्यालयी परिवेश की विपरीत स्थिति है। मुक्त वातावरण श्रेणी में मुक्तता का अनुपात सर्वाधिक प्रभावकारी से कम प्रभावकारी क्रम में घटता चला जाता है।

विद्यालयी प्रभाविता विद्यालयी वातावरण के मुख्य प्राक्सूचकों में से एक है। संगठनात्मक वातावरण विद्यालय के स्तरों को बनाए रखने व उन्हें उन्नत करने हेतु एक महत्त्वपूर्ण निवेश है। कक्षा–कक्ष को अध्यापन–अधिगम के प्रभावकारी केन्द्र बनाने हेतु विद्यालयों की सहायता करना आवश्यक है जिससे वहाँ मुक्त परिवेश का निर्माण हो सके। यह उस स्थिति को उन्नत करने में सहायक है जिसमें अध्यापक संयुक्त रूप से बिना शिकायत किए अच्छा कार्य करते हैं, मैत्री सम्बन्धों का आंनद लेते हैं, उन्हें कार्य से संतुष्टि मिलती है जिससे वे स्वयं ही अन्दरूनी तौर पर पर्याप्त रूप से अभिप्रेरित होते हैं। विद्यालयी वातावरण व छात्र उपलब्धि में सुस्पष्ट सहसम्बन्ध पाया जाता है। विद्यालयी वातावरण छात्रों से जो अपेक्षा रखता है, छात्र उन्हें पूरा करने हेतु भरसक प्रयास करते हैं। एक प्रेरक व मुक्त विद्यालयी वातावरण छात्रों को विचारों व अभिव्यक्ति की पूर्ण स्वतंत्रता देता है, जो छात्रों के सकारात्मक दृष्टिकोण व कार्य–निष्पादन के सभी पक्षों में दिखाई देती है।

अथवा

अनुदेशात्मक निवेश के रूप में अध्यापक की भूमिका की व्याख्या कीजिए। अधिगम के सहायताकर्ता (facilitator) एवं परामर्शदाता के रूप में इसकी भूमिका

इससे किस प्रकार भिन्न है?

उत्तर – **First Refer** : Chapter-2 Q.No.-4&8

अनुदेशात्मक निवेश के रूप में अध्यापक की भूमिका – अनुदेशात्मक निवेश वे कारक हैं जो किसी प्रक्रिया को शुरू करने में मदद करते हैं व उसी प्रक्रिया के परिणामस्वरूप उत्पाद में परिवर्तित हो जाते हैं। अतः उत्पाद या उत्पादन ही निवेश का परिवर्तित रूप है। इस सम्बन्ध में एक अध्यापक की भूमिका को निम्नलिखित परिप्रेक्ष्यों में समझा जा सकता है–

1. सर्वप्रथम अध्यापक कक्षा में किसी विषय का अध्यापन शुरू करते हैं।

2. उसके बाद अध्यापक पढ़ाई गई विषय–वस्तु का वर्णन करते हैं।

3. अगले सोपान में अध्यापक उदाहरण देकर छात्रों की शंकाओं का समाधान करते हैं।

4. चित्रों का प्रयोग व चित्र–निर्माण भी अध्यापक द्वारा किया जा सकता है।

5. विषय–सामग्री की प्रतिपुष्टि व मूल्यांकन के लिए छात्रों से इस सम्बन्ध में विभिन्न प्रश्न पूछे जाते हैं तथा उनका विश्लेषण किया जाता है।

इस प्रकार, अध्यापन की प्रक्रिया में अध्यापक की भूमिका अति महत्त्वपूर्ण होती है तथा अनुदेशात्मक निवेश के रूप में अध्यापक का अध्यापन प्रक्रिया में सीधा योगदान होता है। **अनुदेशात्मक निवेश के रूप में अध्यापक की भूमिका की अधिगम के सहायताकर्त्ता व परामर्शदाता के रूप में भूमिका से भिन्नता**–अनुदेशात्मक निवेश के रूप में अध्यापक अध्यापन का कार्य करते हैं परन्तु सहायक के रूप में अध्यापक की भूमिका इससे अलग हो जाती है। इस परिप्रेक्ष्य में अध्यापक छात्रों को आगे बढ़ने के लिए प्रेरित करता है। वह छात्रों के अधिगम को उत्तम बनाने के उन्हें प्रेरित करने हेतु सुविधाएँ प्रदान करता है तथा ऐसा वातावरण प्रदान करता है जिसमें छात्रा अपनी क्षमता व रूचि के अनुरूप सक्षम बन सकें। सहायक के रूप में अध्यापक सीखने की प्रक्रिया को सरल बनाने हेतु प्रयास करता है।

परामर्शदाता के रूप में अध्यापक छात्रों से विचार–विमर्श करता है तथा उन्हें परामर्श देता है। सलाहकार के रूप में छात्र अध्यापक के सम्मुख अपनी समस्याएँ रखते हैं व अध्यापक उनकी समस्याओं को सुलझाने हेतु उन्हें सलाह देता है व अपने स्तर पर प्रयास भी करता है ताकि समस्या का समाधान हो सके व छात्र की अधिगम प्रक्रिया निरंतर आगे बढ़ती रहे। एक अध्यापक सलाहकार के रूप में न केवल छात्रों की शिक्षा से सम्बन्धित समस्याओं का समाधान करता है अपितु उनकी व्यक्तिगत व सामाजिक समस्याओं में भी परामर्श देता है। इसके लिए आवश्यक है कि अध्यापक संवेदनशील होना चाहिए तथा उसका व्यवहार छात्रों के साथ मित्रवत् होना चाहिए जिससे छात्र सीधे जाकर अध्यापक से बात कर सकें तथा अपनी समस्या कहते समय हिचकिचाए नहीं। एक अच्छा परामर्शदाता होने के लिए अध्यापक में पर्यवेक्षण, संवेदनशीलता, अध्यापन के प्रति रूचि, बाल मनोवृत्ति को समझने आदि गुण होने चाहिए।

3 . निम्नलिखित में से किन्हीं पाँच प्रश्नों के उत्तर दीजिए। प्रत्येक उत्तर लगभग 120 शब्दों में दीजिए:

(i) अधिगम संसाधन केंद्र क्या होता है? अध्यापकों एवं विद्यार्थियों के लिए यह कैसे फायदेमंद है?

उत्तर – प्रत्येक केंद्रकीय (Nodal) स्थान पर अधिगम संसाधन केन्द्र का विस्तार, बड़े पैमाने पर अधिसंख्यक विद्यार्थियों को एक ही समय में अधिगम कराने में सहयोग प्रदान करता है। विद्यार्थियों को सहायता देने और उनका मार्गदर्शन करने के लिए प्रत्येक संसाधन केंद्र में एक संयोजक और कुछ विषय–विशेषज्ञ (अध्यापक) उपलब्ध होते हैं। ऐसे केंद्रक स्थानीय समस्याओं को हल करने के लिए अध्यापकों को गतिशील बनाकर कुछ सामाजिक कार्य भी करते हैं। जैसे जिला स्तर पर साक्षरता अभियान चलाना। किसी क्षेत्र विशेष के किसी मुद्दे के बारे में वैज्ञानिक ढंग से सूचना प्रदान कर तर्कयुक्त स्पष्टीकरण प्रस्तुत करकिसी मुद्दे को समझना। जिला शिक्षा और प्रशिक्षण संस्थान (डी.आई.ई.टी) के माध्यम से अध्यापकों को निरंतर सेवारत प्रशिक्षण, प्रभावी तरीके से सुलभ कराया जा सकता है। इसी प्रकार से शैक्षिक सामग्री, शैक्षिक उपकरण और शिक्षण में सहायक सामग्री तथा उपकरणों को बेहतर बनाने में भी ऐसी संस्थानों की सहायता ली जा सकती है। ऐसे केंद्रों में विक्रम साराभाई विज्ञान केंद्र, अहमदाबाद और टाटा इंस्टीट्यूट ऑफ फंडामेंटल रिसर्च, मुंबई से संबद्ध होमी भाभा सेंटर और साईस एजुकेशन (एच.बी.सी.एस.ई.) विज्ञान के क्षेत्र में प्रमुख केंद्र है। होमी भाभा केंद्र, विज्ञान के अध्यापकों को सेवारत प्रशिक्षण प्रदान करता है और महाराष्ट्र राज्य के ग्रामीण क्षेत्रों में क्षेत्र आधारित कार्यक्रमों का समन्वयन भी, इसी संस्थान द्वारा किया जाता है। राष्ट्रीय उद्देशयों की प्राप्ति में ऐसे केंद्र, देश के केंद्रीय स्थान के रूप में स्थापित किए जा सकते है।

संसाधन केंद्र का उपयोग, विद्यार्थियों की शैक्षिक, मनोवैज्ञानिक तथा वैयाक्तिक समस्याओं के लिए उपबोधन सेवाएँ प्रदान करने के लिए भी किया जा सकता है। इसी प्रकार से विद्यार्थियों की व्यक्तिगत समस्याओं का समाधान भी इन केंद्रों से किया जा सकता है। एम ए आई जी परामर्श केंद्र, स्वास्थ्य केंद्र, एम एस बड़ौदा विश्वविद्यालय, बड़ोदरा आदि ऐसे संस्थान हैं जो इस प्रकार की नैदानिक सेवाएँ प्रदान करते हैं। उपबोधकों के समूह द्वारा महत्वपूर्ण स्थानों पर निर्देशन और उपबोधन केंद्र चलाए जा रहे हैं। ऐसे केंद्रों के उदाहरणों में समूचे देश में फैले इग्नू के क्षेत्रीय केंद्र प्रमुख हैं। जो इस प्रकार की गतिविधियों में सक्रिय होना चाहते हैं उन्हें गैर–औपचारिक शैक्षिक संसाधन जुटाने केलिए सक्रिय बनाना चाहिए। अधिकाधिक अध्यापक को एकजुट होकर ऐसे कार्यकलापों में भाग लेना चाहिए। वित्त, फर्नीचर और कार्मिकों की पूर्ति कुछ ऐसे संसाधन हैं जिन्हें अंशकालिक आधार पर उपलब्ध कराने की आवश्यकता है।

(ii) नवीकरण के प्रबंधक एवं द्वंद्व के प्रबंधक के रूप में अध्यापक की भूमिका की

सोदाहरण व्याख्या कीजिए।

उत्तर – अध्यापक–एक प्रबंधक के रूप में – किसी भी स्कूल की गुणवत्ता बहुत हद तक उसके अध्यापकों की योग्यता पर आधारित है। अध्यापक कक्षा के कमरे में गुणवत्ता और शिक्षण के मुख्य स्तम्भ हैं। अगर हम यह चाहते हैं कि स्कूल उचित रूप से फले–फूले तो यह स्वयं–सिद्ध है कि उसके अध्यापक कर्तव्यों का निर्वाह अपनी पूर्ण योग्यताओं के साथ करें। यह विचार कि अध्यापक ही प्रबंधक हैं अभी बिल्कुल नया है। यह भारत में हाल की उत्पत्ति है और बहुत–से लोग अभी संदेह करते हैं कि यह सभंव तथा अपेक्षित है कि नहीं।

नवाचार और परिवर्तन का प्रबंधन – कक्षा के कमरे में किसी भी प्रकार के नवाचार के क्रियान्वयन से अध्यापक प्रत्यक्ष रूप से संबंधित है। उसे उन परिस्थितियों और वातावरण का प्रबंधन करना है जिससे कि नवाचारों का क्रियान्वयन सर्वाधिक प्रभावकारी ढंग से किया जा सकें। सफलता के लिए परिवर्तन की विभिन्न आकृतियाँ 'अध्यापक तत्व' पर ही निर्भर करती हैं। उदाहरण के लिए अगर विद्यालय में अध्यापन प्रणाली में कुछ परिवर्तन करने का निर्णय लिया जाता है तो निश्चित रूप से इससे प्रशासन संबंधी कुछ मुद्दे उठेंगे। इसमें विकास के लिए विद्यालय के साधनों के प्रसार का समावेश होगा जैसे सेवा–अवधि में प्रशिक्षण कार्यक्रम, साधन के रूप में पुस्तकालय का प्रयोग, नई सामग्री का प्रकाशन, सहायक सामग्री, समय–सारणी की रचना आदि। अतः हमें एक अध्यापक की भूमिका पर पुनर्विचार करना होगा क्योंकि उसे पर्याप्त प्रंधकीय कार्यों का निष्पादन करना होता हैं।

द्वंद्व प्रबंधन – एक प्रबंधक के रूप में अध्यापक को विभिन्न नेतृत्व तकनीकों का विकास करना होता है जिन्हें मिलाकर नेतृत्व शैली कहा जा सकता है। एक अध्यापक कक्षा के कमरे में साधारण आधारभूत समस्याओं का सामना करता है। विभिन्न संस्कृतियों एवं धार्मिक विश्वासों के पृष्ठभूमि वाले छात्र समायोजन संबंधी समस्याओं का सामना करते हैं। इन समस्याओं के समाधान हेतु जो उपाय वे अपनाते हैं, वे पर्याप्त रूप से भिन्न होते है। एक अध्यापक को निष्पक्ष रूप से एक दूसरे के दृष्टिकोण को सुनना और समझना पड़ता है। द्वंद्व का वैयक्तिकीकरण करने की बजाय तथ्यों एवं मुद्दों पर केंद्रित होना होता है। एक खुला वातावरण तैयार करना होता है और संबंधित व्यक्तियों के बीच चर्चा के अवसर प्रदान करने होते हैं।

(iii) अध्यापकों का समसमूह (peer) मूल्यांकन क्या है? इसके गुण एवं दोषों की चर्चा कीजिए।

Refer to Chapter-2, Q.No.-17

(iv) राष्ट्रीय मुक्त विद्यालय, फिलहाल जिसे नेशनल इंस्टीट्यूट ऑफ ओपन स्कूलिंग (एन.आई.ओ.एस.) कहते हैं, से आप क्या समझते हैं? इसके मुख्य उद्देश्य क्या

है?

उत्तर – राष्ट्रीय मुक्त विद्यालय की स्थापना 1989 में भारत सरकार के मानव संसाधन विकास मंत्रालय द्वारा 1986 की राष्ट्रीय शिक्षा नीति के आधार पर एक स्वायत संस्था के रूप में की गई राष्ट्रीय मुक्त विद्यालय के मुख्य उद्देश्य हैं:

1. विद्यालय स्तर पर सामान्य शिक्षा कार्यक्रमों, जीवन समुन्नयन मॉड्यूलों तथा व्यावसायिक पाठ्यक्रमों द्वारा इच्छुक अध्येताओं को सतत् और विकासात्मक शिक्षा के अवसर प्रदान करना।

2. राज्यों और अन्य विविध अभिकरणों अथवा संस्थाओं के साथ निकट सहयोग से परामर्श सेवाएँ प्रदान करना तथा प्रतिमान निर्माण में लगे रहना।

3. दूरस्थ शिक्षा और मुक्त अधिगम से संबंधित सूचना के प्रभावी प्रसार के अभिकरण के रूप में कार्य करना।

4. देश के विभिन्न भागों में स्थापित होने वाले दूरस्थ शिक्षा तंत्रों तथा मुक्त विद्यालयों में, अनुसंधान और मूल्यांकन के माध्यम से अधिगम के स्तर की पहचान और उसका संवर्धन करना तथा अपना विशिष्ट स्वरूप बनाए रखते हुए औपचारिक व्यवस्था के समरूप स्तर बनाए रखना।

(v) विद्यालय परिसर क्या है? विद्यालय के लिए इसके फायदों का संक्षेप में वर्णन कीजिए।

Refer to Chapter-1 Q.No-12

(vi) विद्यालय बजट किस प्रकार तैयार किया जाता है एवं इसकी देख–रेख कैसे की जाती है?

Refer to Chapter-4, Q.No.-16

(vii) क्रियात्मक अनुसंधान (action research) के अर्थ की सोदाहरण व्याख्या कीजिए। अनुदेशात्मक कार्य करने में अध्यापक के लिए यह कैसे लाभप्रद है?

Refer to Chapter-4, Q.No.-2

(viii) विद्यालय नेतृत्व क्या है? विद्यालय नेतृत्व के प्रकारों की चर्चा इसके गुण–दोषों सहित करें।

Refer to Chapter-3, Q.No.-6

4. निम्नलिखित प्रश्न का उत्तर लगभग 600 शब्दों में दीजिए।

मान लीजिए कि आपको अपने विद्यालय की वार्षिक परीक्षा के संचालन की जिम्मेदारी सौंपी गई है। परीक्षा के समुचित संचालन के लिए विस्तृत योजना तैयार कीजिए।

उत्तर– विद्यालय में अध्यापक को छात्रों को पढ़ाने के साथ–साथ उनके कार्य–निष्पादन की जाँच भी करनी होती है। यह कार्य विद्यार्थियों के अधिगम के स्तर और गुणवत्ता के मापन के लिए परीक्षाएँ लेकर किया जाता है।

परीक्षाओं का आयोजन व संचालन करने के लिए कुशल संचालन योग्यता की आवश्यकता होती हैं। विद्यालय में वार्षिक परीक्षा के संचालन के लिए निम्नलिखित बातें ध्यान में रखनी चाहिए–

1. सबसे पहले परीक्षाओं की तिथि तय करके उसकी सूचना मौखिक रूप से व सूचनापट्ट के जरिए छात्रों व शिक्षकों को दी जानी चाहिए।

2. सूचना प्रसारित करने के बाद प्रत्येक शिक्षक को उसके विषय सम्बन्धी परीक्षापत्र तैयार करने के लिए निर्देश दिए जाने चाहिए।

3. परीक्षा–पत्र तैयार होने के बाद उन्हें कक्षाओं के अनुसार मंडलों में बाँट देना चाहिए।

4. परीक्षा–पत्र तैयार होने के बाद उनके मुद्रण व शोधन का कार्य किया जाता है। परीक्षाओं के समय कोई गड़बड़ होने की स्थिति में यदि जारी प्रश्न–पत्रों में से किसी को निरस्त करना पड़ता है तो ऐसी स्थिति के लिए एक प्रश्न–पत्र विकल्प के रूप में तैयार करवाया जाना चाहिए।

5. हर कक्षा में एक क्रमांक देना चाहिए।

6. कक्षा में छात्रों के बैठने का स्थान पूर्व–निर्धारित होना चाहिए व उनक अनुक्रमांक निर्धारित डेस्क पर लिखे होने चाहिए।

7. परीक्षा शुरू होने से 15 मिनट पूर्व सभी कक्षाओं में प्रश्न–पत्र व अन्य सम्बन्धित सामग्री पहुँच जानी चाहिए।

8. छात्रों को परीक्षा शुरू होने से पाँच मिनट पहले अपना स्थान ग्रहण कर लेना चाहिए।

9. प्रश्न–पत्र व उत्तर–पुस्तिका नियम समय पर बँट जानी चाहिए।

10. निरीक्षक को परीक्षा के पूर्ण समय के दौरान सजग रहना चाहिए।

11. परीक्षा देने वाले छात्रों की उपस्थिति भली–भाँति दर्ज होनी चाहिए, तथा अनुपस्थित छात्रों का रिकार्ड रखना चाहिए तथा बीमार होने की स्थिति में परीक्षार्थी से मेडिकल सार्टिफिकेट माँगा जाना चाहिए। प्रत्येक उत्तर–पुस्तिका पर परीक्षा निरीक्षक के हस्ताक्षर होने चाहिए।

12. परीक्षार्थियों को दी गई अतिरिक्त उत्तर–पुस्तिकाओं का रिकॉर्ड रखा जाना

चाहिए।

13. परीक्षा-समय समाप्त होने से 10 मिनट पूर्व छात्रों को सूचित कर देना चाहिए जिससे छात्र अतिरिक्त उत्तर-पुस्तिका को मुख्य उत्तर-पुस्तिका के साथ संलग्न कर सकें

14. प्रत्येक विषय अध्यापक के पास उसके विषय की उत्तर-पुस्तिकाएँ भेज देनी चाहिए।

15. परीक्षा समाप्त होने के बाद उत्तर-पुस्तिकाओं को कक्ष-क्रमांक के अनुसार रखना चाहिए।

ई.एस.–335 : अध्यापक तथा विद्यालय
दिसम्बर, 2007

नोट : (i) सभी चारों प्रश्न हल करने हैं।
(ii) प्रत्येक प्रश्न की भारिता समान है।

1. निम्नलिखित प्रश्न का उत्तर लगभग 600 शब्दों में दीजिए।

अध्यापक में प्रबंधक, सहभागी, सहायताकर्ता, परामर्शदाता और समुदाय सहभागी की भूमिकाएँ निभाने के लिए कौनसी विशिष्ट सक्षमताओं का होना जरूरी है? चर्चा कीजिए।

Refer to Chapter-2

अथवा

विद्यालय संगठन में मावनशक्ति संसाधन (manpower resources) कौन से हैं? विद्यालय संगठन की प्रभावी कार्यप्रणाली के लिए इनकी भूमिकाओं की चर्चा कीजिए।

Refer to Chapter-1, Q.No.-15

2. निम्नलिखित प्रश्न का उत्तर लगभग 600 शब्दों में दीजिए।

प्रबंधन प्रक्रियाओं से क्या अभिप्राय हैं? विद्यालय व्यवस्था में विविध प्रंबधन प्रक्रियाओं और उनके महत्त्व की चर्चा कीजिए।

Refer to Chapter-3, Q.No.-1

अथवा

पाठ्य–सहगामी (co-curricular) क्रियाकलापों के विविध प्रकार कौन से हैं? बच्चे के व्यक्तित्व विकास में इनकी आवश्यकता और महत्त्व की व्याख्या कीजिए।

Refer to Chapter-4, Q.No.-4&6

3. निम्नलिखित में से किन्हीं पाँच प्रश्नों के उत्तर दीजिए। प्रत्येक प्रश्न का उत्तर लगभग 120 शब्दों में दीजिए:

(i) बताइए कि शिक्षा किस प्रकार समाजीकरण प्रक्रिया है।

Refer to Chapter-1, Q.No.-1

(ii) 'अभिभावक, स्कूल और समुदाय के बीच विकसित होने वाली कड़ी को

गठित करते हैं।' इस कथन की सोदाहरण चर्चा कीजिए।

उत्तर – स्कूल एक ऐसी सामाजिक संस्था है जहाँ समयानुक्रम में व्यापक रूप से सामाजिक लक्ष्यों की प्राप्ति के उद्देश्य से सचेष्ट रूप से अभिकल्पित अधिगम–अनुभव प्रदान किए जाते हैं। अतः विद्यालय समाज की बड़ी व्यवस्था की एक उपव्यवस्था के रूप में कार्य करता है। तथापि, विद्यालय को अपने निकटतम परिवेश अर्थात् उस समुदाय के साथ, जहाँ वह स्थित होता है, प्रकार्यात्मक रूप से मिलकर काम करना होता है। निश्चितत: किसी विद्यालय और उसके निकटस्थ समुदाय के बीच संबंध को शिक्षा और समाज के बीच इस बृहत्तर सामान्य संबंध का एक अंग माना जा सकता है।

'समुदाय' शब्द से अभिप्राय व्यक्तियों के एक ऐसे व्यापक समूह से है जो पर्याप्त रूप से स्पष्ट सीमाओं में अवस्थित हो और सामाजिक, आर्थिक एवं नागरिक क्रियाकलापों में एक दूसरे से इस प्रकार जुड़ा हो कि उनमें इतना एकत्व उत्पन्न हो जाए कि एक समूह के रूप में उनकी पहचान बन सकें।

अभिभावकों का विद्यालय से निरन्तर संपर्क बना रहता है और इस प्रकार वे विद्यालय और समुदाय के बीच संप्रेषण का एक महत्वपूर्ण साधन बन सकते हैं। विद्यालय को उनके माध्यम से समाज की अपेक्षाओं और सामान्य आवश्यकतों का बोध हो सकता है। उदाहरण के तौर पर यदि किसी ग्रामीण परिवेश में भी कुछ अभिभावक मिलकर विद्यालय में प्रौढ़ शिक्षा की कक्षाएँ लगाने का अनुरोध करते हैं, तो विद्यालय का अध्यापक वर्ग उनकी सुविधानुसार अपनी सेवाएँ प्रदान कर सकता है। यदि विद्यालय को अभिभावक मिलन के दौरान अपने आस–पास की सफाई के बारे में ग्रामवासियों के अज्ञान का पता चलता है, तो विद्यालय का कर्मचारी वर्ग इसे महत्वपूर्ण सेवा मानते हुए इसे करने का बीड़ा उठा सकता है।

(iii) अल्पसंख्यकों, अनुसूचित जातियों और अनुसूचित जनजातियों की शिक्षा के लिए सांविधानिक प्रावधानों की चर्चा कीजिए।

Refer to Chapter-1, Q.No.-6

(iv) ऐसे महत्त्वपूर्ण गुणों और क्षमताओं की चर्चा कीजिए जो किसी विद्यालय के प्रधानाचार्य में होने चाहिए।

Refer to Chapter-3, Q.No.-8

(v) ऐसे फायदों की चर्चा कीजिए जो एक अध्यापक अध्यापक–प्रशिक्षण कार्यक्रम के प्रवेश (induction) चरण से प्राप्त करता है।

Refer to Chapter-2, Q.No.-10

(vi) निष्पादन मूल्यांकन क्या है? विद्यालय व्यवस्था में इसे क्यों महत्त्वपूर्ण माना जाता है?

उत्तर – किसी संगठन के लिए किसी व्यक्ति के महत्व का, उसके वरिष्ठ अधिकारी द्वारा अथवा कोई ऐसी व्यक्ति जो उसे प्रेक्षण करने की स्थिति में हो, द्वारा किया गया योजनाबद्ध, आवधिक मूल्यांकन, निष्पादन मूल्यांकन कहलाता है।अर्थात् मूल्यांकन के दौरान किसी व्यक्ति के निष्पादन और विकास के लिए उसकी संभाव्यता के बारे में किया गया योजनाबद्ध मूल्यांकन, निष्पादन–मूल्य होता है। दूसरे शब्दों में, हम कह सकते हैं कि निष्पादन मूल्यांकन से किसी व्यक्ति की विकासपरक आवश्यकता का पता चलता है।इस यह मानते हैं कि अध्यापक का निरंतर मूल्यांकन अत्यधिक वांछनीय है। अतः औपचारिक प्रक्रिया के रूप में व्यक्तियों का मूल्य–निर्धारण किसी विद्यालय के लिए निर्णायक महत्व रखता है। अतः हम कह सकते हैं कि निष्पादन–मूल्यांकन में किसी व्यक्ति द्वारा किए जा रहे कार्य के लिए उसकी उत्कृष्टता का और उसकी भावी संभाव्यताओं का योजनाबद्ध, आवधिक और यथासंभव विष्पक्ष निर्धारण किया जाता है।

निष्पादन मूल्यांकन का महत्व

(क) व्यक्तियों को वह औपचारिक जानकारी देना कि उनके वर्तमान निष्पादन का निर्धारण कैसे किया जा रहा है। उदाहरणार्थ, अध्यापक के नानाविध प्रकार्यो को ध्यान में रखते हुए विद्यालय में उसके निष्पादन के तात्कालिक निर्धारण का अत्यधिक महत्व हो जाता है।

(ख) उन व्यक्तियों का पता लगाना जिन्हें अतिरिक्त प्रशिक्षण की आवश्यकता है। उदाहरणार्थ कक्षा के अनिवार्य घटक होने के कारण अध्यापकों का निरंतर विकास होता रहना चाहिए। मूल्य–निर्धारण की व्यवस्था से उनकी सामर्थ्य और कमजोरियों का निर्धारण हो सकता है।

निष्पादन मूल्यांकन मात्र आवधिक घटनाओं का सिलसिला नहीं है, किन्तु एक ऐसी निरंतर एवं योजनाबद्ध प्रक्रिया है जिसका उद्देश्य अध्यापकों के व्यावसायिक विकास और जीवन वृत्ति की आयोजना में उनकी सहायता करता है।मूल्यांकन से अध्यापक आश्वस्त होते हैं कि वे अच्छे और महत्वपूर्ण काम में लगे हुए हैं।उत्तम कार्य करने वाले अध्यापकों को सुरक्षा और प्रतिष्ठा मिलती है, नवाचारी विचारों का प्रसार होता है। और यह विश्वास होता है कि अध्यापक सार्थक रूप से समाज के लिए कार्य कर रहा है।इससे यह सुनिश्चित करने में भी सहायता मिलती है कि अध्यापकों का सेवाकालीन प्रशिक्षण और विकास वैयक्तिक अध्यापक तथा विद्यालयों की आवश्यकताओं से मेल खाते है।इसका संबंध निष्पादन में कठिनाई अनुभव करने वाले अध्यापकों के लिए सेवाकालीन प्रशिक्षण की उपलब्धता व्यवसाय प्रबंध, निर्देशन, परामर्श और प्रशिक्षण से भी है।

(vii) शिक्षक की अनुदेशात्मक नेतृत्व भूमिकाएँ कौन सी है?
Refer to Chapter-2, Q.No.-7

(viii) संगठनात्मक परिवेश के आयामों की चार विशेषताओं की व्याख्या कीजिए।
Refer to Chapter-3, Q.No.-10&11

4. निम्नलिखित प्रश्न का उत्तर लगभग 600 शब्दों में दीजिए।
कक्षा में पढ़ाते समय आपके सम्मुख आने वाली समस्याओं और इनके निवारण के उपायों की चर्चा कीजिए। ऐसी विविध रीतियों (modalities) का सुझाव दीजिए जिन्हें आप अपनी निजी और व्यावसायिक वृद्धि के लिए अपनाना चाहेंगे।

उत्तर – हम ऐसी विविध रीतियों का सुझाव दे सकते हैं जिन्हें हम अपनी नीति और व्यवसायिक वृद्धि के लिए अपनाएगें। जिसमें के हम विद्यालय प्रबंधन से जुड़ी प्रत्येक कड़ी का विश्लेषण करेगें।

बृहत और लघु स्तर पर समय प्रबंधन की आवश्यकता – आज के समय में प्रत्येक व्यक्ति की एक प्रमुख समस्या, समय का प्रबंधन हैः ऐसा प्रतीत होता है कि मानो सभी समय के पीछे दौड़ रहे हैं या समय का प्रबंधन करने की चेष्टा कर रहे हैं। किसी भी कार्यक्रम के प्रबंधन में समय प्रबंधन अपेक्षित होता है। इसके अभाव में अव्यवस्था, कार्य को बार–बार किए जाने की संभावना, की कमी हो जाएगी जिससे केवल संसाधनों की बर्बादी ही होती है। कभी–कभी इससे कार्यक्रम विफल हो सकता है कार्य को दोहराने, व्यवस्था के न होने या समन्वय की कमी से बचने के लिए, समय प्रबंधन की आवश्यकता पड़ती है। और यह आवश्यक दीर्घ और लघु दोनों स्तरों पर हो सकती हैं। दीर्घ स्तर से अर्थ होगा कार्यक्रम की मुख्य रूपरेखा, और लघु स्तर का अर्थ होगा बारीकीयों पर ध्यान देते हुए बुनियादी स्तर पर कार्यक्रम। उदाहरण के लिए दीर्घ स्तरीय समय प्रबंधन में स्कूल कैलेण्डर का प्रबंधन शामिल होगा। लघु स्तरीय प्रबंधन में स्कूल समय सारणी का प्रबंधन शामिल होता हैं।
इस प्रबंधन में सबसे पहले स्कूल कैलेंडर का उल्लेखः–

स्कूल कैलेंडर – स्कूल कैलेंडर तारीख दर्शाने वाले कैलेंडर से भिन्न होता हैं। तारीख कलैंडर में सभी तारीखों को दिया जाता हैं और इसमें छुट्टियों को लाल रंग से दर्शाया जाता है। लेकिन स्कूल केलैंडर में सभी तारीखों का समावेश आवश्यक नहीं है। तारीखों के अतिरिक्त, उनके सामने आयोजित किए जाने वाले कार्यक्रमों की जानकारी दी जाती है जैसे;

17 जनवरी से 25 जनवरी तकः खेलकूद समारोह मनाया जाएगा।

6 जनवरीः पुरस्कार वितरण समारोह।

स्कूल कैलेंडर बनाने के लिए जिस चरणों को ध्यान में रखना आवश्यक होता हैं। उसकें चरण निम्नलिखित हैंः

(क) छुट्टियों और रविवारों की संख्या को वर्ष से अलग निकाल दिया जाता है।

(ख) वर्ष में कार्यदिवसों की संख्या का परिकलन किया जाता है।

(ग) स्कूल समयावली को प्रभावित करने वाली परिस्थितियाँ जैसे बोर्ड परीक्षा केन्द्र या चुनाव बूथ या सामुदायिक कार्यक्रमों को दिखाया जाता है।

(घ) परीक्षाओं के संचालन के लिए आवश्यक दिनों का परिकलन किया जाता है।

(ड) उपर्युक्त दिवसों को घटा कर प्रत्येक महीनें में कार्यदिवसों परिकलन किया जाता है।

(च) सातवें चरण में उल्लिखित सभी कार्यकलापों को वर्ष भर में इस ढंग से रखा जाना चाहिए कि जिससे अध्ययन–अध्यापन नीरस न लगे बल्कि आनंदप्रद बना रहें।

(छ) वर्ष के दौरान होने वाले विशेष व्याख्यान, कार्यशालाओं, संगोष्ठियों, मेले–ठेलों, खेलकूद समारोहों, सांस्कृतिक कार्यकलापों, अभिभावक–शिक्षक संघ सभाओं, छुट्टियों के दौरान कक्षाओं पिकनिक (आमोद भ्रमण), पर्यटन, कैम्पों, स्टॉफ बैठकों, विज्ञान मेला प्रदर्शनी, परियोजनाओं आदि की तारीखों का भी उल्लेख किया जाता है।

स्कूल समय–सारणी – समय–सारणी एक अत्यंत महत्वपूर्ण ढांचा है और स्कूल प्राधिकारियों को इसका निर्धारण बहुत सावधानी से करना चाहिए, ताकि अध्यापकों और विद्यार्थियों के समय का अधिकतम सदुपयोग हो सके और वे स्कूल के संसाधनों से, अधिकतम लाभ की प्राप्ति कर सकें।

स्कूल–समय सारणी एक ऐसा चार्ट है जो विद्यालय में किए जाने वाले सभी कार्यकलापों को दर्शाता है।

1. कार्य के घंटे
2. अध्यापकों का कार्य और विश्राम समय
3. किन्ही विशेष पीरियडों (कालांशों) में इस्तेमाल किए जा रहे कमरे
4. मनोरंजन का समय
5. प्रातःकालीन सभा का समय
6. उपस्थिति लेने का समय
7. पाठ्य–सहगामी कार्यकलापों का समय
8. खेलकूद में व्यस्त कक्षा
9. प्रयोग में लाया जाने वाला खेल का मैदान

अध्यापक की भूमिका – समय –सारणी के निर्माण में अध्यापकों की भूमिका का विशेष ध्यान होना चाहिए, आखिरकार अध्यापक ही इसे व्यावहारिक रूप प्रदान करते हैं। ऐसा भी होता है कि सप्ताह के कुछ दिन अध्यापक को इतनी अधिक मेहनत करनी पड़ती है कि उसको आराम का अवसर नहीं मिलता। ऐसे भी दिन होते हैं जिनमें अध्यापक पूरी तरह खाली

होते हैं। अध्यापक को ध्यान रखना चाहिए कि अपने पीरियड की समाप्ति पर भी पढ़ाता न रहे ताकि अगले अध्यापक का समय नष्ट न हो। इसी प्रकार, अध्यापक को समय से पहले भी अपनी कक्षा छोड़नी नहीं चाहिए। अगले अध्यापकों को भी सही समय पर कक्षा में प्रवेश करना चाहिए क्योंकि अध्यापक विद्यार्थियों के समक्ष आदर्श भूमिका निभाते हैं। विद्यार्थी समय–पाबंदी अपने अध्यापकों से सीखते हैं। अतिरिक्त दायित्व निभाने वाले अध्यापकों को समय सारणी में कुछ खाली समय भी दिया जाना चाहिए। समय–सारणी को कार्यात्मक रूप देने में सभी अध्यापकों को सहयोग देना चाहिए।

होते हैं। अध्यापक को ध्यान रखना चाहिए कि अपने पीरियड की समाप्ति पर भी पढ़ाता न रहे ताकि अगले अध्यापक का समय नष्ट न हो। इसी प्रकार, अध्यापक को समय से पहले भी अपनी कक्षा छोड़नी नहीं चाहिए। अगले अध्यापकों को भी सही समय पर कक्षा में प्रवेश करना चाहिए क्योंकि अध्यापक विद्यार्थियों के समक्ष आदर्श भूमिका निभाते हैं। विद्यार्थी समय–पाबंदी अपने अध्यापकों से सीखते हैं। अतिरिक्त दायित्व निभाने वाले अध्यापकों को समय सारणी में कुछ खाली समय भी दिया जाना चाहिए। समय–सारणी को कार्यात्मक रूप देने में सभी अध्यापकों को सहयोग देना चाहिए।

ई.एस.–335 : अध्यापक तथा विद्यालय
दिसम्बर, 2008

नोट : (i) सभी चारों प्रश्न हल करने हैं।

(ii) प्रत्येक प्रश्न की भारिता समान है।

प्रश्न 1. निम्नलिखित प्रश्न का उत्तर लगभग 600 शब्दों में दीजिए।

ऐसी विभिन्न भूमिकाएँ कौन सी हैं जिन्हें निभाना अध्यापक के लिए अनिवार्य है? पूर्व–शिक्षण (pre-teaching) एवं शिक्षणोत्तर (post-teaching) चरणों में अध्यापक की भूमिका की व्याख्या कीजिए। ये चरण एक–दूसरे से कैसे भिन्न हैं?

अथवा

सामुदायिक कार्यकलापों में विद्यालय अपना योगदान कैसे दे सकता है और समुदाय से जुड़ी वास्तविकताओं को विद्यालय में अधिगम अनुभवों के रूप में कैसे परिवर्तित किया जा सकता है? कुछ उचित उदाहरणों से अपना उत्तर स्पष्ट कीजिए।

प्रश्न 2. निम्नलिखित प्रश्न का उत्तर लगभग 600 शब्दों में दीजिए।

"अध्यापक अनुदेश का प्रबंधक है।" क्या आप इस कथन से सहमत हैं? अपने उत्तर की पुष्टि उचित उदाहरण देकर कीजिए।

अथवा

'कार्य शोध' (Action Research) क्या है? अध्ययन–अध्यापन सम्बन्धी समस्याओं को हल करने में यह किस प्रकार सहायक है? ऐसी समस्याओं के उचित उदाहरण दीजिए जिन्हें कार्य शोध के माध्यम से हल किया जा सकता है।

प्रश्न 3. निम्नलिखित में से किन्हीं पाँच का उत्तर लगभग 120 शब्दों (प्रत्येक) में दीजिए:

(i) पड़ोस विद्यालय की संकल्पना एवं उद्देश्य क्या हैं?

(ii) ऐसे स्थानीय निकाय कौन से हैं जो विद्यालयी शिक्षा को नियंत्रित करते हैं?

(iii) अध्यापक के समेकित व्यक्तित्व को विकसित करने की आवश्यकता की व्याख्या कीजिए।

(iv) अपने समसमूह का मूल्यांकन करते समय आप किन मानदंडों को ध्यान में रखेंगे?

(v) 'प्रबंधन प्रक्रियाओं' (Management Processes) का अर्थ स्पष्ट कीजिए।

(vi) विद्यालय में मुक्त परिवेश (Open climate) और स्वायत्त परिवेश (Autonomous climate) के अंतर को स्पष्ट कीजिए।

(vii) विद्यालय में किए जाने वाले विभिन्न प्रकार के पाठ्यसहगामी कार्यकलापों में से प्रत्येक को उचित उदाहरण देकर स्पष्ट कीजिए।

(viii) "पुस्तकालय एवं प्रयोगशाला विद्यालयी–व्यवस्था के अपरिहार्य घटक हैं।" चर्चा कीजिए, कैसे।

प्रश्न 4. निम्नलिखित प्रश्न का उत्तर लगभग 600 शब्दों में दीजिए।
किसी दूरदराज के गाँव में, जहाँ साक्षरता राष्ट्रीय औसत स्तर से निम्न है और जहाँ लड़कियों की सहभागिता कम है, इस संदर्भ में कुछ (5–6) कार्यकलापों का सुझाव दीजिए जिनसे विद्यालय समुदाय सहभागिता को सुदृढ़ किया जा सकता है।

ई.एस.–335 : अध्यापक तथा विद्यालय

जून, 2009

नोट : (i) सभी *चारों* प्रश्न करना *अनिवार्य* है।
(ii) सभी प्रश्नों की भारिता *समान* है।

प्रश्न 1. निम्नलिखित प्रश्न का उत्तर लगभग 600 शब्दों में दीजिए।
स्पष्ट कीजिए कि विद्यालय कैसे औपचारिक संगठन है? विद्यालयी संगठन के विविध सदस्यों की भूमिकाओं एवं उत्तरदायित्वों की चर्चा कीजिए।

अथवा

सृजनात्मक समूह निर्णयन तकनीकें क्या हैं? प्रत्येक तकनीकें क्या हैं? प्रत्येक तकनीक के गुण एवं दोषों का वर्णन कीजिए।

प्रश्न 2. निम्नलिखित प्रश्न का उत्तर लगभग 600 शब्दों में दीजिए :
आप कैसे पुष्टि करेंगे कि प्रधानाचार्य विद्यालय प्रबंधन में अगुआई करता है? उचित उदाहरण देकर अपने उत्तर की पुष्टि कीजिए।

अथवा

'परीक्षा संबद्ध कार्यकलापों के पूर्व–प्रबंधन के बिना समुचित ढंग से परीक्षा कराना संभव नहीं है।' ऐसे कार्यकलापों के उचित उदाहरणों की सहायता से इस कथन का मूल्यांकन कीजिए।

प्रश्न 3. निम्नलिखित प्रश्नों में से किन्हीं पाँच (प्रत्येक) का उत्तर लगभग 120 शब्दों में दीजिए :
(1) 'विद्यालय, युवाओं को समाज की आवश्यकताओं के अनुरूप विकसित करने की औपचारिक व्यवस्था है'। स्पष्ट कीजिए।
(2) विद्यालयी शिक्षा में स्थानीय निकायों के क्या कार्य हैं?
(3) यह पुष्टि करने के कोई चार कारण बताइए कि अध्यापकों के व्यावसायिक विकास के लिए सेवारत–प्रशिक्षण अत्यंत महत्त्वपूर्ण है।
(4) विद्यार्थी द्वारा अध्यापक के मूल्यांकन के फायदे क्या हैं?
(5) पाठ्य–सहगामी कार्यकलापों का आयोजन करते समय आपको किन समस्याओं का सामना करना पड़ता है? आप इन समस्याओं को कैसे दूर करेंगे?
(6) विद्यालय में विद्यार्थियों की नेतृत्व संबंधी भूमिकाओं को सूचीबद्ध कीजिए।
(7) 'संचयी रिकार्ड कार्ड, विद्यालय में विद्यार्थी की प्रगति का आईना है' चर्चा कीजिए।
(8) सी ए बी ई और सी बी एस ई के क्या कार्य हैं?

प्रश्न 4. निम्नलिखित प्रश्न का उत्तर लगभग 600 शब्दों में दीजिए :
शिक्षण के दौरान अपने सम्मुख आने वाली कुछ समस्याओं को लिखिए और अपने द्वारा इन्हें सुलझाने के तरीके भी बताइए। अपनी वैयक्तिक एवं व्यावसायिक वृद्धि की प्राप्ति के लिए आप किन–किन तरीकों का प्रयोग करते हैं?

ई.एस.–335 : अध्यापक तथा विद्यालय
दिसम्बर, 2009

नोट : (i) सभी *चारों* प्रश्न करना *अनिवार्य* है।
(ii) सभी प्रश्नों की भारिता *समान* है।

प्रश्न 1. निम्नलिखित प्रश्न का उत्तर लगभग 600 शब्दों में दीजिए।
'विद्यालय एक औपचारिक संगठन है', विवेचन कीजिए। व्यापक राष्ट्रीय लक्ष्यों के द्वारा विद्यालय के उद्देश्य किस प्रकार तैयार किए जाते हैं, उदाहरण देकर स्पष्ट कीजिए।

अथवा

संगठनात्मक व्यवहार का अर्थ स्पष्ट कीजिए। अंतर्वैयक्तिक अंतःक्रिया (Interpersonal interaction) संगठनात्मक व्यवहार का संवर्धन करती है। टिप्पणी कीजिए।

प्रश्न 2. निम्नलिखित प्रश्न का उत्तर लगभग 600 शब्दों में दीजिए।
अध्यापक मूल्यांकन का अर्थ और आवश्यकता स्पष्ट कीजिए। अध्यापकों का मूल्यांकन करने के विभिन्न तरीके कौन–कौन से हैं? आप कौन–सा तरीका पसंद करेंगे और क्यों?

अथवा

एक अध्यापक किस प्रकार एक अनुदेशनात्मक निवेश (instructional input) और कक्षाकक्ष अनुदेशन का प्रबंधक भी होता है, उदाहरण देकर स्पष्ट कीजिए।

प्रश्न 3. निम्नलिखित में से किन्हीं चार का उत्तर लगभग 150 शब्दों (प्रत्येक)में दीजिए :
(क) विचारमंथन किसे कहते हैं? विद्यालय में यह निर्णयन–प्रक्रिया में किस प्रकार सहायता करता है?
(ख) विद्यालय प्रभाविता (school effectiveness) को प्रोत्साहित करने में अध्यापकों की भूमिका को संक्षेप में स्पष्ट कीजिए।
(ग) आप अधिगम के लिए पुस्तकालय का प्रभावशाली ढंग से प्रयोग करने के लिए विद्यार्थियों की किस प्रकार सहायता कर सकते हैं?
(घ) उन सोपानों का एक उदाहरण देते हुए संक्षेप में विवेचन कीजिए जिन्हें आप विद्यालय कार्यक्रम का बजट तैयार करते समय अपनाएंगे।
(ड.) विद्यालय शिक्षा में राज्य सरकार के उत्तरदायित्वों का उल्लेख कीजिए।
(च) अध्यापकों के संवृत्तिक विकास की आवश्यकता का विवेचन कीजिए।

प्रश्न 4. निम्नलिखित प्रश्न का उत्तर लगभग 600 शब्दों में दीजिए।
मान लीजिए आपको आपके विद्यालय में वार्षिक सांस्कृतिक दिवस समारोह का संयोजक बनाया जाता है। आप प्रभावी वार्षिक दिवस समारोह के लिए एक कार्य योजना तैयार कीजिए।

नोट : (i) सभी **चारों** प्रश्न करना **अनिवार्य** हैं।
(ii) सभी प्रश्नों की भारिता **समान** है।

प्रश्न 1. निम्नलिखित प्रश्न का उत्तर लगभग 600 शब्दों में दीजिए :
व्यवसाय (profession) के अर्थ और विशेषताओं को स्पष्ट कीजिए। एक व्यवसाय के रूप में शिक्षण का औचित्य स्पष्ट कीजिए।

अथवा

माध्यमिक विद्यालय स्तर पर अध्यापक शिक्षा की आवश्यकता क्या है? प्रत्येक अवस्था में जो उद्देश्य प्राप्त करने का प्रयास किया जाता है, उन उद्देश्यों पर प्रकाश डालते हुए, अध्यापक शिक्षा की अवस्थाओं का विवेचन कीजिए।

प्रश्न 2. निम्नलिखित प्रश्न का उत्तर लगभग 600 शब्दों में दीजिए :
निर्णयन प्रक्रिया (decision-making) के अर्थ और महत्त्व को स्पष्ट कीजिए। माध्यमिक विद्यालय स्तर पर निर्णयन प्रक्रिया में अध्यापक की भूमिका का विवेचन कीजिए।

अथवा

विद्यालय नेतृत्व के अर्थ और स्वरूप को स्पष्ट कीजिए। अध्यापकों के नेतृत्व भूमिका और मुख्याध्यापक/मुख्याध्यापिका की नेतृत्व भूमिका के बीच अंतर स्पष्ट कीजिए।

प्रश्न 3. निम्नलिखित में से किन्हीं चार का उत्तर लगभग 150 शब्दों (प्रत्येक) में दीजिए:
(a) समुदाय विद्यालयों और पड़ोस विद्यालयों के बीच अंतर स्पष्ट कीजिए।
(b) विद्यालय संगठन में पाए जाने वाले विभिन्न अधिक्रम-संरचना के प्रकारों का उल्लेख कीजिए। विद्यालय के सुचारु संचालन के लिए आप कौन सा प्रकार पसंद करेंगे और क्यों?
(c) अध्यापकों के विद्यार्थी मूल्यांकन और समकक्षी मूल्यांकन के (peer evaluation) बीच अंतर स्पष्ट कीजिए। आप कौन सा मूल्यांकन पसंद करेंगे और क्यों?
(d) संगोष्ठी (seminar) किसे कहते हैं? एक संगोष्ठी आयोजित करने के सोपानों का वर्णन कीजिए।
(e) पाठ्य-सहगामी कार्यकलापों के मनोवैज्ञानिक मूल्यों का विवेचन कीजिए।
(f) विद्यालय-दैनन्दिनी क्या होती है? एक अध्यापक के लिए इसके महत्त्व का उल्लेख कीजिए।

प्रश्न 4. निम्नलिखित प्रश्न का उत्तर लगभग 600 शब्दों में दीजिए :
मान लीजिए आपको विद्यालय की वार्षिक परीक्षा प्रभारी बनाया जाता है। आप परीक्षा के सुचारु संचालन के लिए एक विस्तृत कार्य-योजना तैयार कीजिए।

नोटः (i) सभी **चारों** प्रश्न करना **अनिवार्य** है।
(ii) सभी प्रश्नों की भारिता **समान** है।

प्रश्न 1. निम्नलिखित प्रश्न का उत्तर लगभग 600 शब्दों में दीजिए :
"समाज एक व्यवस्था है और शिक्षा समाजीय व्यवस्था की एक उपव्यवस्था है" इस कथन का औचित्य सिद्ध करते हुए शिक्षा एवं समाज का संबंध प्रकट करें। स्पष्ट कीजिए कि शिक्षा किस प्रकार समाजीकरण की एक प्रक्रिया है।

Refer to Chapter-1, Q.No.-1

शिक्षा समाजीकरण की एक प्रक्रिया के रूप में : शिक्षा एक ऐसी प्रक्रिया है जो किसी समाज की परिचायक है और उसकी संरक्षक है। शिक्षा ऐसी सामाजिक संस्था है जो वर्षों में ज्ञान, कौशल, मूल्य आदि को सिखा कर के एक नया सामाजिक प्राणी ढालती है। दूसरे शब्दों में शिक्षा समाजीकरण की ऐसी प्रक्रिया है जिसके माध्यम से संस्कृति का संचार होता है और छोटे बच्चों द्वारा व्यवहार–प्रतिमान अपनाए जाते हैं।

समाज, विद्यालयों और महाविद्यालयों के रूप में कुछ ऐसी विशिष्ट सुविधाएँ उपलब्ध कराता है जहाँ समाजीकरण की प्रक्रिया सचेष्ट एवं औपचारिक रूप से घटित होती है। इसमें ज्ञान, कौशल और मूल्यों का सुविचारित संचालन होता है। समाज प्रक्रिया के संगठन, उसे क्रियान्वित करने के लिए व्यक्तियों की नियुक्ति, मानकों की स्थापना, सामग्री आदि की व्यवस्था के द्वारा इन सुविधाओं को संस्था रूप देता है।

अथवा

विद्यालयी प्रणाली में अधिक्रमिक संरचना से आप क्या समझते हैं? इसके विभिन्न प्रकारों की व्याख्या करें।

Refer to Chapter-1, Q.No.-14

प्रश्न 2. निम्नलिखित प्रश्न का उत्तर लगभग 600 शब्दों में दीजिए :
विद्यालय के संगठनात्मक परिवेश से आप क्या समझते हैं? इसके आयाम सोदाहरण स्पष्ट कीजिए।

Refer to Chapter-3, Q.No.-10

अथवा

विद्यालय में पाठ्य सहगामी कार्यकलाप आयोजित करने में अध्यापक की भूमिका क्या है? अध्ययन में रुचि रखने वाले विद्यार्थियों को वह किस प्रकार से भाग लेने के लिए प्रेरित कर सकता/सकती है?

उत्तर – विद्यालय में पाठ्य–सहगामी कार्यकलापों के आयोजन में अध्यापक की भूमिका

1) नियोजक के रूप में: अध्यापक को अच्छा नियोजक होना चाहिए और चार्ट के रूप में सभी कार्यकलापों का वर्ष वार ब्यौरा तैयार करना चाहिए।

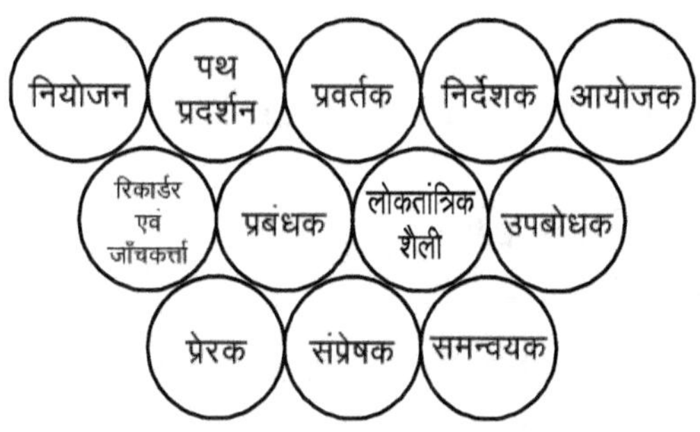

पाठ्य–सहगामी कार्यकलापों के आयोजन में अध्यापक की भूमिका

2) पथ प्रदर्शक के रूप में: अध्यापक को बारी–बारी से विद्यार्थियों को अवसर प्रदान करना चाहिए ताकि वे अपने नेतृत्व गुणों का प्रदर्शन कर सके।

3) प्रवर्तक के रूप में: कार्यकलापों की नीरसता भंग करने के लिए, अध्यापक को धीरे–धीरे कुछ (नए कार्यक्रम) आरंभ करने की कोशिश करनी चाहिए।

4) निदेशक के रूप में: निदेशक के रूप में अध्यापक को यह देखना चाहिए कि विद्यार्थियों द्वारा चुने गए कार्यक्रम उपयुक्त हैं या नहीं।

5) आयोजक के रूप में: नियोजित कार्यकलाप, कुशल आयोजक के माध्यम से पूरे किए जाने चाहिए। कार्यक्रमों की प्रभाविता के लिए, विद्यार्थियों के कार्यकलापों का पर्यवेक्षण अध्यापक द्वारा किया जाना चाहिए।

6) रिकार्डकर्त्ता और मूल्यांकनकर्त्ता के रूप में: अध्यापक को शिक्षा वर्ष में किए गए सभी कार्यकलापों का रिकॉर्ड रखना चाहिए। भाग लेने वालों और जीतने वालों के नामों का रिकॉर्ड रखा जाना चाहिए।

7) प्रबंधक के रूप में: कार्यकलापों की योजना बनाने, आयोजित करने, समन्वय, निदेशन, रिकार्ड रखने, मूल्यांकन और नियंत्रण के लिए अध्यापक को प्रभावी प्रबंधक के रूप में कार्य करना चाहिए।

8) निर्णायक के रूप में: कार्यकलापों के आयोजन से संबद्ध निर्णय लेने में अध्यापक को यथासंभव लोकतांत्रिक विधियों का प्रयोग करना चाहिए।

9) उपबोधक के रूप में: अध्यापक की भूमिका आवश्यकता पड़ने पर विद्यार्थियों को उपबोधन देने की है। अध्यापक को अपने विचारों को विद्यार्थियों पर नहीं थोपना चाहिए और उनके अनुसरण में विद्यार्थियों को बाध्य नहीं करना चाहिए।

प्रश्न3. निम्नलिखित प्रश्नों में से किन्हीं पाँच (प्रत्येक) का उत्तर लगभग 120 शब्दों में दीजिए :

(a) एक अध्यापक को विद्यार्थियों का मित्र, दार्शनिक एवं मार्गदर्शक क्यों होना चाहिए?

Refer to Chapter-2, Q.No.-2

(b) सेवारत प्रशिक्षण क्यों महत्त्वपूर्ण है? कोई चार कारण बताइए।

Refer to Chapter-2, Q.No.-12

(c) निष्पादन मूल्यांकन स्पष्ट कीजिए।

Refer to Dec-2007, Q.No.-3(vi)

(d) संगोष्ठी एवं कार्यशाला में अंतर बताइए। संगोष्ठी आयोजित करने के लिए आप क्या कदम उठाएँगें?

उत्तर – संगोष्ठी एवं कार्यशाला में अंतर: वर्तमान मुद्दों, समस्याओं और विचारों के संबंध में चर्चा करने के लिए संगोष्ठियों का आयोजन किया जा सकता है। माध्यमिक या उच्चतर माध्यमिक विद्यालयों के अध्यापक, संगोष्ठियों का आयोजन कर सकते हैं। इसके विपरीत सामान्य तौर पर कार्यशाला का आयोजन, विशेष शैक्षिक सामग्री, पुस्तक, संसाधन सामग्री, सहयोगपरक सामग्री, कार्यपुस्तिका आदि को विकसित करने के उद्देश्य से किसी संस्थान या संवृत्तिक संघ द्वारा किया जाता है। अध्यापकों में कुछ विशेष प्रकार के कौशल विकसित करने के उद्देश्य से भी कार्यशालाओं का आयोजन किया जा सकता है।

संगोष्ठी आयोजित करने के लिए कदम: Refer to Chapter-4, Q.No.-3

(e) एक अध्यापक को कक्षा में गतिशील नेता क्यों कहा जाता है?

Refer to Chapter-3, Q.No.-13

(f) विद्यालयी शिक्षा में स्थानीय निकाय के क्या कार्य हैं?

Refer to Chapter-1, Q.No.-10

(g) 'डैल्फी विधि' क्या है? इसके क्या लाभ एवं दोष हैं?

Refer to Chapter-3, Q.No.-3

(h) सम्प्रेषण प्रक्रिया में सम्मिलित चार मुख्य सोपान लिखें।

Refer to Chapter-1, Q.No.-20

प्रश्न 4. निम्नलिखित प्रश्न का उत्तर लगभग 600 शब्दों में दीजिए :

आपने विद्यालय में मानवीय संसाधनों के महत्त्व को अनुभव किया होगा। अपने विद्यालय में उपलब्ध मानवीय संसाधनों की एक सूची बनाइए। विद्यालय में बालकों की शिक्षा में प्रत्येक वर्ग के संसाधन की भूमिका की व्याख्या स्पष्ट कीजिए।

Refer to Chapter-1, Q.No.-15

नोटः (i) सभी **चारों** प्रश्न करना **अनिवार्य** है।
(ii) सभी प्रश्नों की भारिता **समान** है।

प्रश्न1. निम्नलिखित प्रश्न का उत्तर 600 शब्दों में दीजिए।
एक अध्यापक को एक व्यवस्थापक, प्रतिभागी, सुसाध्यक एवं परामर्शदाता की भूमिकाएँ निभाने के लिए किन विशिष्ट योग्यताओं की आवश्यकता होती है? उचित उदाहरण देकर अपने उत्तर की पुष्टि कीजिए।

उत्तर – एक व्यवस्थापक के रूप में अध्यापक: Refer to Chapter-3, Q.No.-4
एक प्रतिभागी के रूप में अध्यापक: शिक्षण एक कला ही नहीं, विज्ञान भी है। इसी अवधारणा को लेकर अध्यापक को प्रशिक्षण दिया जाता है।

(i) एक अध्यापक को अपने अंदर सच्चाई, प्रेम तथा अच्छाई जैसे आंतरिक गुणों को विकसित करना चाहिए, क्योंकि ये ऐसे गुण अथवा विशिष्टताएँ हैं, जिनका सभी लोग सम्मान करते हैं।

(ii) अभिभावकों को विशेष रूप से ग्रामीण क्षेत्रों में रहने वाले अभिभावकों को शिक्षा के महत्त्व का बोध कराना, ताकि वे अपने बच्चों को विद्यालयों में दाखिल करें।

(iii) बाल्यावस्था में विद्यालय में शिक्षा प्राप्त करने से वंचित प्रौढ़ों की शिक्षा हेतु आयोजित प्रौढ़ शिक्षा कार्यक्रमों में सक्रिय भाग लेना।

(iv) अध्यापक को अपने व्यवहार के द्वारा छात्रों के समक्ष और अन्य सभी व्यक्तियों के समक्ष एक अच्छा उदाहरण प्रस्तुत करना चाहिए, क्योंकि छात्रों पर सबसे अधिक प्रभाव अध्यापक का ही पड़ता है। छात्र अध्यापक से प्रभावित होकर उन्हीं की तरह बनना चाहते हैं।

(v) शिक्षित व्यक्ति होने के नाते अध्यापक का यह कर्त्तव्य हो जाता है कि वह या तो इनके बारे में उन्हें स्वयं जानकारी प्रदान करे अथवा उन्हें जानकारी के उपयुक्त स्रोतों जैसे डॉक्टर आदि तक पहुचाएँ।

(vi) अध्यापक चूँकि समाज के प्रति उत्तरदायी होता है अतः उसे अपने कर्त्तव्यों का सजगता से पालन करना चाहिए। छात्र ही भविष्य के नागरिक होते हैं तथा छात्रों के चरित्र–निर्माण में अध्यापकों की भूमिका अत्यंत महत्त्वपूर्ण होती है। उपर्युक्त बातों से स्पष्ट है कि एक प्रतिभागी के रूप में अध्यापक की अत्यंत सक्रिय भूमिका है।

एक सुसाध्यक के रूप में अध्यापक: Refer to June-2006, Q.No.-3(iv)
एक परामर्शदाता के रूप में अध्यापक: Refer to Chapter-2, Q.No.-8

अथवा

भारत में विद्यालयी शिक्षा के लिए विद्यमान संवैधानिक प्रावधानों की व्याख्या करें।
Refer to Chapter-1, Q.No.-6

प्रश्न2. निम्नलिखित प्रश्न का उत्तर लगभग 600 शब्दों में दीजिए।
आप कैसे पुष्टि करेंगे कि प्रधानाचार्य विद्यालय प्रबंधन में अगुवाई करता है? उदाहरण देकर स्पष्ट कीजिए।
Refer to Chapter-3, Q.No.-8

अथवा

क्रियात्मक शोध क्या है? इसके क्या लाभ हैं? कुछ समस्याओं के उदाहरण दीजिए जिन्हें क्रियात्मक शोध के द्वारा हल किया जा सकता है।

उत्तर – क्रियात्मक शोध और इसके लाभ: Refer to Chapter-4, Q.No.-2

क्रियात्मक शोध के उदाहरण: कई अध्यापक समय और शोधकर्त्ता के अभाव और रुचि न होने के कारण क्रियात्मक शोध नहीं करना चाहते। लेकिन कुछ अध्यापकों ने इस कार्य में अपनी रुचि दिखाई है। जैसे नई दिल्ली में स्थित राष्ट्रीय शैक्षिक अनुसंधान एवं प्रशिक्षण परिषद् का अध्यापक शिक्षा विभाग, हर वर्ष राष्ट्रीय फोरम की चर्चा में भाग लेने के लिए अध्यापकों को निमंत्रित करता है जिससे वे अपनी खोजबीन पर चर्चा कर सकें और अपने विचारों को प्रस्तुत कर सकें। सी ए एस टी एम ई (विज्ञान प्रौद्योगिकी और गणित शिक्षकों के लिए कॉमनवैल्थ अवार्ड) पुरस्कार ऐसी शोध का एक अन्य उदाहरण है जो हर वर्ष कॉमनवैल्थ द्वारा नई प्रकार के शोध करने वाले अध्यापकों को प्रदान किया जाता है। भारतीय विज्ञान कांग्रेस ने विज्ञान के क्षेत्र में स्कूली शिक्षा के लिए फोरम/मंच का गठन किया है जहाँ अध्यापक नए–नए विचार प्रस्तुत कर सकते हैं, प्रयोग कर सकते हैं और समस्या के समाधान तक पहुँचने के उद्देश्य से अपनी समस्याओं पर चर्चा कर सकते हैं और अपने विकास के लिए विभिन्न तरीके ढूँढ़ सकते हैं।

क्रियात्मक शोध, स्पष्ट और विशिष्ट अध्यापन या संबद्ध समस्या पर आधारित होता है। यदि एक बार समस्या की पहचान कर ली जाती है तो इसके समाधान की संभावित कार्यनीतियाँ बनाने की आवश्यकता पर विचार किया जाता है। अतः परिस्थितिपरक समस्या के लिए उपयुक्त शोध कार्य की पहचान करना आवश्यक होता है। अध्यापक को क्रमबद्ध तरीके से अनुभवजन्य आँकड़े इकट्ठे करने और उनको वैज्ञानिक रीति से क्रमबद्ध करने की आवश्यकता होती है ताकि कुशलता से इन्हें ऐसा अंतिम रूप दिया जाए जिससे तात्कालिक निष्कर्षों की प्राप्ति की जा सके। ऐसे निष्कर्षों या सम्प्राप्ति से समस्या के हल की खोज की जा सकती है या वर्तमान कार्य को उन्नत किया जा सकता है, जैसे : स्कूलों में कम्प्यूटर शिक्षा का प्रारंभ। इस उद्देश्य की पूर्ति के लिए सर्वप्रथम अध्यापक को पढ़ाने के उद्देश्य से इस पाठ्यक्रम में स्वयं को भली–भाँति प्रशिक्षित करने की आवश्यकता है। लक्ष्य समूह को ध्यान में रखते हुए उसे कुछ विशेष क्षमताओं को अर्जित करने की आवश्यकता है और विद्यार्थियों की आवश्यकताओं को ध्यान में रखते हुए, पहले से उपलब्ध पाठ्यक्रम को भी ध्यान में रखते हुए अपने पाठ्यक्रम का निर्माण व उसे व्यवहारिक रूप देने की आवश्यकता है।

अध्यापक अपनी कक्षा में किसी कठिन संकल्पना को पढ़ाने में विशेष प्रकार की अनुदेशी सामग्री को विकसित या इनका निर्माण कर सकता है और सुव्यवस्थित अध्ययन के माध्यम से कक्षा में इसकी प्रभावशीलता की जाँच भी कर सकता है। यदि किसी विशेष प्रयोग के लिए अपेक्षित उपकरण, विद्यालय में उपलब्ध नहीं है तो अध्यापक अपने पड़ोसी विद्यालय से ऐसे उपकरणों को उधार ले सकते हैं या अनुशासन की मर्यादा में रहते हुए, अपने विद्यालय की परिस्थितियों के अनुकूल प्रयोग को बदल सकते हैं या उपलब्ध उपकरण को विकसित भी कर सकते हैं।

प्रश्न3. निम्नलिखित प्रश्नों में से किन्हीं पाँच (प्रत्येक) का उत्तर लगभग 120 शब्दों में दीजिए।

(a) "शिक्षण एक जटिल क्रिया है।" चर्चा करें। – Refer to June-2006, Q.No.-3(iii)

(b) समुदाय में प्रभावी भागीदारी के लिए अध्यापक में कौन–कौन से गुण होने चाहिए?

उत्तर– अध्यापक की समुदाय में अत्यंत सक्रिय भूमिका है। ऐसे देश में जहाँ लगभग आधी जनसंख्या अनपढ़ हो, अध्यापक को समुदाय के नेता के रूप में देखा जाता है, विशेष तौर पर

ग्रामीण क्षेत्रों में और छोटे समुदायों में। समुदाय के सदस्य, विशेष रूप से विद्यार्थियों के माता–पिता यह अपेक्षा करते हैं कि उनकी जगह अध्यापक उनके बच्चों के लिए अनुकरणीय व्यक्ति हों। वे चाहते हैं कि अध्यापक कोई ऐसा आचरण न करे जिनका अनुकरण उनके बच्चों के लिए हानिकारक सिद्ध हो। अतः अध्यापक की बहुआयामी भूमिका होती है। समुदाय में इन विविध भूमिकाओं को निभाने के लिए अध्यापक में निम्नलिखित गुण विद्यमान होने चाहिए :

1) सेवा भावना   2) निस्वार्थता   3) कर्त्तव्यनिष्ठा
4) धन लोलुप न होना   5) लोगों के प्रति स्नेहमय   6) समानुभूति एवं सहनशीलता
7) अच्छा श्रोता

(c) **अपने समकक्षी का मूल्यांकन करने से पूर्व आप किन मानदंडों को ध्यान में रखेंगे?** – Refer to Chapter-2, Q.No.-17

(d) **समुदाय की वास्तविकताओं को विद्यालय के अधिगम अनुभवों में कैसे परिवर्तित किया जा सकता है, सोदाहरण चर्चा करें।** – Refer to June-2006, Q.No.-3(vi)

(e) **सम्प्रेषण बाधाएँ क्या हैं?** – Refer to Chapter-1, Q.No.-20

(f) **(एन.सी.ई.आर.टी.) राष्ट्रीय शैक्षिक अनुसंधान और प्रशिक्षण परिषद के कार्य क्या हैं?** – Refer to Chapter-1, Q.No.-8

(g) **मस्तिष्क उद्वेलन क्या है? अधिकतम सृजनात्मकता प्राप्त करने के लिए कौन से नियमों का पालन करना चाहिए?**

उत्तर– मस्तिष्क उद्वेलन (विचार मंथन) की तकनीक का विकास अलैक्स एफ. ओसबोर्न द्वारा किया गया था। इसका प्रयोग उन सभी परिस्थितियों में किया जाता है जहाँ किसी विशेष समस्या के समाधान हेतु पर्याप्त मात्रा में नए समाधानों की आवश्यकता होती है। विचारमंथन का अभिप्राय है कि मस्तिष्क में किसी एक समस्या का उफान आता है और वह कमाण्डो विधि से उसी उद्देश्य पर आक्रमण करता है। मस्तिष्क उद्वेलन से सर्वाधिक सृजनात्मक प्राप्त करने के लिए निम्नलिखित नियमों का पालन किया जाना चाहिए:

(1) मस्तिष्क उद्वेलन का दौर 40 मिनट से 1 घंटे तक का होना चाहिए। 10 से 15 मिनट तक की अवधि के विचारमंथन सत्र भी प्रभावकारी हो सकते हैं।

(2) एक छोटी परामर्श–टेबल का भी उपयोग किया जा सकता है जिससे लोगों को विचारों के आदान–प्रदान का अवसर दिया जा सकता है।

(3) समस्याओं की प्रस्तुति स्पष्ट रूप से की जानी चाहिए। वह बहुत विस्तृत नहीं होनी चाहिए। उदाहरण के तौर पर एक समस्या हो सकती है "विद्यानिकेतन विद्यालय में सहपाठ्यचारी क्रियाकलाप में छात्रों की बहुत कम सहभागिता।"

(4) सत्र से पूर्व समस्या का उद्घाटन नहीं होना चाहिए। चयनित विषय पर एक सूचना–पत्र या उपयोगी संदर्भ सामग्री का प्रयोग किया जा सकता है, यदि सामान्य क्षेत्र की पूर्व जानकारी दिए जाने की आवश्यकता है।

(5) जब विचार दे दिए जाएँ तो कोई फैसला या मूल्यांकन नहीं किया जाना चाहिए। दिन में बाद तक के लिए आलोचनाओं को रोक दिया जाना चाहिए।

(6) स्वतंत्र प्रस्तुति की प्रशंसा की जानी चाहिए जिसका अर्थ है कि वह जितनी खुलकर हो उतना ही अच्छा है। इसके पीछे कारण यह है कि विचारों को सोचने की बजाय उन्हें मोड़ देना अधिक आसान होता है।

(7) आवश्यकता मात्रा की होती है। जितनी अधिक विचारों की मात्रा होगी, उतना ही अधिक अच्छा होगा।

(8) विचारों का समूह और सुधार माँगा जाता है। अपने विचारों का अंशदान देने की बजाय दूसरे लोगों के विचारों में सुधार एवं उनको बेहतर विचारों में मोड़ देने की आवश्यकता होती है।

(9) विचारों को एक क्लिप चार्ट, ब्लैक बोर्ड या अंकित किए जाने वाली मशीन पर अंकित किया जाना चाहिए।

(10) समूह में भाग लेने वाले सदस्यों की पूर्वपीठिका भिन्न-भिन्न होनी चाहिए जो बहुत सहायक सिद्ध होती है।

(11) समूह के सदस्यों की संख्या 4 से 12 तक हो सकती है, लेकिन 6 से 9 तक अधिक अच्छी होती है।

(h) विद्यालय के मुक्त परिवेश एवं स्वायत्त परिवेश में अन्तर बताइए।

उत्तर— हाल्पिन और क्रोफ्ट नमूने के विद्यालयों के आधार पर पार्श्वचित्र चिह्नित करने में सफल हो पाए थे और उन्होंने छह इस प्रकार के विद्यालय पार्श्वचित्र पहचाने थे जिन्हे वर्णन के रूप में देखा गया। उन्होंने छह विभिन्न संगठनात्मक परिवेशों को अलग-अलग नाम दिए हैं और उन्हें मुक्त से बंधित परिवेश वाले विद्यालयों के क्रम में श्रेणीबद्ध किया था। जिनमें से दो मुक्त परिवेश और स्वायत्त परिवेश है।

मुक्त परिवेश और स्वायत्त परिवेश में अंतर:

(1) मुक्त परिवेश एक ऐसी अवस्था को चित्रित करता है जिसमें अपेक्षाकृत अधिक खुलापन हो। जबकि स्वायत्त परिवेश में मुक्त परिवेश की तुलना में कम खुलापन होता है।

(2) मुक्त परिवेश में अध्यापकों के कार्य में प्रबंध समिति अथवा प्रधानाचार्य द्वारा बाधा नहीं उत्पन्न की जाती। वे बिना किसी आंतरिक विवाद या शिकायत के एक साथ कार्य करते हैं। स्वायत्त परिवेश में मुख्याध्यापक अध्यापकों को लगभग पूर्ण स्वतंत्रता दे देता है ताकि वे अपनी पारस्परिक क्रिया के लिए अपनी सामाजिक आवश्यकता पूर्ति हेतु समूह के अंदर से ही रास्ते निकाल सकें।

(3) स्वायत्त परिवेश में अध्यापकों का मनोबल ऊँचा होता है, पर इतना ऊँचा नहीं होता जितना कि मुक्त परिवेश में होता है।

(4) स्वायत्त परिवेश में प्रधानाध्यापक विद्यालय को एक व्यापारिक संस्था के तरीके से चलाता है और अध्यापकों से अलग-थलग रहता है। वह तरीकों और नियमों को निश्चित कर देता है और अध्यापक उनका पालन करते हैं। जबकि मुक्त परिवेश में अध्यापकों को कार्य के भार से अधिक लादा नहीं जाता तथा उन्हें कठिनाइयों को पार करने के लिए पर्याप्त रूप से अभिप्रेरित किया जाता है।

प्रश्न4. निम्नलिखित प्रश्न का उत्तर लगभग 600 शब्दों में दीजिए।

नेतृत्व शैली से आप क्या समझते हैं? अपने विद्यालय के प्रधानाचार्य की नेतृत्व शैली की पहचान कीजिए और विद्यालय कार्यक्रमों पर उसके परिणामों की सूची तैयार कीजिए।

उत्तर— नेतृत्व व्यवहार प्रत्येक व्यक्ति को कार्य संपन्नता के लिए पर्याप्त रूप से मान्यता प्रदान करता है। कार्य संपन्नता सामूहिक क्रियाओं के माध्यम से व्यक्तियों द्वारा दिया गया अंशदान है। अर्थात् व्यक्तियों के नेतृत्व की शैलियों को, नेता किस प्रकार अपने अधिकार व शक्तियों का प्रयोग करते हैं, नेतृत्व शैली कहलाती है। साधारणतः नेताओं को तीन आधारभूत शैलियों के आधार पर वर्गीकृत किया जाता है। वे इस प्रकार हैं :

(i) एकतंत्रीय नेता   (ii) लोकतांत्रिक नेता   (iii) उन्मुक्त अहस्तक्षेपी नेता

Now Refer to Chapter-12

नोटः (i) सभी **चारों** प्रश्न करना **अनिवार्य** है।
(ii) सभी प्रश्नों की भारिता एक **समान** है।

प्रश्न 1. निम्न प्रश्न का उत्तर लगभग 600 शब्दों में दीजिए।
एक अध्यापक को प्रभावी अध्यापक बनने हेतु आवश्यक कुछ व्यक्तिगत गुण लिखिए।
आप इन्हें कैसे ग्रहण कर सकते हैं?

अथवा

निर्णय करने का क्या अर्थ है? निर्णय करने की प्रक्रिया के विभिन्न चरण क्या हैं?
आपके विद्यालय के शिक्षार्थियों द्वारा लिए गए कुछ निर्णयों का वर्णन कीजिए।

प्रश्न 2. निम्न प्रश्न का उत्तर लगभग 600 शब्दों में दीजिए।
व्याख्या कीजिए कि अध्यापकों, प्राचार्यों तथा विद्यार्थियों की नेतृत्व भूमिका विद्यालय
प्रबंधन में किस प्रकार सुधार ला सकती है?

अथवा

विद्यालय प्रभावशीलता के अर्थ तथा विभिन्न आयामों की व्याख्या कीजिए। विद्यालय
प्रभावशीलता विद्यालय के माहौल पर किस प्रकार प्रभाव डालती है?

प्रश्न 3. निम्न में से किन्हीं पाँच के उत्तर 120 शब्द प्रति प्रश्न के अनुसार दें।
(a) अभिभावक विद्यालय एवं समाज के मध्य महत्त्वपूर्ण कड़ी हैं। उदाहरण सहित
व्याख्या कीजिए।
(b) अल्पसंख्यक, अनुसूचित जाति तथा अनुसूचित जनजाति की शिक्षा हेतु विभिन्न
संवैधानिक प्रावधान बताइए।
(c) व्याख्या कीजिए कि अध्यापक की एक अधिगम के सहायक की भूमिका अनुदेशन
निवेश से किस प्रकार भिन्न है?
(d) एक "अधिगम संसाधन केंद्र" क्या है? यह अध्यापकों और शिक्षार्थियों के लिए किस
प्रकार लाभप्रद है?
(e) मूल्यांकन क्या है? स्व मूल्यांकन एवं साथियों द्वारा मूल्यांकन से आप क्या समझते
हो?
(f) विभिन्न प्रकार के विद्यालय परिवेश (माहौल) क्या हैं? व्याख्या कीजिए।
(g) एन.सी.ई.आर.टी. तथा एन.सी.टी.ई. द्वारा क्या कार्य किए जाते हैं?

(h) पुस्तकालय तथा प्रयोगशाला एक विद्यालयी व्यवस्था (संस्थान) के न अलग किए जाने वाले तत्त्व हैं – व्याख्या कीजिए।

प्रश्न 4. निम्न प्रश्न का उत्तर 600 शब्दों में दीजिए।

एक पाठ्य सहगामी कार्यकलापों के संयोजक के रूप में अपने कार्यों का विश्लेषण कीजिए। अपने द्वारा उपयोग की जाने वाली विभिन्न गतिविधियों तथा कौशलों की सूची बनाइए। उन्हें पाठ्य सहगामी कार्यकलापों के विभिन्न वर्गों में वर्गीकृत भी कीजिए।

यदि हम यह यथार्थ रीति समझ लें कि युद्ध मनुष्यों के मन में पैदा होते हैं, तो हम मानसिक शान्ति के लिए और अधिक प्रयास करेंगे।

नोटः (i) सभी *चारों* प्रश्न करना *अनिवार्य* है।

(ii) सभी प्रश्नों की भारिता *समान* है।

प्रश्न 1. निम्नलिखित प्रश्न का उत्तर लगभग 600 शब्दों में दीजिए।

सामूहिक निर्णय करने की विधियाँ कौन सी हैं? एक अध्यापक के नाते आप विद्यालय में अक्सर देर से आने वालों की समस्या हेतु विकल्प ढूँढ़ने तथा उचित निर्णय लेने में कौन सी विधि का उपयोग करेंगे?

अथवा

"अध्यापन एक व्यवसाय" का आधार (औचित्य) प्रस्तुत करो। एक अध्यापक को प्रभावी होने के लिए आवश्यक व्यावसायिक कौशलों पर प्रकाश डालिए।

प्रश्न 2. निम्नलिखित प्रश्न का उत्तर लगभग 600 शब्दों में दीजिए।

"अध्यापक पालक संघ" ("अभिभावक शिक्षक संघ") के महत्त्व की चर्चा कीजिए। एक अध्यापक पालक संघ में की जाने वाली गतिविधियों की एक सूची बनाइए।

अथवा

एक विद्यालय में पाए जाने वाले शिक्षार्थी संघ कौन–कौन से होते हैं? इन संघों में विद्यार्थियों के चुनाव या नामांकन हेतु अध्यापकों द्वारा किन बिंदुओं का ध्यान रखा जाता है?

प्रश्न 3. निम्न में से किन्हीं पाँच का उत्तर 120 शब्द प्रति प्रश्न के अनुसार दीजिए।

(a) समाज की गतिविधियों में विद्यालय किस प्रकार भाग ले सकता है? भाग लेने की एक कार्यविधि का उदाहरण द्वारा वर्णन करो।

(b) "पड़ोसी विद्यालयों" की आवश्यकता पर प्रकाश डालिए।

(c) एक अध्यापक में प्रभावी सामाजिक भागीदारी हेतु किन गुणों की आवश्यकता है?

(d) अंतः सेवा प्रशिक्षण में उपयोग में आने वाली पाँच विधियों के नाम बताइए।

(e) विद्यालय में नेतृत्व की विभिन्न विधाओं की विवेचना कीजिए।

(f) "मुक्त परिवेश" तथा स्वायत्त परिवेश में अंतर स्पष्ट कीजिए।

(g) चार प्रकार के विद्यालय बजटों की परिचर्चा कीजिए।

(h) "विद्यालय की डायरी विद्यालय का आईना है।" विवेचना कीजिए।

प्रश्न 4. निम्न प्रश्न का उत्तर लगभग 600 शब्दों में दीजिए।

एक अध्यापक के नाते आपने अपने विद्यालय में कुछ प्रबंधन समस्याएँ देखी होंगी। "आपने इन्हें कैसे पहचाना तथा किस प्रकार हल करने के उपाय किए या सुझाव दिए" पर एक रिपोर्ट तैयार कीजिए।

नोटः (i) सभी *चारों* प्रश्न करना *अनिवार्य* है।

(ii) सभी प्रश्नों की भारिता एक **समान** है।

प्रश्न 1. निम्न प्रश्न का उत्तर लगभग 600 शब्दों में दीजिए।

"विद्यालय एक औपचारिक शैक्षिक संस्था है।" चर्चा कीजिए। स्पष्ट कीजिए कि विद्यालय के उद्देश्य किस प्रकार बनाए जाते हैं?

अथवा

"संस्थागत व्यवहार को परिभाषित कीजिए।" एक विद्यालय संस्था के संदर्भ संस्थागत व्यवहार की विवेचना कीजिए।

प्रश्न 2. निम्न प्रश्न का उत्तर लगभग 600 शब्दों में दीजिए।

एक व्यवसाय का अर्थ व गुणों की व्याख्या कीजिए। अध्यापन का एक व्यवसाय के रूप में न्यायोचित कीजिए।

अथवा

एक माध्यमिक विद्यालय का प्रभावी अध्यापक बनने के लिए किन व्यक्तिगत एवं व्यवसायिक कौशलों की आवश्यकता होती है?

प्रश्न 3. निम्न में से किन्हीं पाँच प्रश्नों के उत्तर 120 शब्द प्रति के अनुसार दीजिए :

(a) विद्यालय शिक्षा में राज्य सरकार के दायित्वों की सूची बनाइए।

(b) "एक समुदाय में एक अध्यापक की एक बहुत सक्रिय भूमिका होती है।" स्पष्ट कीजिए।

(c) एक उदाहरण की सहायता से स्पष्ट कीजिए कि डेल्फी (Delphi) तकनीक विद्यालय के निर्णय लेने में किस प्रकार उपयोग की जा सकती है?

(d) आप विद्यालय की प्रभावशीलता में कैसे योगदान दे सकते हैं?

(e) एक विद्यालय का कार्यक्रम बनाने में आप क्या चरण उपयोग करेंगे? व्याख्या कीजिए।

(f) "क्रियात्मक शोध" को परिभाषित कीजिए। इसका एक अध्यापक के लिए महत्त्व बताइए।

(g) एक संबंधित परिवेश तथा पैतृक परिवेश में अंतर स्पष्ट कीजिए।

(h) पाठ्य सहगामी कार्यकलापों के मनोवैज्ञानिक मूल्यों की चर्चा कीजिए।

प्रश्न 4. निम्न प्रश्न का उत्तर लगभग 600 शब्दों में दीजिए।

यदि आपको विद्यालय के वार्षिक सांस्कृतिक कार्यक्रम दिवस समारोह का संयोजक बना दिया गया है। वार्षिक दिवस के प्रभावी क्रियान्वयन हेतु एक कार्य योजना तैयार कीजिए।

ई.एस.–335 : अध्यापक तथा विद्यालय

जून, 2013

नोटः (i) सभी *चारों प्रश्न अनिवार्य* हैं।

(ii) सभी प्रश्नों की भारिता एक **समान** है।

प्रश्न 1. निम्न प्रश्न का उत्तर लगभग 600 शब्दों में दीजिए।

एक विद्यालय में क्या–क्या स्तरीकरण होता है? विभिन्न प्रकार की स्तरीकरण संरचनाओं की उनके लाभ व हानियों सहित व्याख्या करो।

अथवा

संचार के अर्थ की विवेचना कीजिए। संचार में आने वाली विभिन्न बाधाओं की चर्चा कीजिए और विद्यालय संचार में आने वाली बाधाओं पर काबू पाने के उपाय सुझाइए।

प्रश्न 2. निम्न प्रश्न का उत्तर लगभग 600 शब्दों में दीजिए।

पाठ्य सहगामी कार्यकलापों की आवश्यकता एवं महत्त्व की परिचर्चा कीजिए। एक अध्यापक पाठ्य सहगामी कार्यकलाप किस प्रकार प्रभावी ढंग से करा सकता है?

अथवा

अभिभावक शिक्षक संघ (PTA) की आवश्यकता एवं महत्त्व की व्याख्या कीजिए। परिचर्चा कीजिए कि यह विद्यालय की वृद्धि एवं विकास में कैसे योगदान दे सकता है?

प्रश्न 3. निम्न में से किन्हीं पाँच प्रश्नों का उत्तर लगभग 120 शब्द प्रति के अनुसार दीजिए।

(a) सामुदायिक विद्यालय (community school) एवं पड़ोसी विद्यालय (neighbourhood school) के मध्य अंतर स्पष्ट कीजिए।

(b) अध्यापन अवस्था में अध्यापक की भूमिका की व्याख्या कीजिए।

(c) अध्यापकों के अंतः सेवा प्रशिक्षण की दो विधाएँ लिखिए।

(d) साथी द्वारा मूल्यांकन (पीयर मूल्यांकन) क्या होता है? इसके लाभ व हानियों की चर्चा कीजिए।

(e) नेतृत्व के विभिन्न प्रकारों की चर्चा करो। आपके अनुसार एक मुख्य अध्यापक को किस प्रकार का नेतृत्व तरीका अपनाना चाहिए और क्यों?

(f) विद्यालय शिक्षा में केंद्र सरकार के दायित्वों की चर्चा कीजिए।

(g) परिचर्चा कीजिए कि एक अध्यापक अपने शिक्षार्थियों को लाइब्रेरी का प्रभावी उपयोग करने में कैसे सहायता कर सकता है?

(h) एक उदाहरण की सहायता से व्याख्या करो कि 'सांकेतिक समूह तकनीक' का विद्यालय में निर्णय करने में कैसे उपयोग किया जा सकता है?

प्रश्न 4. निम्न प्रश्न का उत्तर लगभग 600 शब्दों में दीजिए।

एक ऐसी समस्या का उल्लेख कीजिए जो आपने अध्यापन अधिगम प्रक्रिया के दौरान महसूस की है। परिचर्चा कीजिए कि समस्या के समाधान का निर्णय करते समय किन उपायों का उपयोग करोगे?

नोटः (i) सभी चारों प्रश्न *अनिवार्य* हैं।
(ii) सभी प्रश्नों की भारिता एक *समान* है।

प्रश्न 1. निम्न प्रश्न का उत्तर लगभग 600 शब्दों में दीजिए।
विद्यालय शिक्षा हेतु केंद्र स्तर की संस्थाएँ तथा संगठन क्या होते हैं? विद्यालय शिक्षा में केंद्र एवं राज्य के दायित्व लिखो।

अथवा

क्रियात्मक शोध क्या होता है? इसके क्या लाभ हैं? आपके द्वारा अपने विद्यालय में अनुभव की गई एक समस्या बताओ और वर्णन करो कि इसे क्रियात्मक शोध की सहायता से कैसे हल करोगे?

प्रश्न 2. निम्न प्रश्न का उत्तर लगभग 600 शब्दों में दीजिए।
समय सारणी क्या होती है? यह क्यों महत्त्वपूर्ण है? इसके प्रकार और समय सारणी निर्माण के सिद्धांतों की विवेचना करो।

अथवा

विद्यालय बजट से आप क्या समझते हो? इसके विभिन्न प्रकारों एवं यह क्यों आवश्यक है की विवेचना कीजिए। विद्यालय बजट बनाने के विभिन्न चरण लिखिए और बजट प्रबंधन में आप क्या सावधानियाँ बरतेंगे?

प्रश्न 3. निम्न में से किन्हीं पाँच के उत्तर लगभग 120 शब्द प्रति के अनुसार दीजिए।
(a) इस कथन का सत्यापन कीजिए – "समाज एक तंत्र/निकाय है तथा शिक्षा सामाजिक तंत्र का एक उप निकाय है।"
(b) एस.सी.ई.आर.टी. तथा माध्यमिक शिक्षा बोर्ड के क्या कार्य हैं?
(c) संगठनात्मक व्यवहार के मुख्य तत्त्व क्या होते हैं?
(d) एक अध्यापक को सामुदायिक प्रतिभागिता में प्रभावी होने के लिए क्या गुण होने चाहिए?
(e) उन समस्याओं का चिह्नांकन कीजिए जो अध्यापक द्वारा शिक्षार्थी का मूल्यांकन करते समय अनुभव की जा सकती हैं।
(f) "प्रबंधन प्रक्रिया" का अर्थ समझाइए। अध्यापक द्वारा प्रबंधन प्रक्रिया में की जाने वाली कुछ गतिविधियाँ लिखिए।
(g) शैक्षिक नेतृत्व की प्रकृति की व्याख्या कीजिए।
(h) विद्यालय में सह पाठ्यचर्या गतिविधियों को कराने में अध्यापक की भूमिका की व्याख्या करो।

प्रश्न 4. निम्न प्रश्न का उत्तर लगभग 600 शब्दों में दीजिए।
अपने विद्यालय में आपके कार्य क्षेत्र में आपको कुछ विशिष्ट समस्याएँ आ रही होंगी। आपके द्वारा पढ़ी गई निर्णय करने की तकनीकों में से एक बताइए और अपने द्वारा महसूस समस्या का संभावित हल सुझाइए।

ई.एस.–335 : अध्यापक तथा विद्यालय

जून, 2014

प्रश्न 1. निम्न प्रश्न का उत्तर लगभग 600 शब्दों में दीजिए।

विद्यालय व्यवस्था में स्तरण से आप क्या समझते हैं? इसके विभिन्न प्रकार क्या हैं? प्रत्येक की उदाहरण से व्याख्या कीजिए और इनमें से आपके अनुसार जो व्यवस्था सबसे अच्छी है उचित कारणों सहित विवेचना कीजिए।

अथवा

अध्यापकों की शिक्षार्थी द्वारा मूल्य निर्धारण की क्या आवश्यकता है? इसके उपयोग में आने वाले विभिन्न उपकरण बताओ और इसमें आने वाली विभिन्न समस्याएँ बताओ। इन समस्याओं पर नियंत्रण पाने के कुछ तरीके सुझाओ।

प्रश्न 2. निम्न प्रश्न का उत्तर लगभग 600 शब्दों में दीजिए।

शैक्षिक नेतृत्व की प्रकृति की व्याख्या कीजिए। यह कैसे सत्यापित करोगे कि विद्यालय प्रबंधन में प्रधानाध्यापक एक नेता है? उन गुणों का वर्णन कीजिए जो उसमें होने चाहिए।

अथवा

अभिभावक शिक्षक संघ (पी.टी.ए.) विद्यालय की कार्यकुशलता के लिए किस प्रकार अपरिहार्य (अनिवार्य) हैं? पी.टी.ए. के उद्देश्य एवं गतिविधियाँ क्या होनी चाहिए?

प्रश्न 3. निम्न में से किन्हीं पाँच के उत्तर 120 शब्द प्रति के अनुसार दीजिए।

(a) व्याख्या कीजिए शिक्षा किस प्रकार समाजीकरण की प्रक्रिया है?

(b) संविधान में शिक्षा के लिए कौन–सी तीन सूचियाँ हैं?

(c) आप संगठनात्मक व्यवहार को कैसे परिभाषित करोगे?

(d) एक अध्यापक के संगठित व्यक्तित्व की क्या आवश्यकता है?

(e) उचित उदाहरणों से सामूहिक निर्णय करने की विधियों की व्याख्या करो।

(f) अध्यापक की अनुदेशनात्मक नेतृत्व भूमिकाएँ क्या होती हैं?

(g) सह पाठ्यचर्या गतिविधियाँ कराने में अध्यापकों और शिक्षार्थियों को क्या कठिनाइयाँ आती हैं?

(h) उन अभिलेखों की परिचर्चा करो जो विद्यालय को बनाने पड़ते हैं।

प्रश्न 4. निम्न प्रश्न का उत्तर लगभग 600 शब्दों में दीजिए।

यदि आपको विद्यालय में एक विज्ञान या भाषा का अध्यापक बना दिया जाए और विद्यालय में आपकी आवश्यकता अनुसार भौतिक संसाधन न हों तो आप वांछित भूमिकाएँ प्रभावी ढंग से कैसे निभाएँगे?

नोटः (i) सभी *चारों प्रश्न अनिवार्य* हैं।
(ii) सभी प्रश्नों की भारिता एक *समान* है।

प्रश्न 1. निम्न प्रश्न का उत्तर लगभग 600 शब्दों में दीजिए।
विद्यालय एक औपचारिक शैक्षिक संस्था है, की व्याख्या कीजिए। एक उदाहरण की सहायता से विवेचना कीजिए कि समुदाय विद्यालय के प्रभावी ढंग से कार्य करने में किस प्रकार महत्त्वपूर्ण भूमिका निभा सकता है।

अथवा

राज्य स्तर पर विद्यालय शिक्षा की प्रशासनिक संरचना की व्याख्या करो। विद्यालय शिक्षा में स्थानीय स्तर की संस्थाओं के कार्यों की परिचर्चा करो।

प्रश्न 2. निम्न प्रश्न का उत्तर लगभग 600 शब्दों में दीजिए।
सेवा–पूर्व एवं अंतःसेवा अध्यापक प्रशिक्षण में अंतर स्पष्ट कीजिए। अंतःसेवा अध्यापकों के व्यावसायिक विकास की विभिन्न प्रकारों की व्याख्या करो।

अथवा

विद्यालय के अध्यापकों के निष्पादन (Performance) के मूल्यांकन की आवश्यकता की व्याख्या करो। क्या उनके निष्पादन की शिक्षार्थियों द्वारा मूल्यांकन करना चाहिए? अपने उत्तर को न्यायोचित ठहराइए।

प्रश्न 3. निम्न प्रश्नों में से किन्हीं चार का उत्तर 150 शब्द प्रति उत्तर के अनुसार दीजिए।
(a) एक अध्यापक में अपेक्षित व्यावसायिक गुणों की संक्षिप्त परिचर्चा करो।
(b) विवेचना कीजिए कि सह संबंधित अंतःक्रिया (परस्पर बातचीत) अच्छे संस्थागत व्यवहार के लिए विद्यालय तंत्र में किस प्रकार महत्त्वपूर्ण है?
(c) विद्यालय व्यवस्था के नौकरशाही और विभागीय मॉडल में अंतर स्पष्ट करो।
(d) अध्यापक की नेतृत्व भूमिका के पूर्व क्रियात्मक एवं पश्च क्रियात्मक सोपान में अंतर स्पष्ट कीजिए।
(e) विद्यालय शिक्षा में क्रियात्मक शोध के अर्थ एवं महत्त्व की विवेचना कीजिए।
(f) विद्यालय की समय सारणी का उद्देश्य बताइए।

प्रश्न 4. निम्न प्रश्न का उत्तर लगभग 600 शब्दों में दीजिए।
यदि आपके प्रधानाचार्य द्वारा आपको विद्यालय का वार्षिकोत्सव का आयोजन कराने को कहा जाता है। व्याख्या कीजिए कि आप वार्षिकोत्सव का नियोजन एवं कार्य संचालन (आयोजन) किस प्रकार करेंगे?

नोटः (i) सभी *चारों* प्रश्न *अनिवार्य* हैं।
(ii) सभी प्रश्नों की भारिता एक *समान* है।

प्रश्न 1. निम्न प्रश्न का उत्तर लगभग 600 शब्दों में दीजिए।
प्रबंधन प्रक्रिया के अर्थ की व्याख्या करो। एक अध्यापक द्वारा विद्यालय में प्रबंधन संबंधी विभिन्न किए जाने वाले कार्यों की व्याख्या कीजिए।

अथवा

विद्यालय वातावरण का अर्थ एवं विभिन्न आयाम बताइए। एक प्रभावी विद्यालय वातावरण के निर्माण में अध्यापक की भूमिका की परिचर्चा कीजिए।

प्रश्न 2. निम्न प्रश्न का उत्तर लगभग 600 शब्दों में दीजिए।
अध्यापन के विभिन्न चरण कौन–कौन से हैं? अध्यापन के विभिन्न चरणों में एक अध्यापक की भूमिका की परिचर्चा करो।

अथवा

संगठनात्मक (संस्थागत) व्यवहार का अर्थ बताइए। परिचर्चा कीजिए कि किस प्रकार सौहार्दपूर्ण वैयक्तिक सहसंबंधनात्मक संदेश (परस्पर बातचीत) एक अच्छे संगठनात्मक व्यवहार निर्माण में विद्यालय तंत्र में सहायक हैं?

प्रश्न 3. निम्न में से किन्हीं चार प्रश्नों के उत्तर 150 शब्द प्रति उत्तर के अनुसार दीजिए।
(a) सामुदायिक विद्यालय एवं पड़ोसी (neighbourhood) विद्यालय में अंतर स्पष्ट कीजिए।
(b) अल्पसंख्यक समुदाय की शिक्षा हेतु संवैधानिक प्रावधान बताइए।
(c) संक्षेप में बताइए कि एक अध्यापक को प्रभावी अनुदेशन हेतु किन शिक्षण कौशलों की आवश्यकता होती है?
(d) अध्यापकों में व्यावसायिक विकास की आवश्यकता की संक्षेप में व्याख्या कीजिए।
(e) विद्यालय शिक्षा में सह–पाठ्यचर्या गतिविधियों के महत्त्व की संक्षेप में व्याख्या करो।
(f) एक विद्यालय का बजट बनाने की प्रक्रिया का वर्णन करो।

प्रश्न 4. निम्न प्रश्न का उत्तर लगभग 600 शब्दों में दीजिए।
संचयी प्रगति रिपोर्ट (सी.आर.सी.) के अर्थ और महत्त्व की व्याख्या करो। एक उदाहरण की सहायता से बताओ कि सी.आर.सी. किस प्रकार बनाया जाता है?

नोटः (i) सभी **चारों** प्रश्न *अनिवार्य* हैं।

(ii) सभी प्रश्नों की भारिता एक **समान** है।

प्रश्न 1. निम्न प्रश्न का उत्तर लगभग 600 शब्दों में दीजिए।

"औपचारिक शिक्षा सामाजिक निकाय का एक उप निकाय है"। उचित उदाहरणों की सहायता से व्याख्या करो।

अथवा

भारतीय विद्यालयी शिक्षा के संरचनात्मक ढाँचे की विवेचना करो।

प्रश्न 2. निम्न प्रश्न का उत्तर लगभग 600 शब्दों में दीजिए।

क्या अध्यापन एक व्यवसाय है? एक व्यवसाय एवं अध्यापन व्यवसाय के गुणों का विश्लेषण करते हुए अपने उत्तर को न्यायोचित ठहराओ।

अथवा

विद्यालय शिक्षा के अध्यापकों को प्रदान किए जाने वाली अंतःसेवा प्रशिक्षण के विभिन्न रूपों की व्याख्या करो।

प्रश्न 3. निम्न में से किन्हीं पाँच प्रश्नों के उत्तर लगभग 120 शब्द प्रति के अनुसार लिखिए।

(a) विद्यालय की संगठनात्मक प्रबंधन प्रक्रिया की परिचर्चा कीजिए।

(b) मस्तिष्क उत्पल्वन (Brainstorming) पर एक संक्षिप्त टिप्पणी लिखो।

(c) विद्यालय प्रशासन में नेतृत्व के प्रकार की व्याख्या कीजिए।

(d) विद्यालय वातावरण के आयामों का विश्लेषण कीजिए।

(e) अध्यापकों के स्व एवं साथी द्वारा मूल्यांकन के मध्य अंतर स्पष्ट कीजिए।

(f) निर्णय करने के प्रतिमान के क्रियान्वयन की परिचर्चा कीजिए।

(g) विद्यालय की समग्र सारिणी बनाने के नियमों की परिचर्चा कीजिए।

(h) अभिभावक शिक्षक संघ (पी.टी.ए.) किस प्रकार आयोजित की जाती है? व्याख्या कीजिए।

प्रश्न 4. निम्न प्रश्न का उत्तर लगभग 600 शब्दों में दीजिए।

क्रियात्मक शोध शिक्षार्थियों की अधिगम समस्याओं के हल में किस प्रकार अच्छे से प्रयोग किया जा सकता है? अपने विद्यालय में किए गए क्रियात्मक शोध के उदाहरणों की सहायता से परिचर्चा कीजिए।

नोटः (i) सभी *चारों* प्रश्न *अनिवार्य* हैं।

(ii) सभी प्रश्नों की भारिता एक **समान** है।

प्रश्न 1. निम्न प्रश्न का उत्तर लगभग 600 शब्दों में दीजिए।

विद्यालय तथा समुदाय एक दूसरे पर किस प्रकार निर्भर रहते हैं? अपनी स्थानीय परिस्थिति से उचित उदाहरणों की सहायता से परिचर्चा कीजिए।

Refer to Chapter-1, Q.No.-4

अथवा

विद्यालय शिक्षा के सांवैधानिक प्रावधानों की व्याख्या कीजिए।

Refer to Chapter-1, Q.No.-6

प्रश्न 2. निम्न प्रश्न का उत्तर लगभग 600 शब्दों में दीजिए।

एक अध्यापक को शिक्षण अधिगम प्रक्रिया में गुणवत्ता बनाए रखने के लिए किन व्यावसायिक गुणों की आवश्यकता होती है? उदाहरणों की सहायता से परिचर्चा करो।

Refer to Chapter-2, Q.No.-1

अथवा

अध्यापन पूर्व, अध्यापन के समय तथा अध्यापन के पश्चात् अवस्था में एक अध्यापक की भूमिका की व्याख्या करो।

Chapter-2, Q.No.-5&7

शिक्षणोत्तर चरण में अध्यापक की भूमिका—शिक्षणोत्तर चरण, जैसा कि इस इकाई की प्रस्तावना में बताया गया है, वह चरण है, जिसमें विद्यार्थियों के अधिगम के निर्धारण के लिए मूल्यांकन–परिणामों का, विशेष रूप से विशिष्ट क्षेत्रों को समझने में उनकी समस्याओं का विश्लेषण, अपने अध्यापन की गुणवत्ता पर विचार–विमर्श और अगले शैक्षणिक कालांश में व्यवस्था में आवश्यक परिवर्तन लाने का निर्णय करना जैसे अध्यापकीय क्रियाकलाप सम्मिलित होते हैं। आइए, अध्यापक के निम्नलिखित क्रियाकलापों पर दृष्टि डालें—

(1) अध्यापक विद्यार्थियों (कक्षा III) के लिखित निष्पादन का विश्लेषण करता है और पाता है कि कक्षा के 80% विद्यार्थी एक अंकीय गुणन सही ढंग से नहीं कर सके हैं।

(2) अध्यापक गुणन पर बनाई पाठ योजना की जाँच करता है और अनुभव करता है कि जोड़ के बारे में विद्यार्थियों के ज्ञान के बारे में अनुमान तो लगा लिया गया था, किंतु उसका पुनरीक्षण नहीं किया गया था।

(3) अध्यापक जोड़ को पुनः नए सिरे से आरंभ करने का विचार करता है क्योंकि वह महसूस करता है कि गुणन का आधार जोड़ में पूर्ण प्रवीणता है।

इन तीनों स्थितियों में, अध्यापक शिक्षणोत्तर चरण का—नई शैक्षणिक व्यवस्था का रचनाकार है।

संक्षेप में कह सकते हैं कि शिक्षणोत्तर चरण में अध्यापक परिणामों का विश्लेषण करता है, स्वयं की समीक्षा करता है और शिक्षण–अधिगम प्रक्रिया में परिवर्तन करता है। इन सबका प्रयोजन अध्यापक के रूप में प्रभावी होना है।

प्रश्न 3. निम्न में से किन्हीं पाँच प्रश्नों के उत्तर 120 शब्द प्रति उत्तर के अनुसार दीजिए।

(a) डैल्फी (Delphi) विधि पर संक्षिप्त टिप्पणी लिखिए।

Refer to Chapter-3, Q.No.-3

(b) अध्यापकों के निर्णय करने के व्यवहार के महत्त्व की व्याख्या कीजिए।

उत्तर— आपकी अध्यापन की जीविका के महत्त्वपूर्ण कार्यों में से एक कार्य है निर्णय लेना। यह पक्ष उसी दिन से अति महत्त्वपूर्ण बन जाता है जिस दिन से आप असंख्य जिम्मेदारियों का बोध अपने ऊपर लेते हैं। निर्णय लेने में ही अध्यापक अपनी सेवा की जिम्मेदारियों को भली–भाँति अनुभव करते हैं, उन्हें अपनी जीविका की शक्तियों और नजाकत का एहसास होता है। तर्कसंगत एवं परिपक्व निर्णय लेना एक महत्त्वपूर्ण कौशल है जिसकी प्रत्येक को आवश्यकता पड़ती है, विशेषकर उनको जो अध्यापन–व्यवसाय की ओर आकृष्ट हैं। अध्यापकों द्वारा लिए गए निर्णयों का प्रभाव दीर्घकालिक एवं अल्पकालिक हो सकता है। जो कुछ भी कोई कर रहा है उसके संबंध में वह लगातार निर्णय ले रहा है और ये निर्णय प्रायः सूचनाओं के उस लगातार प्रवाह पर आधारित हैं जो आसपास हो रहा है और अनुदेश व लक्ष्य प्रकाशित कर रहे हैं। प्रत्येक मिनट पर निर्णय लिए जा सकते हैं और संकटकालीन निर्णय लेने के लिए सप्ताहों तक बातचीत चल सकती है। कक्षा के कमरे का जीवन कोई अपवाद नहीं है क्योंकि वहाँ भी एक अध्यापक द्वारा लगातार निर्णय लिए जाते हैं।

एक दिन में एक अध्यापक जो निर्णय लेता है उनके चार उदाहरण नीचे दिए जा रहे हैं—

(1) पढ़ने की योग्यता के आधार पर उसने छात्रों को विभिन्न समूहों में बाँटा।

(2) उसने विभिन्न समूहों को पुस्तकें प्रदान की।

(3) अभद्र व्यवहार के लिए उसने एक बच्चे को प्रधानाचार्य के कार्यालय में भेजा।

(4) विद्यालय के वार्षिक दिवस के लिए उसने कार्यक्रम के एक भाग को आयोजित करने का दायित्व स्वीकार किया।

कोई भी छोटा या बड़ा निर्णय लेते समय अध्यापक को सभी उपलब्ध विकल्पों को ध्यान में रखना होता है। वे निर्णय दोषपूर्ण सिद्ध हो सकते हैं यदि निर्णय लेने वाला सभी उपलब्ध विकल्पों को ध्यान में नहीं रखता या निर्णय लेने में देरी करता है या उसने उपलब्ध विकल्पों को कम करके आँका है।

अगर हम अध्यापकों को ही फैसले करने की शक्ति देते हैं तो इसका मतलब यह है कि निर्णय विस्तृत ज्ञान के आधार पर लिए जा सकते हैं ताकि लिए गए निर्णय अधिक उपयुक्त परिणाम देने वाले हों। फैसले लेने में अध्यापक के एकाधिकार ने अध्यापक के मनोबल को विचारणीय रूप से प्रभावित किया है जो कि अच्छी शिक्षा का मूलस्वर है। निर्णय लेने की प्रक्रिया अध्यापक को एक व्यक्तिगत पहचान देती है। किसी भी लंबी अवधि के समाधान के लिए अध्यापक आधार का कार्य करते हैं। प्रधानाचार्य की तुलना में अध्यापक अधिक संख्या में होते हैं और प्रधानाचार्य की संख्या विद्यालय बोर्ड के न्यासियों से अधिक होती है। निर्णय लेने की शक्ति बहुमत के हाथों में होनी चाहिए।

(c) एक विद्यालय के प्रधानाध्यापक की बहुआयामी जिम्मेवारियों की व्याख्या कीजिए।
Refer to Chapter-3, Q.No.-8

(d) "शिक्षार्थियों की नेतृत्व भूमिका अध्यापकों के नेतृत्व व्यवहार का प्रतिबिंब होती है।" व्याख्या कीजिए।
Refer to Chapter-3, Q.No.-9

(e) विद्यालय के संरचनात्मक वातावरण को स्पष्ट कीजिए।
Refer to Chapter-3, Q.No.-10

(f) विद्यालय के प्रभावी प्रबंधन में अध्यापकों की भूमिका की परिचर्चा कीजिए।
Refer to Chapter-3, Q.No.-4

(g) अध्यापकों द्वारा शिक्षार्थियों के मूल्यांकन में आने वाली कठिनाइयों की व्याख्या कीजिए।

उत्तर— अध्यापक के रूप में आप यह शीघ्र समझ जाएँगे कि उपयोगी जानकारी देने में अच्छी स्थिति में होने के बावजूद, अध्यापकों की गुणवत्ता पर निर्णय करने के संबंध में विद्यार्थियों की कुछ निश्चित सीमाएँ हैं। विद्यालय स्तर पर विद्यार्थी अभी इतने परिपक्व नहीं हो जाते हैं, अतः वयस्कों के निर्णय से उनके निर्णय में अंतर हो सकता है। विद्यार्थी विषयवस्तु के विशेषज्ञ नहीं होते हैं, इसलिए हो सकता है कि वे कक्षा में पढ़ाई गई विषयवस्तु की गुणवत्ता और प्रस्तुति पर निर्णय करने में समर्थ न हों।

यदि अध्यापक विद्यार्थी संबंधों में किसी प्रकार की कटुता है, जो मान निर्धारण में समस्याएँ आ सकती हैं। उदाहरणार्थ, यदि कोई अध्यापक अपने विद्यार्थियों के साथ सख्ती से बर्ताव करता है, तो हो सकता है ऐसे विद्यार्थियों द्वारा दिया गया विवरण अध्यापक के निष्पादन का सही–सही चित्र प्रस्तुत न करे। विद्यार्थी मूल्यांकन में एक अन्य समस्या यह है कि कुछ अध्यापकों के लिए उच्च कोटि का मान निर्धारण करने की प्रवृत्ति हो जाए। इसकी संभावना

तब हो सकती है, जब अध्यापक के व्यवहार का कोई एक पक्ष अन्य पक्षों में विद्यार्थी के मान निर्धारण को प्रभावित कर जाता है। संभावना हो सकती है कि इस प्रक्रिया में विद्यार्थियों के दीर्घकालीन हितों की कहीं उपेक्षा हो जाए। अध्यापकों के मन में एक सामान्य आशंका यह रहती है कि विद्यार्थी बाहरी कारकों से सहज प्रभावित भी हो जाते हैं।

(h) ठीक परीक्षाएँ कराने में अध्यापकों की भूमिका की चर्चा कीजिए।
Refer to Chapter-4, Q.No.-10

प्रश्न 4. निम्न प्रश्न का उत्तर लगभग 600 शब्दों में दीजिए।
क्या आप सोचते हैं कि पाठ्यचर्या सहगामी गतिविधियाँ, पाठ्यचर्या गतिविधियों को अच्छे प्रकार से करने में सहायक हैं? अपने विचारों को आपके द्वारा अपने विद्यालय में अनुभव किए गए उदाहरणों की सहायता से न्यायोचित ठहराइए।

उत्तर– आधुनिक शिक्षाविदों के अनुसार, पाठ्यचर्या से आशय केवल कक्षा में अध्यापन और अधिगम नहीं है। इस प्रक्रिया में पुस्तकालय, प्रयोगशाला और कार्यशाला में किया जाने वाला अध्ययन, क्रीड़ा–स्थल में होने वाले खेलकूदों में भाग लेना और ऐसे स्थानों में अध्यापक और विद्यार्थी के बीच में स्थापित होने वाले बहुत से अनौपचारिक संबंधों में पाठ्य सहगामी कार्यकलापों जैसे बहुत से कार्यकलाप भी शामिल हैं। इन्हें विद्यालय की पाठ्यचर्या का भाग माना जाता है।

Now Refer to Chapter-2, Q.No.-5

पाठ्यचर्या सहगामी गतिविधियाँ पाठ्यचर्या गतिविधियों को निम्नलिखित प्रकार से अच्छा बनाने में सहायक हैं–

• सैर–सपाटे या भ्रमण द्वारा प्रत्यक्ष ज्ञान की प्राप्ति की जा सकती है और इतिहास, भूगोल, प्राकृतिक अध्ययन आदि में कक्षा में पढ़ाए जाने वाले ज्ञान को पुनर्बलित किया जा सकता है।

• वाद–विवादों और सस्वर पाठों के माध्यम से भाषा और अभिव्यक्त करने की शक्ति को बेहतर बनाया जा सकता है।

• नाटकीकरण द्वारा इतिहास का अध्यापन सशक्त बन जाता है।

• विद्यार्थी स्व–शासन के माध्यम से नागरिक शास्त्र के प्रायोगिक पाठों का अध्ययन बेहतर तरीके से कर सकते हैं।

• विद्यालय पत्रिका में लिखने से विद्यार्थी सशक्त और प्रभावी ढंग से लेखन कला को सीख सकते हैं।

• समारोहों के आयोजन से विद्यार्थियों में संगठनात्मक क्षमताएँ और नेतृत्व के गुण विकसित होते हैं।

• परियोजनाओं में भाग लेने से विद्यार्थी प्रत्यक्ष रूप से अधिगम की प्राप्ति करते हैं।

नोटः (i) सभी **चारों** प्रश्न **अनिवार्य** हैं।
(ii) सभी प्रश्नों की भारिता एक **समान** है।

प्रश्न 1. निम्न प्रश्न का उत्तर लगभग 600 शब्दों में दीजिए–
इस कथन को न्यायोचित ठहराइए "विद्यालय एक औपचारिक शैक्षिक तंत्र है।"

अथवा

विद्यालय शिक्षा को नियंत्रण (प्रबंधन) करने वाले स्थानीय निकाय क्या होते हैं? उनके क्या कार्य हैं?

प्रश्न 2. निम्न प्रश्न का उत्तर लगभग 600 शब्दों में दीजिए–
विद्यालयों में सामान्यतः हमें कौन से संरचनात्मक मॉडल मिलते हैं? प्रत्येक मॉडल के प्रमुख गुणों की चर्चा कीजिए। एक विद्यालय प्रशासक के नाते आप किस मॉडल को चुनना पसंद करेंगे और क्यों?

अथवा

अध्यापन के तीनों सोपानों अर्थात् अध्यापन पूर्व, अध्यापन के समय और अध्यापन के उपरांत अध्यापक की प्रबंधक के रूप में भूमिका की परिचर्चा करो।

प्रश्न 3. निम्न में से किन्हीं पाँच के उत्तर 120 शब्द प्रति के अनुसार दीजिए–
(a) औपचारिक एवं अनौपचारिक शिक्षा के मध्य अंतर स्पष्ट कीजिए।
(b) राष्ट्रीय शैक्षिक अनुसंधान और प्रशिक्षण परिषद् (एन.सी.ई.आर.टी.) के क्या कार्य हैं?
(c) शिक्षा के उच्चतम माध्यमिक स्तर के विशिष्ट गुण क्या हैं?
(d) अनुदेशन निवेश की तुलना में अध्यापक की एक अधिगम के सहायक के रूप में भूमिका में अंतर स्पष्ट कीजिए।
(e) अध्यापकों के शिक्षार्थियों द्वारा मूल्यांकन के क्या लाभ हैं?
(f) मुक्त एवं स्वैच्छिक संगठनात्मक वातावरण के मध्य अंतर स्पष्ट करो।
(g) एक सेमिनार का आयोजन किस प्रकार किया जाता है? इसके विभिन्न चरण क्या हैं?
(h) विद्यालय के लिए सामग्री खरीदने में विद्यालय के प्रधानाचार्य द्वारा प्रयोग किए जाने वाले मापदंड (नियम) क्या हैं?

प्रश्न 4. निम्न प्रश्न का उत्तर लगभग 600 शब्दों में दीजिए—
एक अध्यापक के नाते आप कक्षा–कक्ष में कुछ समस्या महसूस कर रहे हो। मूल्यांकन करो कि आप समस्या का समाधान क्रियात्मक शोध की सहायता से कैसे कर सकते हो।

नोटः (i) सभी *चारों* प्रश्न *अनिवार्य* हैं।
(ii) सभी प्रश्नों की भारिता एक *समान* है।

प्रश्न 1. निम्न प्रश्न का उत्तर लगभग 600 शब्दों में दीजिए—
संगठनात्मक व्यवहार की परिभाषा, अर्थ तथा लक्ष्य की परिचर्चा कीजिए। संगठनात्मक व्यवहार के प्रमुख तत्त्व क्या हैं?

अथवा

इस कथन को न्यायोचित ठहराइए, "विद्यालय का वातावरण एक बहुआयामी अवधारणा है।" विद्यालय वातावरण के विभिन्न आयामों की परिचर्चा कीजिए।

प्रश्न 2. निम्न प्रश्न का उत्तर लगभग 600 शब्दों में दीजिए—
कार्य संपादन विश्लेषण (TA) क्या होता है। टी.ए. (TA) के परिपेक्ष्य में लोग एक–दूसरे से तीन मनोवैज्ञानिक स्तर पर विचार विमर्श करते हैं। इन तीनों मनोवैज्ञानिक स्तरों की व्याख्या कीजिए।

अथवा

संप्रेषण से आप क्या समझते हो? परिचर्चा कीजिए कि सामान्य बाधक प्रभावी संप्रेक्षण प्रक्रिया को किस प्रकार नष्ट करते हैं? उन पर नियंत्रण हेतु सुझाव दीजिए।

प्रश्न 3. निम्न में से किन्हीं पाँच के उत्तर लगभग 120 शब्द प्रति के अनुसार दीजिए—
(a) शिक्षा के केंद्रीय सलाहकार बोर्ड (CABE) के क्या कार्य हैं?
(b) एक अध्यापक में प्रभावी सामुदायिक सहभागिता हेतु क्या गुण होने चाहिए?
(c) विद्यालय के संदर्भ में नेतृत्व भूमिका से आप क्या समझते हैं?
(d) संसाधन केंद्र के उपयोग हेतु आपकी क्या योजना है?
(e) अभिभावक शिक्षक संघ के महत्त्व की परिचर्चा कीजिए।
(f) विद्यालय के बजट के प्रबंधन हेतु आप क्या सावधानी बरतेंगे?
(g) पाठ्यचर्या सहगामी गतिविधियाँ क्या हैं? उनका शिक्षार्थियों के लिए क्या महत्त्व है?
(h) समय सारिणी क्या होती है? यह महत्त्वपूर्ण क्यों है?

प्रश्न 4. निम्न प्रश्न का उत्तर लगभग 600 शब्दों में दीजिए—
अपने विद्यालय में पाठ्यचर्या सहगामी गतिविधियों के प्रभारी के नाते, कुछ नई पाठ्यचर्या सहगामी गतिविधियों का सुझाव दीजिए जिन्हें आप अपने विद्यालय में लागू करना चाहेंगे। दैनिक कक्षा कार्य संवर्धन हेतु आप उनका आयोजन कैसे करेंगे?

(199)

नोटः (i) सभी *चारों* प्रश्न *अनिवार्य* हैं।
(ii) सभी प्रश्नों की भारिता एक समान है।

प्रश्न 1. निम्न प्रश्न का उत्तर लगभग 600 शब्दों में दीजिए—
न्यायोचित ठहराइए – "समाज एक तंत्र है तथा शिक्षा सामाजिक तंत्र का एक उप-तंत्र है।"

अथवा

अध्यापकों की अंतःसेवा प्रशिक्षण की विभिन्न प्रणालियाँ क्या हैं? अध्यापकों के जीवन पर्यन्त अधिगम में सेवाकालीन प्रशिक्षण की विभिन्न प्रणालियों के महत्त्व की परिचर्चा कीजिए।

प्रश्न 2. निम्न प्रश्न का उत्तर लगभग 600 शब्दों में दीजिए—
समय–सारिणी निर्माण के विभिन्न नियमों की परिचर्चा करो।

अथवा

विद्यालय बजट का अर्थ और कार्य की व्याख्या करो। विद्यालय बजट निर्माण के विभिन्न चरण क्या हैं?

प्रश्न 3. निम्न में से किन्हीं चार प्रश्नों के उत्तर लगभग 150 शब्द प्रति के अनुसार दीजिए—

(a) विद्यालय शिक्षा के क्षेत्र में एस.सी.ई.आर.टी. की भूमिका की परिचर्चा करो।

(b) उच्च माध्यमिक स्तर के प्रमुख गुण क्या हैं?

(c) संप्रेषण प्रतिरोध क्या होते हैं? परिचर्चा कीजिए।

(d) अध्यापक की एक उपबोधक के रूप में क्या भूमिका होती है?

(e) साथी द्वारा मूल्यांकन से आप क्या समझते हो? चर्चा कीजिए कि अपने साथी का मूल्यांकन करने से पहले क्या आधार अपने मस्तिष्क में रखोगे?

(f) विद्यालय समूह की अवधारणा की परिचर्चा करो। कुछ ऐसी गतिविधियों की परिचर्चा करो जिन्हें एक विद्यालय समूह में प्रभावी ढंग से चलाया जा सकता है।

प्रश्न 4. निम्न प्रश्न का उत्तर लगभग 600 शब्दों में दीजिए—
क्रियात्मक शोध के अर्थ और महत्त्व की व्याख्या करो। अपने द्वारा विद्यालय में महसूस की जाने वाली एक समस्या का चयन करो तथा उसके लिए क्रियात्मक शोध की एक योजना तैयार करो।

ई.एस.–335 : अध्यापक तथा विद्यालय

जून, 2018

नोटः (i) सभी *चारों प्रश्न* **अनिवार्य** हैं।
(ii) सभी प्रश्नों की भारिता एक **समान** है।

प्रश्न 1. निम्न प्रश्न का उत्तर लगभग 600 शब्दों में दीजिए—
अध्यापक शिक्षा की तीन स्पष्ट एवं अंतःसंबंधित अवस्थाएँ क्या हैं? प्रत्येक के उद्देश्यों और प्रक्रिया की परिचर्चा करो।

अथवा

विद्यालयों में अध्यापक मूल्यांकन की क्या आवश्यकता है? अध्यापक मूल्यांकन के मुख्य उद्देश्यों की परिचर्चा करो।

प्रश्न 2. निम्न प्रश्न का उत्तर लगभग 600 शब्दों में दीजिए—
विद्यालय लाइब्रेरी के प्रभावी कार्य निष्पादन में सहायक विभिन्न कारक बताओ। पुस्तकालय संसाधनों के उपयोग हेतु शिक्षार्थियों को प्रोत्साहित करने में अध्यापकों की भूमिका की परिचर्चा करो।

अथवा

'सामूहिक निर्णय करना' के अर्थ की परिचर्चा करो। किसी संस्था की मूलभूत समस्याओं के समाधान हेतु सृजनात्मक सामूहिक निर्णय तकनीकों की भूमिका की व्याख्या करो।

प्रश्न 3. निम्न में से किन्हीं चार प्रश्नों के उत्तर लगभग 150 शब्द प्रति के अनुसार दो—
(a) कार्य मूल्य निर्धारण के अर्थ एवं अवधारणा की व्याख्या करो।
(b) विद्यालय के संदर्भ में नेतृत्व भूमिका का क्या तात्पर्य है? 'प्रशासनिक नेतृत्व' 'अनुदेशन नेतृत्व' से किस प्रकार भिन्न है?
(c) सेमीनार आयोजन की गतिविधियाँ तथा प्रक्रिया की व्याख्या करो।
(d) अध्यापक को व्यावसायिक विकास के लिए क्या संसाधन उपलब्ध हैं?
(e) एक विद्यालय में उपलब्ध विभिन्न शिक्षार्थी संस्थाएँ कौन–कौन सी हैं?
(f) एक विद्यालय में परिवहन सेवाएँ किस प्रकार व्यवस्थित की जाती हैं?

प्रश्न 4. निम्न प्रश्न का उत्तर लगभग 600 शब्दों में दीजिए—
यदि आपको अपने विद्यालय में पाठ्यक्रम सहगामी गतिविधियों के आयोजन का दायित्व दिया गया है। आप अपने विद्यालय में किन पाठ्यक्रम सहगामी गतिविधियों को कराना चाहोगे? उन्हें प्रतिदिन के कक्षा कार्य में सुदृढ़ करने के लिए कैसे आयोजित करोगे?

नोटः (i) सभी *चारों* प्रश्न *अनिवार्य* हैं।
(ii) सभी प्रश्नों की भारिता एक *समान* है।

प्रश्न 1. निम्न प्रश्न का उत्तर लगभग 600 शब्दों में दीजिए—
"नेतृत्व" शब्द से आप क्या समझते हैं? एक विद्यालय में अध्यापक द्वारा अपनाए जाने वाली नेतृत्व भूमिकाओं की परिचर्चा करो।

अथवा

अपने राज्य के विद्यालय शिक्षा की प्रशासनिक संरचना की व्याख्या करो।

प्रश्न 2. निम्न प्रश्न का उत्तर लगभग 600 शब्दों में दीजिए—
"संगठनात्मक व्यवहार" को परिभाषित कीजिए। विद्यालय तंत्र के संदर्भ में संगठनात्मक व्यवहार की विवेचना करो।

अथवा

एक विद्यालय के बजट से आपका क्या तात्पर्य हैं? एक बजट बनाने के सोपान लिखो और उस बजट का प्रबंधन में क्या सावधानियाँ बरतोगे?

प्रश्न 3. निम्न में से किन्हीं पाँच प्रश्नों के उत्तर 120 शब्द प्रति के अनुसार लिखिए—
(a) डेल्फी तकनीक क्या होती है?
(b) एस.सी.ई.आर.टी. के क्या कार्य हैं?
(c) अध्यापकों के व्यावसायिक विकास की आवश्यकता संक्षेप में बताओ।
(d) शिक्षण प्रक्रिया में एक अध्यापक की क्या भूमिका है?
(e) क्यूमूलेटिव रिकॉर्ड कार्ड (CRC) का अर्थ एवं महत्त्व संक्षेप में बताओ।
(f) सहपाठी मूल्यांकन क्या होता है? इसके लाभ व हानियाँ क्या हैं?
(g) पड़ोसी विद्यालयों की क्या आवश्यकता है?
(h) एन.सी.टी.ई. द्वारा क्या कार्य किए जाते हैं?

प्रश्न 4. निम्न प्रश्न का उत्तर लगभग 600 शब्दों में दीजिए—
यदि आपको आपके प्रधानाध्यापक द्वारा विद्यालय की सहगामी गतिविधियों के समन्वयक का दायित्व दिया जाता है। चर्चा कीजिए कि आप अपने विद्यालय में किन गतिविधियों का आयोजन करोगे और क्यों? आप यह कैसे आश्वस्त करोगे कि ये गतिविधियाँ आपके विद्यालय में प्रभावी ढंग से हों?

नोटः सभी **चारों** प्रश्न *अनिवार्य* हैं/सभी प्रश्नों की भारिता एक **समान** है।

प्रश्न 1. निम्नलिखित प्रश्न का उत्तर लगभग 600 शब्दों में दीजिए—
प्रबंधन प्रक्रियाओं का महत्त्व एवं सोपानों की व्याख्या कीजिए। एक विद्यालय की विभिन्न प्रबंधन प्रक्रियाओं की विवेचना कीजिए।

अथवा

एक विद्यालय के क्रियान्वयन के लिए अभिभावक शिक्षक संघ (पी.टी.ए.) किस प्रकार अपरिहार्य हैं? पी.टी.ए. के उद्देश्य एवं गतिविधियाँ क्या होनी चाहिए?

प्रश्न 2. निम्नलिखित प्रश्न का उत्तर लगभग 600 शब्दों में दीजिए—
"समाज एक तंत्र है और औपचारिक शिक्षा सामाजिक तंत्र का उप–तंत्र है।" न्यायोचित ठहराइए।

अथवा

संचार की बाधाओं की परिचर्चा कीजिए और विद्यालय में संचार की बाधाओं को दूर करने के तरीके सुझाइए।

प्रश्न 3. निम्नलिखित में से किन्हीं पाँच प्रश्नों के उत्तर लगभग 120 शब्द प्रति के अनुसार दीजिए—
(a) पाठ्यक्रम सहगामी गतिविधियों का विद्यालय शिक्षा में महत्त्व संक्षेप में बताइए।
(b) उचित उदाहरणों से समूह निर्णय करने की विधियाँ बताइए।
(c) एक विद्यालय द्वारा बनाए जाने वाले विभिन्न प्रकार के रिकॉर्डों की परिचर्चा कीजिए।
(d) परिचर्चा कि एक अध्यापक शिक्षार्थियों को उनके अधिगम में लाइब्रेरी का उपयोग प्रभावी ढंग से करने में किस प्रकार सहायता कर सकता है?
(e) स्वयं एवं सहपाठी मूल्यांकन में अंतर स्पष्ट कीजिए।
(f) विद्यालय प्रभावशीलता में आप कैसे योगदान कर सकते हैं?
(g) अधिगम संसाधन केंद्र क्या होता है? यह अध्यापकों और शिक्षार्थियों के लिए किस प्रकार लाभदायक है?
(h) अल्पसंख्यकों की शिक्षा के लिए संवैधानिक प्रावधानों की चर्चा कीजिए।

प्रश्न 4. निम्नलिखित प्रश्न का उत्तर लगभग 600 शब्दों में दीजिए—
यदि आपको विद्यालय बजट बनाने का दायित्व दिया जाता है। परिचर्चा कीजिए कि
आप विद्यालय बजट किस प्रकार बनाएँगे और प्रबंधन करेंगे?

शिक्षा सबसे अच्छी मित्र है, शिक्षित व्यक्ति सदैव सम्मान पाता है, शिक्षा की शक्ति के आगे युवा शक्ति और सौंदर्य दोनों ही कमजोर हैं।

— चाणक्य

नोटः सभी **चारों** प्रश्न *अनिवार्य* हैं।सभी प्रश्नों की भारिता एक **समान** है।

प्रश्न 1. निम्नलिखित प्रश्न का उत्तर लगभग 600 शब्दों में दीजिए—
शिक्षा कैसे समाजीकरण की एक प्रक्रिया है? शिक्षा के एक औपचारिक माध्यम के रूप में विद्यालय की समाजीकरण में भूमिका की चर्चा कीजिए।

अथवा

एक शिक्षा को विद्यालय की विभिन्न प्रबंधकीय प्रक्रियाओं की जानकारी होना क्यों आवश्यक है? शिक्षक द्वारा एक विद्यालय में किए जाने वाले विभिन्न प्रबंधकीय प्रकार्यों का वर्णन कीजिए।

प्रश्न 2. निम्नलिखित प्रश्न का उत्तर लगभग 600 शब्दों में दीजिए—
अभिभावक–शिक्षक संघ की आवश्यकता एवं महत्त्व की व्याख्या कीजिए। एक विद्यालय की वृद्धि एवं विकास में यह कैसे सहभागी हो सकता है?

अथवा

शिक्षक मूल्यांकन की आवश्यकता की व्याख्या कीजिए। शिक्षकों के मूल्यांकन के विभिन्न तरीके क्या हैं? आप उसमें से किसे प्राथमिकता देंगे और क्यों?

प्रश्न 3. निम्नलिखित में से किन्हीं पाँच प्रश्नों के उत्तर दीजिए। प्रत्येक लगभग 120 शब्दों में दीजिए—
(a) शिक्षा को समाज के उपतंत्र के रूप में आप कैसे स्पष्ट करेंगे?
(b) संप्रेषण अवरोध क्या हैं?
(c) सी.आर.सी. का क्या महत्त्व है?
(d) एक संगोष्ठी आयोजित करने के चरणों का वर्णन कीजिए।
(e) भारतीय संविधान की सातवीं अनुसूची में शिक्षा संबंधी विभिन्न प्रावधानों का उल्लेख कीजिए।
(f) परीक्षा आयोजित कराने में शिक्षक की भूमिका का वर्णन कीजिए।
(g) डेल्फी तकनीक पर संक्षिप्त टिप्पणी लिखिए।
(h) राष्ट्रीय शैक्षिक अनुसंधान एवं प्रशिक्षण परिषद (एन.सी.ई.आर.टी.) की भूमिका एवं कार्य क्या हैं?

प्रश्न 4. निम्नलिखित प्रश्न का उत्तर लगभग 600 शब्दों में दीजिए—
एक अध्यापक के रूप में आप अपने विद्यालय में किन समस्याओं का सामना कर रहे हैं? किसी एक समस्या का क्रियात्मक शोध द्वारा समाधान का वर्णन कीजिए।

ई.एस.–335 : अध्यापक तथा विद्यालय

जून, 2020

नोट: *सभी* ***चारों*** *प्रश्न* ***अनिवार्य*** *हैं।* *सभी प्रश्नों की भारिता एक* ***समान*** *है।*

प्रश्न 1. निम्नलिखित प्रश्न का उत्तर लगभग 600 शब्दों में दीजिए—
"विद्यालय समाज का एक उपतंत्र है।" उचित उदाहरणों सहित चर्चा कीजिए।

अथवा

विद्यालय नेतृत्व के अर्थ एवं प्रकृति की व्याख्या कीजिए। अध्यापकों तथा प्रधानाचार्य/ प्रधानाचार्या की नेतृत्व भूमिकाओं में अंतर स्पष्ट कीजिए।

प्रश्न 2. निम्नलिखित प्रश्न का उत्तर लगभग 600 शब्दों में दीजिए—
विद्यालय-प्रभावशीलता के अर्थ एवं आयामों की व्याख्या कीजिए। विद्यालय-प्रभावशीलता, विद्यालय परिवेश को कैसे प्रभावित करती है?

अथवा

शिक्षण के विभिन्न चरण क्या है? शिक्षण के विभिन्न चरणों में शिक्षक की भूमिका का वर्णन कीजिए।

प्रश्न 3. निम्नलिखित में से किन्हीं पाँच प्रश्नों के उत्तर दीजिए। प्रत्येक लगभग 120 शब्दों में दीजिए—
(a) पड़ोस के विद्यालय क्या हैं?
(b) विद्यालय शिक्षा के प्रति केंद्र सरकार के क्या उत्तरदायित्व हैं?
(c) विद्यालय शिक्षा की गुणवत्ता उन्नयन में शिक्षक–संघों की भूमिका की चर्चा कीजिए।
(d) अध्यापकों के विद्यार्थी–मूल्यांकन और सार्था मूल्यांकन में अंतर स्पष्ट कीजिए। आप कैसे प्राथमिकता देंगे और क्यों?
(e) अध्यापक अधिगम में विद्यार्थियों के द्वारा पुस्तकालय के प्रभावी प्रयोग में कैसे मदद करते हैं?
(f) विद्यालय–परिवेश के विभिन्न स्वरूप क्या हैं?
(g) "अध्यापक की समुदाय में एक बहुप्रचालकीय भूमिका होती है" स्पष्ट कीजिए।
(h) विद्यालय अध्यापकों के सेवारत प्रशिक्षण की आवश्यकता स्पष्ट कीजिए।

प्रश्न 4. निम्नलिखित प्रश्न का उत्तर लगभग 600 शब्दों में दीजिए—
'विद्यालय बजट' से आप क्या समझते हैं? आप अपने विद्यालय का बजट कैसे तैयार करेंगे? आप विद्यालय बजट का उचित प्रबंधन कैसे सुनिश्चित करेंगे?

NOTES